TESTS Y PRUEBAS FÍSICAS

James D. George
Arizona State University

A. Garth Fisher
Universidad Brigham Young

Pat R. Vehrs
University of Houston

EDITORIAL PAIDOTRIBO

Título original de la obra:
Laboratory experiences in exercise science.

Traducción:
Josep Padró
Director de colección y revisor:
Jordi Mateo
© Jones and Bartett Publishers

© James D. George
A. Garth Fisher
Pat R. Vehrs
Editorial Paidotribo
Consejo de Ciento, 245 bis 1º 1ª
08011 Barcelona
Tel.: (93) 323 33 11   Fax: (93) 453 50 33

Primera edición:
ISBN: 84-8019-269-0
D.L.: B.-7713-96
Fotocomposición; PC Fotocomposición
Impreso en España por Hurope, S.L.

CONTENIDO

Prólogo 7

1 Introducción a la ciencia del ejercicio 13
1.1 Introducción a la ciencia del ejercicio y el fitness 13
1.2 Terminología común y el sistema métrico de medición   25
1.3 Reconocimiento previo a la participación en el
     ejercicio 33

2 Fitness muscular 45
Estación 1: Fuerza muscular 49
Estación 2: Resistencia muscular 53
Estación 3: Valoración del fitness muscular....................... 56
     Parte I... 58
     Parte II 60

3 Flexibilidad 65
Estación 1: Valoración de la flexibilidad............................ 68
Estación 2: Entrenamiento de la flexibilidad...................... 72

4 Frecuencia cardíaca y tensión arterial 77
Estación 1: Medición de la frecuencia cardíaca 87
Estación 2: Medición de la tensión arterial 91

5 Capacidad aeróbica 99
Estación 1: Prueba del escalón del Forest Service 104
Estación 2: Prueba de Åstrand sobre cicloergómetro 112
Estación 3: Prueba de andar de Rockport y prueba de
carrera de George-Fisher 119

6 Composición corporal 129
Estación 1: Métodos de predicción de la composición
corporal 135
Estación 2: Pesaje hidrostático 149

7 Valoración del fitness global 157
Estación 1: Valoración del fitness 161

8 Fatiga e isquemia muscular 191
Estación 1: Fatiga muscular 194
Estación 2: Isquemia muscular 198

9 Potencia muscular 203
Estación 1: Prueba de potencia de Margaria-Kalamen 205
Estación 2: Prueba de potencia de Wingate 209

10 Medición del ritmo metabólico 219
Estación 1: Ritmo metabólico basal en reposo 229
Estación 2: Ritmo metabólico durante el ejercicio 231

11 Electrocardiogramas en reposo y durante el ejercicio ... 235

12 Medición del $\dot{V}O_2$máx 249
Estación 1: Medición del $\dot{V}O_2$máx 256

13 Función pulmonar 265
Estación 1: Función pulmonar 274

Apéndice A: Reanimación cardiopulmonar 279

Apéndice B: Expresión de datos 283
Apéndice C: Corrección del volumen de gas 287
Apéndice D: Muestra de problemas y soluciones 291

PRÓLOGO

Este texto de prácticas está destinado a estudiantes que se están preparando para ser profesionales en educación física, en ciencias del ejercicio, en promoción de la salud, en entrenamiento deportivo, en fisioterapia y en medicina del deporte. El objetivo principal de este texto es proporcionar experiencia práctica directa con pruebas y mediciones empleadas comúnmente en los laboratorios de investigación del rendimiento. *Tests y pruebas físicas* está diseñado para ser empleado en un curso de un semestre de duración, de nivel inferior a la licenciatura

en ciencias del ejercicio. Puesto que se ofrece cierto número de prácticas, a los profesores se les da un amplio grado de libertad para seleccionar los materiales específicos que corresponden y complementan el material de la clase. De este modo, los profesores pueden reforzar principios básicos que se enseñan en la clase y, al mismo tiempo, se permite a los estudiantes desarrollar técnicas básicas de medición y evaluación.

Este texto de prácticas utiliza un enfoque especial basado en la investigación, que estimula a los estudiantes a pensar y razonar in-

or ejemplo, cada
organizada en tres
básicos: a) preguntas
ción, b) recogida de
terminación de los re-
y c) conclusiones de la
igación. La ventaja de un
oque de este tipo radica en que
los estudiantes no sólo aprenden
cómo recoger datos (administrar
las pruebas), sino que también se
les da la oportunidad de analizar
sus resultados y extraer sus pro-
pias conclusiones.

Nuestra experiencia de los últimos años nos ha enseñado que los
estudiantes se divierten con el for-
mato presentado en este texto de
prácticas. Creemos que la principal razón de ello es que agradecen
la oportunidad de aplicar sus conocimientos de la ciencia del ejercicio a situaciones prácticas de la
«vida real». Además, hemos descubierto que a los estudiantes les
gusta un enfoque organizado, uno
que intente minimizar la confu-
sión y optimizar los resultados del
aprendizaje.

Hemos intentado hacer este
texto de prácticas lo más significativo y útil posible, y esperamos
que constituya para el lector un
valioso recurso. De hecho, estaría-
mos muy agradecidos de recibir
sus comentarios en relación a la
eficacia de este texto. Cuando lo
utilice, rogamos que el lector tome
nota de todos aquellos pasajes que

parezcan poco claros o incorrectos, así como cualquier cuestión
que pueda incorporarse en futuras
ediciones. Intentaremos con agra-
do aplicar todas las sugerencias
que recibamos.

CONTENIDOS Y ORGANIZACIÓN

A continuación, perfilamos un
breve esbozo de las diversas prácticas contenidas en este texto:

El capítulo 1 sirve como introducción y abarca conceptos, principios y terminología fundamentales tratados en capítulos posteriores. En la Sección 1 se presentan
el fitness relacionado con la salud,
el método científico y los principios básicos de predicción; la Sección 2 ofrece un análisis de la
terminología común hallada en la
ciencia del ejercicio y el sistema
métrico de medición, y la Sección 3 perfila una valiosa información usada para examinar individuos que desean someterse a diversas pruebas de fitness y/o iniciar un programa de ejercicio.

Los capítulos 2, 3, 5 y 6 están
diseñados para tratar los cinco
componentes del fitness relacionado con la salud, a saber, la resistencia muscular, la flexibilidad, la
capacidad aeróbica y la composición corporal. Mediante una diversidad de actividades significativas

se facilita una amplia exposición de cada componente del fitness. Algunas de las pruebas y mediciones mostradas en estos capítulos incluyen: una repetición máxima de press en banco, relaciones fuerza-peso, una prueba práctica de fuerza y resistencia muscular, una prueba de dinamometría manual y una prueba modificada de *Sit and Reach*, cuatro pruebas de campo usadas para valorar la capacidad aeróbica, varias pruebas de predicción de la composición corporal y el pesaje hidrostático.

En el capítulo 4 se describe la medición de la frecuencia cardíaca y de la tensión arterial y se espera que los estudiantes evalúen datos en reposo y en esfuerzo. Las técnicas aprendidas en este capítulo se usan en prácticas posteriores.

El capítulo 7 da al estudiante una oportunidad para medir el fitness total. Se ofrecen diversas opciones de pruebas junto con el programa AAHPERD Physical Best y la batería de pruebas AFROTC (Air Force ROTC). La idea de una prueba de fitness total es valiosa, puesto que cuando muchos estudiantes ejercen sus respectivas profesiones (por ejemplo, especialistas en medicina del deporte, programas de promoción de la salud), se espera de ellos que efectúen tales evaluaciones para sus clientes.

El capítulo 8 explica principios básicos de fatiga e isquemia muscular. Se esboza una práctica especial para reforzar principios fundamentales relacionados con este área.

El capítulo 9 proporciona una oportunidad para medir y evaluar la potencia muscular anaeróbica. Las pruebas empleadas dentro de esta práctica incluyen la prueba de potencia de Margaria-Kalamen y la prueba de potencia Wingate.

El capítulo 10 describe varios modos de medir y pronosticar el gasto energético y el consumo de oxígeno en reposo y en esfuerzo. Se analizan con detalle las ecuaciones de predicción del coste de oxígeno del American College of Sports Medicine (ACSM), y a los estudiantes se les enseña cómo aplicar con eficacia estas ecuaciones en una diversidad de situaciones.

El capítulo 11 facilita una introducción a la electrocardiografía básica. Las prácticas consisten en la preparación de electrodos, la medición de ECGs en reposo y en esfuerzo y la evaluación de resultados.

El capítulo 12 muestra un protocolo para la medición del $\dot{V}O_2$máx. En consecuencia, los estudiantes aprenden a: a) calcular las puntuaciones del $\dot{V}O_2$máx a partir de datos brutos de las pruebas y b) evaluar esta importante medición de la capacidad aeróbica. Además, se presentan principios básicos de corrección de gases TEPS y se trata una diversidad de cuestiones significativas de investigación.

El capítulo 13 perfila protocolos para pruebas de la función pulmonar tanto estática como dinámica. Las mediciones pulmonares estáticas incluyen la valoración de la capacidad vital y los tres volúmenes pulmonares asociados con esta capacidad pulmonar (volumen inspirado, volumen de reserva inspiratoria y volumen de reserva espiratoria); las pruebas de la función pulmonar dinámica incluyen mediciones de los volúmenes espiratorios forzados. Se presentan también pruebas del volumen residual y se trata brevemente de los principios de corrección de gases TCPS.

Apéndices. Los cinco apéndices tratan de 1) la reanimación cardiopulmonar, 2) el sistema métrico, 3) tablas y fórmulas de corrección de gases, 4) muestra de pruebas con soluciones y 5) fuentes de suministro de material.

AYUDAS PEDAGÓGICAS

Las ayudas pedagógicas enumeradas a continuación se incluyen en este texto de prácticas para optimizar el aprendizaje del estudiante:

1. Al principio de cada capítulo, a los estudiantes se les hace completar una tarea previa a la práctica. Su propósito es ayudar al estudiante a entender y a familiarizarse con los procedimientos de recogida de datos antes de su programado período de clase en el laboratorio.

2. Cada capítulo empieza con un propósito determinado y una lista de objetivos específicos de aprendizaje para el estudiante.

3. Se facilitan numerosos ejemplos de cálculo para procurar que los estudiantes comprendan cómo efectuar los cálculos necesarios.

4. Hay hojas de datos preparadas para los estudiantes a fin de que los resultados de las pruebas puedan organizarse y prepararse fácilmente para su evaluación.

5. Se facilita una relación de referencias escogidas para cada práctica.

6. En el apéndice D se ofrecer ejemplos adicionales de problemas y soluciones.

NECESIDADES DE MATERIAL

Hemos intentado desarrollar una diversidad de prácticas que

requieren tan sólo un mínimo de material.

No obstante, en el caso de que el laboratorio del lector no disponga del material preciso, a los estudiantes se les pueden facilitar datos razonables de «libro de texto» y darles todavía la oportunidad de organizar y evaluar conclusiones de investigación.

RECONOCIMIENTOS

Es nuestro deseo dar las gracias a los instructores de laboratorio y a los estudiantes que nos han ayudado a evaluar el enfoque basado en la investigación utilizado en este texto. Hacemos extensivo nuestro agradecimiento además a Garth Babcock, Drew Weidman, Dr. Mike Bracko, Patrick Kelly, Donna Winterton, Jeff Peugnet, Deanna Ostergaurd, Dr. Robert Conlee y Dr. Phil Allsen.

CAPÍTULO **1**

INTRODUCCIÓN A LA CIENCIA DEL EJERCICIO

1.1 Introducción a la ciencia del ejercicio y el fitness

PROPÓSITO

El propósito de esta sección es introducir al lector en las áreas básicas de la ciencia del ejercicio y de la valoración del fitness.

OBJETIVOS DE APRENDIZAJE PARA EL ESTUDIANTE

1. Describir cómo se usa el méto-do científico para obtener información y conocimiento.
2. Esbozar los componentes básicos del fitness y describir cómo se desarrollan las pruebas para evaluar el nivel de fitness.

CIENCIA DEL EJERCICIO

La ciencia del ejercicio comprende una amplia diversidad de áreas temáticas, tales como fisiología, cinesiología, anatomía, cardiología, endocrinología, bioenergética, bioquímica, nutrición y psicología del deporte. Muchas disciplinas profesionales utilizan varios principios de la ciencia del ejercicio. Algunas profesiones basadas en la ciencia del ejercicio son: la fisioterapia, la terapia recreativa, la rehabilitación cardíaca, la nutrición deportiva, la mejora de la salud, el entrenamiento, las carreras relacionadas con la danza y las profesiones médicas.

El American College of Sports Medicine (ACSM) y la American Alliance for Health Physical Education Recreation and Dance (AAHPERD) son dos destacadas organizaciones que ayudan a difundir nueva información a los profesionales de campos relacionados con la ciencia del ejercicio. Estas organizaciones otorgan certificados de cursos, promocionan conferencias regionales y nacionales, conceden subvenciones para la investigación y facilitan material educativo a los profesionales y al público en general.

La investigación es una parte integral de la ciencia del ejercicio. Lo que ahora sabemos de la ciencia del ejercicio es el resultado de investigaciones pasadas y actuales. Aunque no todos los profesionales de la ciencia del ejercicio investigan, los que lo hacen suelen concentrarse en un enfoque básico o en un enfoque aplicado.

Enfoque científico básico

El enfoque científico básico examina la base científica subyacente de la ciencia del ejercicio. El modelo experimental es con frecuencia de un elevado nivel técnico y tiende a ser de naturaleza teórica. Ejemplos de este tipo de investigación pueden incluir el estudio de las transformaciones del tipo de fibra muscular o los efectos metabólicos de medicamentos específicos.

Enfoque científico aplicado

El enfoque científico aplicado, por otro lado, relaciona los principios de la ciencia del ejercicio con situaciones prácticas de la vida real. El propósito principal de este tipo de investigación es con frecuencia investigar y difundir información que incrementará el rendimiento deportivo, mejorará el fitness o prevendrá las enfermedades. Como ejemplos de investigación citaremos: el estudio de la efectividad de varios programas de control de peso, la validación de nuevos métodos de medición del fitness y la comparación de efectos fisiológicos de dos programas de entrenamiento aeróbico.

Los estudiantes de ciencias del ejercicio obtendrán una valoración de las investigaciones tanto básicas como aplicadas. La investigación aplicada no puede existir sin haber llevado a cabo una investigación teórica básica. Además, la investigación básica tiene escasa utilidad a menos que pueda aplicarse. Para llegar a ser competente en las ciencias del ejercicio, una persona debe tener un conocimiento funcional en ambas áreas. Lamentablemente, algunas personas no prestan atención a este punto de vista global expuesto por T. H. Huxley, en 1948:

Muchas veces desearía que la expresión «ciencia aplicada» no se hubiese inventado nunca, puesto que sugiere que existe una especie de conocimiento científico de uso práctico directo, que puede estudiarse separadamente de cualquier otro tipo de conocimiento científico, y que recibe la denominación de «ciencia pura». Pero no hay mayor falacia que ésta. Lo que la gente llama ciencia aplicada no es otra cosa que la aplicación de la ciencia pura a problemas de una clase específica. Está constituida por deducciones de estos principios, establecidos mediante el razonamiento y la observación, que constituyen la ciencia pura. Nadie puede extraer con seguridad estas deducciones hasta tener una clara comprensión de los principios; y sólo se puede obtener esta comprensión a través de la experiencia personal de la observación y del razonamiento sobre las que se basan (Rowell, 1986).

MÉTODO CIENTÍFICO

El método científico aplica un proceso sistemático para solucionar problemas. El enfoque científico lo componen la presentación de ideas o cuestiones (hipótesis), la recogida de datos relevantes para la hipótesis y la confirmación o refutación de la hipótesis a partir de la evaluación de los datos relevantes (conclusiones) (Tabla 1-1).

---

1. Formulación de la cuestión o problema de investigación (hipótesis).
2. Recogida de datos relevantes.
3. Formulación de conclusiones sobre datos relevantes.

Tabla 1-1. *Pasos en el método científico*

Es evidente que quienes analizan sistemáticamente sus ideas y dan los pasos apropiados para resolver sus problemas tienen más posibilidades de llegar a conclusiones correctas. En nuestra crecientemente compleja sociedad, los individuos que hacen un mejor uso del método científico serán los educadores, los entrenadores y los profesionales de la salud que tendrán más éxito.

A continuación, perfilamos una aplicación práctica del método científico:

1. Cuestión a estudiar
¿Cuál es la precisión de la siguiente ecuación de regresión para pronosticar la frecuencia cardíaca máxima (FCmáx)?

Frecuencia cardíaca máxima = 220 − edad

2. Recogida de datos
   a. Elegir al azar una muestra de individuos, 15 hombres y 15 mujeres, de cada uno de los siguientes grupos de edad: 10-19 años, 20-29 años, 30-39 años, 40-49 años, 50-59 años, 60-69 años y 70-79 años.
   b. Hacer que cada persona haga un esfuerzo máximo sobre una cinta ergométrica. Medir y registrar la respuesta de la FCmáx usando el equipo de ECG.
   c. En base a los datos recogidos, determinar la precisión de la ecuación de predicción anterior. (Investigaciones previas han demostrado que la precisión de esta ecuación para una persona determinada de la población es de aproximadamente (15 latidos por minuto [latidos.min⁻¹].)

3. Discusiones/Conclusiones
   a. La ecuación de regresión anterior (220 − edad) permite averiguar la FCmáx con un margen de error de 15

latidos.min⁻¹. Por tanto, una persona de 20 años de edad tendrá un frecuencia cardíaca máxima de entre 185 y 215 latidos.min⁻¹.
   b. Entre los posibles errores en la investigación anterior pueden producirse los siguientes:
      1) Los sujetos empleados en la investigación pueden no ser representativos de toda la población y por tanto las estimaciones de la *verdadera* variabilidad de la FCmáx en la población estará sesgada.
      2) El equipo de ECG puede haber sido impreciso en la valoración de la FCmáx. Si el equipo de ECG no había coincidido en la medición de la frecuencia cardíaca, ello puede explicar la variabilidad de los resultados.
      3) Algunos sujetos pueden no haber alcanzado una verdadera FCmáx y como consecuencia la variabilidad de los datos aumenta. Esto puede ocurrir cuando los sujetos no están motivados para llevar a cabo un esfuerzo máximo y/o no están acostumbrados a correr sobre una cinta ergométrica y terminan la

prueba prematuramente debido a la fatiga muscular.

c. Aunque la ecuación de regresión 220 – edad puede proporcionar la frecuencia cardíaca máxima, hay que ser prudente al aplicar esta fórmula en la población general. Por ejemplo, dado que esta ecuación se emplea para determinar la zona de entrenamiento de la frecuencia cardíaca para un programa de ejercicio, quizás puede ampliarse la zona de entrenamiento para permitir una posible predicción de error.

FITNESS

El fitness es un conjunto de capacidades que permiten a una persona satisfacer con éxito las exigencias físicas presentes y potenciales de la vida cotidiana. Las exigencias físicas pueden ser impuestas por el trabajo, la rutina cotidiana, el ejercicio y por situaciones de emergencia. Con frecuencia, el fitness es considerado como un continuo. El extremo superior del espectro abarca a los individuos que pueden realizar las tareas cotidianas con dedicación y atención, con energía sobrada para disfrutar de las actividades recreativas y hacer frente a emergencias imprevistas. En el extremo inferior del espectro se hallan los individuos que tienen una capacidad disminuida para satisfacer incluso las menores exigencias físicas y que pueden ser completamente dependientes de otras personas para sobrevivir.

Existen cinco componentes del fitness relacionados con la salud:

1. Fuerza muscular.
2. Resistencia muscular.
3. Capacidad aeróbica.
4. Amplitud de recorrido articular; flexibilidad.
5. Composición corporal (proporción entre masa grasa y magra).

Deben conseguirse niveles aceptables de fitness para cada uno de los cinco componentes. Sin embargo, algunos individuos pueden poseer un nivel adecuado de fitness en un componente y niveles inadecuados en otros. Por ejemplo, un jugador de fútbol americano que juega en la línea de ataque puede ser muy fuerte, pero tener un exceso de grasa corporal y poca capacidad aeróbica. Afortunadamente, los aspectos relacionados con la salud y el fitness son modificables y pueden mejorarse con una actividad física regular y con una buena nutrición.

PRUEBAS DEL FITNESS

Hay varias razones por las que se debe evaluar el nivel de fitness de los individuos. Por ejemplo:

1. Los componentes del fitness relacionados con la salud que necesitan mejorarse pueden determinarse con claridad.
2. Pueden establecerse objetivos realistas y significativos para mejorar y/o mantener componentes particulares del fitness.
3. Pueden diseñarse programas de entrenamiento seguros y efectivos en base a los resultados de la evaluación del fitness.
4. Pueden establecerse niveles de base de fitness sobre los que representar el progreso y controlar las mejoras.
5. Las evaluaciones del fitness pueden mejorar la motivación y ayudar a los individuos a seguir con sus programas de fitness.

Para evaluar el fitness, debe disponerse de pruebas apropiadas. Generalmente, se emplean dos tipos de pruebas para medir el fitness: pruebas estándar y pruebas de predicción.

Pruebas estándar. Son consideradas por los científicos del ejercicio como el método preferido de prueba, puesto que es el más válido, fiable y preciso.

Ventaja: Facilita mediciones relativamente precisas del fitness.

Desventajas: Frecuentemente requieren un equipo caro, personal entrenado y una significativa dedicación de tiempo, tanto por parte del administrador de la prueba como por el sujeto.

Pruebas de predicción. Estas pruebas están diseñadas para estimar o pronosticar indirectamente el fitness. Las pruebas de predicción suelen estar correlacionadas con pruebas estándar y sirven para estimar los resultados de una prueba estándar.

Ventajas: Relativamente baratas, precisan un material mínimo, se administran fácilmente y pueden aplicarse a grandes grupos de personas al mismo tiempo.

Desventajas Menos precisas que las pruebas estándar.

En la Tabla 1-2 se esboza un resumen de las pruebas estándar y de predicción comunes para evaluar el fitness relacionado con la salud.

Debido a las limitaciones prácticas asociadas con las pruebas estándar, los investigadores con frecuencia diseñan pruebas de predicción. Es importante comprender cómo se desarrollan las pruebas de predicción. Supongamos que queremos desarrollar un nuevo método para estimar el porcen-

Parámetros de fitness	Prueba estándar	Prueba de predicción
Fuerza muscular	Mediciones isocinéticas 1 repetición máxima	Dinamómetro manual
Resistencia muscular	Mediciones isocinéticas Pruebas de resistencia	Prueba abdominal en 1 min
Flexibilidad articular	Mediciones goniométricas Flexómetro de Leighton	Prueba *Sit and Reach*
Capacidad aeróbica	$\dot{V}O_2$máx sobre cinta ergométrica	Prueba de Astrand sobre cicloergómetro Carrera de 1,5 millas Carrera de 1,0 milla Prueba del escalón
Composición corporal	Densiometría	Pliegues cutáneos Mediciones de perímetros

Tabla 1.2. *Pruebas del fitness relacionado con la salud*

taje de grasa corporal. A partir de nuestras observaciones vemos que los individuos delgados tienen una delgada capa de grasa subcutánea y que los individuos obesos poseen una gruesa capa de grasa subcutánea. Nos preguntamos si la relación observada nos puede permitir pronosticar la grasa corporal total y con ello facilitar una prueba menos cara y más práctica que el pesaje hidrostático (bajo el agua) tradicional.

Decidimos organizar un proyecto de investigación y probar nuestra hipótesis. Primero, lo anunciamos en el periódico local y reclutamos 50 sujetos hombres y 50 mujeres, de edades comprendidas entre los 20 y los 70 años. Al hacerlo, elegimos sujetos con una gran diversidad de niveles de grasa corporal. Sabemos que para desarrollar una ecuación precisa y representativa para la población general necesitamos sujetos que posean diferentes niveles de grasa corporal.

Se les pide a todos los sujetos que acudan a la práctica y se les mide con la técnica del pesaje hidrostático (estándar) y la nueva técnica de lipometría. En consecuencia, el porcentaje de grasa de cada sujeto se determina con el pesaje hidrostático. Además, se registran varias mediciones de pliegues cutáneos (lipometría).

Después de haber efectuado las pruebas a los 100 sujetos, se analizan estadísticamente los datos para determinar si existe una relación significativa entre la medición hidrostática de la grasa corporal y de la grasa subcutánea.

En base a los datos, representamos gráficamente la relación entre el porcentaje de grasa hidrostático y la suma de las mediciones de los pliegues cutáneos (Figura 1.1). En este gráfico, vemos que existe una relación lineal positiva entre estas variables. Hemos de comprender que cada punto en el gráfico representa un porcentaje del pesaje hidrostático de la grasa de un sujeto determinado. Esto significa que para cualquier suma de las mediciones de los pliegues cutáneos a lo largo del eje *x*, cada punto se sitúa en relación con el eje *y* (es decir, porcentaje de grasa de la prueba de pesaje hidrostático). Por ejemplo, si la suma de las mediciones de los pliegues cutáneos de un sujeto es de 60 mm, y a este sujeto se le pesa hidrostáticamente y posee el 38 % de grasa entonces los puntos en el gráfico estarán situados por encima de la marca de 60 mm sobre el eje *x* y cruzando desde la marca del 38 % de grasa sobre el eje *y*. Asimismo, si la suma de las mediciones de los pliegues cutáneos de un sujeto es de 40 mm y este sujeto es pesado hidrostáticamente dando un 20 %

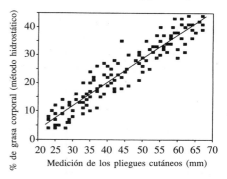

Figura 1-1. *Representación de datos hidrostáticos comparados con los de los pliegues cutáneos.*

de grasa, entonces los puntos sobre el gráfico estarán situados por encima de la marca del 20 % de grasa sobre el eje *y*. Entender esta lógica nos ayudará a comprender cómo se usan las mediciones de los pliegues cutáneos para averiguar los resultados hidrostáticos del porcentaje de grasa.

Observemos que en la Figura 1.1 se ha trazado una línea por en medio de los puntos. Esta línea se llama la *línea óptima* porque está situada en una posición media, con aproximadamente la mitad de los puntos por encima de la línea y la otra mitad por debajo de la misma. Esta línea representa los resultados medios del pesaje hidrostático de los sujetos masculinos y femeninos, generados por las mediciones de sus pliegues cutáneos.

Una vez se ha trazado adecuadamente una línea óptima, puede emplearse para pronosticar resultados para individuos que no formaban parte del estudio original de investigación. Esto significa que alguien puede tener una estimación del porcentaje de grasa del pesaje hidrostático sin haberse sometido a la prueba realmente. Por ejemplo, si un sujeto medido tiene una suma de pliegues cutáneos de 30 mm, primero se trazará una línea vertical hacia arriba desde el eje *x* hasta la línea óptima y luego se trazará una línea horizontal por encima hasta el eje y para *pronosticar* los resultados hidrostáticos de alrededor del 12 %. Por tanto, la línea óptima sirve como línea para pronosticar.

La línea óptima recibe también comúnmente la denominación de línea de regresión, porque puede usarse para generar una ecuación matemática llamada *ecuación de regresión*. Una ecuación de regresión se basa en la sencilla ecuación matemática de $y = mx + b$ suponiendo que se use una línea (recta) de regresión lineal. Podemos recordar de nuestras clases de matemáticas básicas que *m* representa la inclinación de la línea; *x* representa números a lo largo del eje x; *b* representa la intersección del eje y; e *y* representa números a lo largo del eje y.

Supongamos que la ecuación de regresión para la línea óptima de la Figura 1.1 es:

$$y = 0,51x + 4,5$$

En tal caso, el valor *x* representa la suma de las mediciones de los pliegues cutáneos y el valor *y* representa las mediciones estimadas del pesaje hidrostático. En consecuencia, la ecuación de regresión anterior puede permitirnos insertar valores *x* en la ecuación y solucionar *y*. ¿Cuál sería entonces el porcentaje estimado del pesaje hidrostático de la grasa de una persona que tiene una suma de las mediciones de los pliegues cutáneos de 50 mm? (Insertar 50 en la ecuación y hallar la solución para *y*.)

$$0,51 \ (50) + 4,5 = 30 \ \%$$

Por tanto, la ecuación de regresión anterior estima cuál sería el porcentaje de grasa corporal de un individuo si se hubiese sometido realmente a la prueba del pesaje hidrostático.

¿Ve el lector cómo puede hacerse más precisa la ecuación de regresión anterior? Incluya otras variables (por ejemplo, sexo, edad) en la ecuación de regresión que puedan ayudar a pronosticar con mayor precisión las puntuaciones del porcentaje de grasa del pesaje hidrostático. Además, la ecuación de regresión puede probarse (validación cruzada) en otras muestras para determinar en qué medida se puede generalizar en la población.

Un modo de valorar la precisión de una prueba de predicción es considerar una medida cuantitativa llamada *coeficiente de correlación* o *valor r*. Una alta correlación, *(r* = desde 0,90 hasta 0,99), generalmente indica que los puntos que representan datos rodean estrechamente la línea óptima. A la inversa, una baja correlación, (*r* = desde 0,60 hasta 0,80), refleja generalmente puntos distribuidos más ampliamente por encima y por debajo de la línea óptima.

Una segunda manera de valorar la precisión de una prueba de predicción es considerar lo que se llama el *error estándar de predicción* (SEE, del inglés *standard error of estimate*). El SEE, como el valor *r*, se basa en el grado de amplitud de la distribución alrededor de la línea óptima. Sin embargo, el SEE proporciona una estimación significativa de lo bien o mal que una determinada prueba de predicción puede estimar los resultados de la prueba estándar. Por ejemplo, las investigaciones generalmente demuestran que la prueba de los pliegues cutáneos tiene un SEE de un porcentaje de grasa corporal de 3,7. Esto significa que si una ecuación de regresión pronostica un porcentaje de grasa de 15, entonces el verdadero porcentaje graso de pesaje hidrostático estaría probablemente entre un porcentaje de grasa de entre 11,3 y 18,7 el 68 % de las veces.

El valor práctico de una ecuación de regresión depende de su precisión. Para maximizar la utilidad de una determinada prueba de predicción deben minimizarse todos los posibles errores. A continuación, perfilamos sugerencias que pueden ayudar a limitar los errores asociados con las pruebas de predicción.

1. Emplear ecuaciones de regresión (predicción) derivadas de una muestra que se aproxime lo más posible a las características del sujeto (por ejemplo, la edad, el sexo, el nivel de fitness, etc.).

2. Procurar realizar la prueba de predicción exactamente como se llevó a cabo en la investigación original.

3. Elegir una prueba de predicción que sea la más apropiada para un sujeto concreto. Por ejemplo, la carrera de 2,4 km para estimar la capacidad aeróbica no sería una prueba apropiada para evaluar a un adulto sedentario.

4. Procurar que los administradores de la prueba las dominen bien y que los sujetos sepan cómo prepararse y llevar a cabo los protocolos de la misma.

5. Verificar que todo el material esté correctamente equilibrado y que funcione adecuadamente.

Lo anterior es vital y debe ayudarnos a comprender la diferencia entre las pruebas estándar y las pruebas de predicción. En consecuencia, debemos entender que los métodos de predicción nunca son más precisos que los métodos estándar, suponiendo que ambos métodos se lleven a cabo de acuerdo con el protocolo, y que las pruebas de predicción tengan errores inherentes que deben minimizarse.

Nombre: _____ Fecha: _____

Introducción a la ciencia del ejercicio y al fitness
Ejercicio

1. Usar el método científico para esbozar brevemente los pasos específicos necesarios para determinar si un programa particular de fitness puede reducir efectivamente la grasa corporal.

Cuestión a investigar:
Recogida de datos:
Resultados (aportar nuestros propios resultados realistas):
Conclusiones de la investigación:

2. Clasificar subjetivamente nuestro nivel actual de fitness. Clasificar cada componente del fitness relacionado con la salud como malo, regular, medio, bueno o excelente.

Clasificación subjetiva del fitness	
Componentes del fitness	Clasificación del fitness
Fuerza muscular	
Resistencia muscular	
Capacidad aeróbica	
Flexibilidad articular	
Composición corporal	

¿Qué componentes del fitness es probable que mejoren? ¿Por qué? Describir brevemente cómo se pueden mejorar estos componentes del fitness.

3. Esbozar cinco maneras de minimizar el error de predicción de una ecuación de regresión particular.

1.2 Terminología común y el sistema métrico de medición

PROPÓSITO

El propósito de esta sección es revisar la terminología común encontrada en la ciencia del ejercicio y facilitar una breve introducción al sistema métrico de medición.

OBJETIVOS DE APRENDIZAJE PARA EL ESTUDIANTE

1. Poder entender la terminología común usada en la ciencia del ejercicio.
2. Tener una comprensión factible del sistema métrico de medición.
3. Estar familiarizado con valores unitarios estándar de parámetros medidos frecuentemente y demostrar la habilidad para pasar de un valor unitario a otro.

TERMINOLOGÍA

Para entender las investigaciones y las prácticas actuales, es imperativo tener un conocimiento de términos usados frecuentemente. Expertos en el área de la ciencia del ejercicio así como el American College of Sports Medicine (ACSM) han facilitado definiciones de términos para mejorar la consistencia y la claridad de la comunicación. A continuación, relacionamos algunos de estos términos y definiciones.

Actividad física: Todo movimiento corporal producido por los músculos esqueléticos que provoca consumo de energía.

Ejercicio: Una parte de la actividad planificada, estructurada y repetitiva, que tiene como objetivo final o intermedio el mantenimiento y la mejora del fitness.

Intensidad del ejercicio: Un nivel específico de mantenimiento de la actividad muscular que puede cuantificarse.

Capacidad de resistencia: El período de tiempo durante el cual una persona puede mantener una fuerza isométrica específica o un nivel de potencia específico que incluye combinaciones de contracciones musculares concéntricas o excéntricas.

Energía: La capacidad de producción de fuerza, de ejecución de trabajos o de generación de calor, expresada en julios o kilojulios.

Fuerza: Aquello que cambia el estado de reposo o de movimiento de la materia, expresado en newtons.

× **Potencia**: La velocidad de ejecución de un trabajo. El producto de la fuerza por la velocidad (la distancia dividida por el tiempo), expresado en vatios.

× **Velocidad**: La distancia total recorrida por unidad de tiempo, expresada en metros por segundo.

× **Trabajo**: La fuerza aplicada a lo largo de una distancia, pero sin limitación de tiempo, expresada en julios o kilojulios.

× **Volumen**: Un espacio ocupado o no ocupado expresado en litros o en mililitros.

En la ciencia del ejercicio también se emplean frecuentemente los términos siguientes:

Por: Indica una función de división. Por ejemplo, 5 litros por minuto denota que el número total de litros se divide por el número total de minutos, es decir, 25 litros (5 minutos = 5 litros por minuto).

Porcentaje: Significa *por cien* o *parte de la totalidad*. Por ejemplo, el porcentaje de grasa es un valor relativo que refleja cuánta grasa hay en un cuerpo en proporción con la masa total. Una persona que pesa 45 kg de los cuales 9 kg son de grasa tendrá un 20 % de grasa Asimismo una persona que pesa 85 kg de los cuales 17 kg son de grasa tiene también un 20 % de grasa. El uso de porcentajes tiene varias aplicaciones. Por ejemplo, si un sujeto en un laboratorio está levantando 10 kg y su 1 repetición máxima (1 RM) es de 20 kg, entonces esta persona estará trabajando al 50 % de su fuerza máxima.

Ritmo: En la ciencia del ejercicio, el ritmo indica un marco temporal para un parámetro determinado de una prueba. Dicho de otra manera, la cantidad se expresa como una medida por unidad de tiempo. Por ejemplo, en la ciencia del ejercicio el ritmo de consumo de oxígeno se expresa con frecuencia como la cantidad de oxígeno consumida por minuto (por ejemplo, 0,25 litros por minuto).

Media: Es sinónimo de *promedio*. Una media o promedio puede calcularse sumando todas las observaciones y dividiéndolas por el número total de observaciones. Por ejemplo, si las frecuencias cardíacas observadas son de 67, 65, 72, 62, 70, 68 y 66, podemos calcular la media como sigue:

$$\text{Media} = \frac{67 + 65 + 72 + 62 + 70 + 68 + 66}{7}$$

$$= 67,14 \text{ latidos.min}^{-1}.$$

Válido: *Válido* implica que una determinada prueba mide el parámetro de interés. Si el porcentaje de grasa corporal es el parámetro de interés, entonces una prueba que mide o que estima con precisión la grasa corporal es considerada como válida. El que una prueba sea válida o no puede determinarse comprendiendo su base teórica y llevando a cabo investigaciones para confirmar tales teorías y opiniones.

Fiable: Significa que una prueba determinada facilita resultados concordantes en mediciones sucesivas. A fin de que la fiabilidad sea alta, deben minimizarse todas las fuentes de error en las mediciones. *Cuidado:* Una prueba de predicción puede tener una buena fiabilidad (prueba/verificación) y sin embargo tener un SEE muy grande y, por tanto, no ser válida. Por ejemplo, si se usa el peso corporal para pronosticar los resultados del pesaje hidrostático, las mediciones del peso corporal pueden ser muy fiables, pero muy inapropiadas para pronosticar el porcentaje de grasa. Por tanto, las pruebas pueden ser fiables y no válidas al mismo tiempo.

Objetividad: Representa la capacidad de una prueba para dar resultados similares cuando son administradas por diferentes administradores. La objetividad hace referencia también a la fiabilidad entre observadores.

Absoluta: Aunque hay varias definiciones de este término, usaremos la siguiente: *Absoluta* significa que la medición en cuestión es específica del individuo o cosa. Dicho de otra manera, el valor no guarda relación y es independiente de cualquier persona o cosa. Una medición absoluta común usada en la ciencia del ejercicio es el consumo máximo de oxígeno ($\dot{V}O_2$máx) expresado en l.min^{-1}.

Relativa: Significa que una medición determinada está de algún modo relacionada con otras mediciones. Las mediciones relativas facilitan un medio de comparación, puesto que las mediciones pueden clasificarse y categorizarse. Un ejemplo de medición relativa es el $\dot{V}O_2$máx expresado en ml.kg^{-1}.min^{-1} puesto que los resultados de las pruebas pueden compararse entre individuos con diferentes pesos corporales. Sin mediciones relativas o comparativas, muchas mediciones de la fisiología del ejercicio tienen poco sentido para la población general.

Normas: Los gráficos normativos describen o clasifican la puntuación medida de un individuo. Generalmente, los gráficos normativos clasifican a un individuo en categorías (por ejemplo, baja, buena, excelente, etc.). Los gráficos de normas se obtienen de investigaciones que implican a grandes grupos de personas y el sistema de clasificación se basa en cálculos porcentuales. Un sistema típico de clasificación agrupa las puntuaciones en cinco categorías: bajas, aceptables, medias, buenas y excelentes. Por ejemplo, el 20 % de la población con las puntuaciones más bajas puede emplearse para definir la categoría baja. Las categorías aceptable, media y buena pueden representarse, respectivamente, dentro de los porcentajes del 20 al 40 %, del 40 al 60 %, y del 60 al 80 %. Las puntuaciones superiores al 80 % pueden representar una clasificación excelente.

SISTEMA MÉTRICO DE MEDICIÓN

El sistema métrico ha sido aceptado como la unidad estándar de medición en muchos campos científicos. El sistema métrico ha reemplazado al sistema imperial de medición que usa diferentes medidas para cuantificar el volumen (copa, pinta, cuarto, galón), la longitud (pulgada, pie, yarda,

milla) y el peso (libra, tonelada).

La nomenclatura usada para el sistema métrico es el Sistema de Unidades Internacional (abreviadamente SI del término francés *Sistema Internacional*). Sólo existe una medición estándar para un determinado parámetro, tal como el peso, el volumen o la longitud. Todas las otras mediciones de un parámetro determinado guardan relación con la medición estándar y entre sí por un factor de 10. Mediciones mayores o menores se registran simplemente como decimales de la unidad base. Por ejemplo, la unidad estándar de medición de longitud es el metro. Las longitudes inferiores a un metro pueden registrarse como un decimal de un metro.

En lugar de usar decimales todo el tiempo, se emplean prefijos para denotar una fracción o múltiplo de la unidad base. Los prefijos son una parte importante para entender el sistema métrico:

kilo (k) = 1.000 = 10^3
hecto (h) = 100 = 10^2
deca (da) = 10 = 10^1
deci (d) = 0,1 = 10^{-1}
centi (c) = 0,01 = 10^{-2}
mili (m) = 0,001 = 10^{-3}

• **VOLUMEN**: La unidad básica de medición es el litro (l).

1 litro = 10 dl = 100 cl = 1.000 ml

• **PESO**: La unidad básica de medición es el gramo (gr).

1 gramo = 10 dg = 100 cg = 1.000 mg
1 kilogramo = 1.000 gramos = 1.000.000 mg

• **LONGITUD**: La unidad básica de medición es el metro (m).

1 metro = 10 dm = 100 cm = 1.000 mm

Siempre hay que anotar la unidad de valor correcta (por ejemplo, gm, m, ml) que acompaña a cada valor numérico. Al registrar datos en tablas, los valores unitarios con frecuencia se escriben en el encabezamiento de cada columna y, por tanto, no es necesario escribir la unidad de valor en cada entrada. Para más información véase el Apéndice B, que trata de la expresión adecuada de datos.

Puesto que el sistema métrico es el sistema aceptado para el registro de datos, es necesario saber convertir los valores medidos en unidades imperiales a unidades métricas. Asimismo, hay que saber convertir valores métricos en unidades de valor más grandes o más pequeñas. A continuación indicamos unos pocos factores estándar de conversión (equivalentes métricos):

1 kg = 2,205 lb
1 libra = 0,4536 kg
1 pulgada = 2,54 centímetros

Por ejemplo, si un hombre pesa 220 lb, ¿cuál es su peso en kilogramos?

$$220 \text{ lb x } \frac{0,4536 \text{ kg}}{1 \text{ libra}} = 99,79 \text{ kg}$$

Si una persona tiene una estatura de 6 pies, ¿cuál es su estatura en centímetros?

$$6 \text{ pies x } \frac{12 \text{ pulgadas}}{1 \text{ pie}} \text{ x } \frac{2,54 \text{ cm}}{1 \text{ pulgada}}$$

= 182,8 cm o 183 cm

Convertir la estatura de una persona en centímetros a metros.

$$183 \text{ cm x } \frac{1 \text{ metro}}{100 \text{ cm}} = 1,83 \text{ m}$$

Cada factor de conversión o equivalente métrico que usemos debe escribirse de tal modo que las unidades apropiadas puedan *anularse* de la ecuación. Un modo fácil de hacerlo es escribiendo el valor inicial en el extremo izquierdo de la ecuación (220 lb) y luego situar el equivalente apropiado con las unidades que deseamos cancelar como denominador (1 libra). Véase el primer ejemplo anterior. Ahora multiplíquese el valor inicial por nuestro equivalente para anular las unidades adecuadas (libras). Ahora nos quedan las unidades deseadas en kilogramos. Lo contrario de este proceso es convertir 99,79 kg en lb. Esto debe escribirse así:

$$99{,}79 \text{ kg} \times \frac{1 \text{ libra}}{0{,}4536 \text{ kg}} = 220 \text{ lb}$$

En ocasiones, la conversión de las unidades es un poco más compleja. Por ejemplo, supongamos que queremos determinar la velocidad en millas por minuto de una persona que mantenía una velocidad de carrera de 5 mph. ¿Cómo debemos proceder? El primer paso es estudiar los valores unitarios y comprender que necesitamos hacer uso del equivalente de 1 hora = 60 minutos. El siguiente paso es decidir cómo disponer la ecuación para eliminar las unidades apropiadas. Por ejemplo:

$$\frac{1 \text{ hora}}{5 \text{ millas}} \times \frac{60 \text{ minutos}}{1 \text{ hora}}$$

$$= 12{,}0 \text{ minutos por milla}$$

Una ecuación alternativa emplea la división:

$$\frac{60 \text{ minutos}}{1 \text{ hora}} \div \frac{5{,}0 \text{ millas}}{1 \text{ hora}}$$

$$= 12{,}0 \text{ minutos por milla}$$

Obsérvese que las unidades denominadoras verdaderamente se invierten o se desplazan y que permiten la anulación de las unidades apropiadas.

Tenemos que asegurarnos de que nuestras respuestas son buenas y que tienen sentido. Si calculamos que el corredor mencionado anteriormente tardó 0,0833 min para correr una milla debemos comprender rápidamente que esta respuesta es incorrecta. No hay que limitarse simplemente a creer lo que dice nuestra calculadora: debemos pensar siempre nuestras respuestas y asegurarnos de que son lógicas. Además, hay que anotar siempre las unidades de valor para cada paso de un cálculo determinado y eliminar los valores unitarios apropiados al acabar el problema.

Una cuestión importante es: ¿Cuántos decimales (dígitos significativos) deben usarse para expresar una respuesta numérica determinada? Por ejemplo, ¿debe un valor porcentual de grasa corporal expresarse como 10,32 % o como 10,323984 %? La respuesta depende de la precisión y del instrumento empleado para hacer la medición y de la interpretación del número. Está claro que la grasa corporal debe expresarse con sólo dos dígitos significativos, ya que la precisión del material empleado para medir la grasa corporal no va más allá del segundo decimal y una alteración significativa de la grasa corporal suele requerir un cambio de grasa corporal del 1-2 %. Si alguien altera su porcentaje de grasa corporal en un 0,0032 % su rendimiento deportivo no mejorará ni su riesgo de contraer enfermedades se modificará.

Otra medida relacionada con la valoración de la grasa corporal, sin embargo, requiere el uso de cuatro dígitos significativos. Los valores de la densidad corporal se expresan como 0,9986, no como 0,99. La base lógica de esto es que una densidad corporal de 0,9986 corresponde a un porcentaje de grasa corporal del 45,69 %, mientras que una densidad corporal del 0,99 corresponde al 50 % de la grasa corporal. Es evidente que cambios muy pequeños en la densidad corporal tienen un efecto profundo sobre los cálculos del porcentaje de grasa y, en consecuencia, deben emplearse dígitos más significativos. A lo largo de este manual, con la excepción de unos pocos cálculos (por ejemplo, la densidad corporal), que requieren más de dos dígitos significativos, los valores numéricos usados para describir los componentes del fitness pueden expresarse todos ellos con no más de dos dígitos significativos.

Otro tema importante es cuándo y cómo *redondear* los números durante una serie de cálculos. Por ejemplo, ¿debemos redondear el número 54,9278 hasta 55,0 para un cálculo determinado? Esto también depende. Si se hace en medio de una serie de cálculos, el redondeo puede cambiar significativamente el número final (por ejemplo, 55,0 x 25 = 1.375,549278 x 25 = 1.373,95); en consecuencia, no hay que redondear los números en medio de un problema. Sin embargo, una respuesta final sí puede redondearse. Por ejemplo, si 54,9278 es la respuesta final, expresar la respuesta como 54,93 o como 55,0 depende del número de dígitos significativos que deben usarse.

Nombre: _____ Fecha: _____
Terminología común y el Sistema Métrico de Medición
Ejercicio

1. Emparejamiento de términos *(elegir la mejor respuesta para cada pregunta)*:

_____ por	a. medida comparativa
_____ porcentaje	b. promedio
_____ potencia	c. espacio ocupado
_____ ritmo	d. indica división
_____ media	e. infiere una estructura temporal
_____ fuerza	f. fuerza x velocidad
_____ válido	g. fiabilidad entre observadores
_____ fiabilidad	h. medición concordante
_____ volumen	i. newtons
_____ objetividad	j. específico de una persona
_____ absoluto	k. sistema de clasificación para la población
_____ relativo	l. por ciento
_____ normas	m. medición específica para un parámetro de interés

2. ¿Cuánto mide en centímetros una mujer de 5 pies de estatura? ¿Y en metros?

3. ¿Cuántos kilogramos pesa una mujer de 140 lb?

4. Si un hombre consume 20,5 litros de oxígeno durante 4,2 min, ¿cuál es el ritmo de consumo de oxígeno por minuto? ¿Es nuestra respuesta una medida absoluta o relativa?

5. Si una persona corre 3 millas diarias (1 milla = 5,280 pies), ¿cuál es el equivalente en kilómetros?

6. ¿Cuál es la velocidad en mph de una persona que corre 6,2 millas en 40 min?

7. ¿Cuál es la velocidad en mph de una persona que mantiene un ritmo de 6,3 min por milla?

1.3 Reconocimiento previo a la participación en el ejercicio

PROPÓSITO

El propósito de esta sección es explicar la importancia y la necesidad de las evaluaciones de los reconocimientos previos al ejercicio.

OBJETIVOS DE APRENDIZAJE PARA EL ESTUDIANTE

1. Poder describir la necesidad y el propósito del reconocimiento previo al ejercicio.
2. Poder evaluar los resultados del reconocimiento previo al ejercicio.

Las enfermedades cardiovasculares son la primera causa de muerte en Estados Unidos así como en otros muchos países desarrollados. La muerte súbita puede presentarse como consecuencia del ejercicio. Las muertes declaradas durante la realización de ejercicios enérgicos han sido aproximadamente de 1 por año para cada 15.000 ó 20.000 personas. Evidentemente, la actividad física regular no inmuniza a los individuos contra la muerte durante el ejercicio; sin embargo, los individuos activos tienen un riesgo de muerte significativamente menor que los individuos sedentarios (inactivos).

Muchos norteamericanos llevan estilos de vida sedentarios y pueden correr un alto riesgo de sufrir un cierto número de enfermedades que pueden afectar a su capacidad para hacer ejercicio. Puesto que muchos individuos deciden comenzar un programa de ejercicios en un momento u otro, hay necesidad de identificar a los individuos que tienen un mayor riesgo de complicaciones médicas. Aunque el ejercicio de intensidad moderada es seguro para la mayoría de individuos, se aconseja que ciertos individuos pasen una evaluación de su salud para limitar el riesgo antes del ejercicio o de las pruebas de esfuerzo.

El estado de salud de un individuo puede clasificarse como aparentemente sano, de alto riesgo de sufrir enfermedades o de enfermo. El propósito del reconocimiento previo al ejercicio es asegurar la seguridad en las pruebas de esfuerzo y de los posteriores programas de ejercicio, determinar el tipo (o tipos) apropiado de pruebas de esfuerzo o de programas de ejercicios, identificar a los individuos que necesitan evaluaciones más específicas e identificar a los individuos que pueden tener necesidades especiales (por ejemplo, los ancianos, las mujeres embarazadas y los diabéticos).

Aparentemente, los individuos sanos son asintomáticos (sin síntomas) con un factor de riesgo coronario como máximo (ver la Tabla 1-3). Los individuos de alto riesgo son los que tienen síntomas (ver la Tabla 1-4) indicadores de posibles enfermedades cardiopulmonares o metabólicas y/o demuestran tener dos o más factores de riesgo de enfermedades coronarias. Los individuos clasificados como enfermos son aquellos que tienen diagnosticada una enfermedad cardíaca, pulmonar o metabólica.

---

1. Hipertensión diagnosticada o tensión arterial sistólica (160 o tensión arterial diastólica 90 mmHg) en al menos dos ocasiones distintas, o estar tomando medicación contra la hipertensión.
2. Niveles de colesterol en sangre (6,20 mmol/l [240 mg/dL]).
3. Fumar cigarrillos
4. Diabetes mellitus*
5. Historia familiar de enfermedades coronarias o de otras enfermedades ateroscleróticas en pacientes o hermanos antes de los 55 años.

Tabla 1-3. *Principales factores de riesgo coronario*
* Las personas con diabetes mellitus insulinodependiente que tienen más de 30 años de edad, o que la han tenido durante más de 15 años, y personas con diabetes no insulinodependiente de más de 35 años de edad deben clasificarse como pacientes enfermos.
De *Guidelines for Exercise Testing and Prescription*, 4.ª edición, American College of Sports Medicine, Lea & Febiger, 1991.

---

1. Dolor o molestias en el pecho o en áreas circundantes, de naturaleza aparentemente isquémica.
2. Falta de aliento desacostumbrada o falta de aliento con un esfuerzo leve.
3. Vértigo o síncope.
4. Orotpnea/disnea nocturna paroxística.
5. Edema en los tobillos.
6. Palpitaciones o taquicardia.
7. Claudicación.
8. Soplo cardíaco conocido.

Tabla 1-4. *Síntomas importantes o señales indicadoras de enfermedades cardiopulmonares o metabólicas**
* Estos síntomas deben interpretarse en el contexto clínico en el que aparecen, puesto que no todos son específicos de enfermedades cardiopulmonares o metabólicas.
De *Guidelines for Exercise Testing and Prescription*, 4.ª edición, American College of Sports Medicine, Lea & Febiger, 1991.

Los hombres de menos de 40 años y las mujeres de menos de 50 aparentemente sanos pueden realizar ejercicios moderados y enérgicos sin un reconocimiento médico previo a su participación en el ejercicio o antes de someterse a pruebas de esfuerzo. Además, estos individuos pueden someterse a pruebas de esfuerzo submáximas o máximas sin la supervisión de un médico. Sin embargo, la prueba debe ser supervisada por personal especializado. Para hombres aparentemente sanos de más de 40 años y para mujeres aparentemente sanas de más de 50, debe haber un médico presente durante las pruebas de esfuerzo máximas, pero no necesariamente en las pruebas submáximas. Estos individuos mayores no requieren un examen médico ni una prueba de esfuerzo antes de su participación en ejercicios de intensidad moderada (entre el 40 y el 60 % del $\dot{V}O_2$máx), pero deben someterse a esta prueba antes de realizar ejercicios enérgicos (> 60 % del $\dot{V}O_2$máx).

Los individuos asintomáticos de alto riesgo pueden participar en ejercicios de intensidad moderada pero no enérgica, sin reconocimientos médicos ni pruebas de esfuerzo. Los individuos de alto riesgo con síntomas o los individuos con enfermedades conocidas deben someterse a un reconocimiento médico y una prueba de esfuerzo antes de participar en ningún tipo de ejercicio. Una prueba de esfuerzo es aquella en la que las cargas de esfuerzo se incrementan hasta alcanzar la fatiga voluntaria o verse limitadas por los síntomas. El volumen de oxígeno consumido ($\dot{V}O_2$) por el sujeto puede medirse o no, dependiendo del propósito de la prueba. A los sujetos se les controla con un electrocardiograma (ECG) para observar la actividad eléctrica del corazón a medida que las demandas del ejercicio aumentan. También se controla la tensión arterial al igual que los síntomas y las señales observables. Una prueba

positiva indica la presencia de una enfermedad y generalmente requiere (a discreción de los médicos) nuevas pruebas antes de iniciar un programa de ejercicios. Una prueba negativa indica que hay pocas posibilidades de que exista una enfermedad y permite que el individuo comience un programa de ejercicios.

Con independencia del estado de salud o nivel de fitness de un individuo, debe usarse un cuestionario de preparticipación a fin de buscar la posible presencia de enfermedades o de síntomas indicadores de la existencia de una enfermedad. Los exámenes previos a la participación pueden incluir historias personales y médicas o un Cuestionario de Aptitud para el Ejercicio Físico (C-AEF). El C-AEF se ha recomendado como un cuestionario mínimo de preparticipación. Si un individuo responde positivamente a alguna cuestión del C-AEF, la persona debe buscar consejo médico y posponer la actividad física vigorosa y/o las pruebas de esfuerzo. En consecuencia, todas las revisiones previas a la participación deben hacerse con profesionalidad, sensatez y prudencia.

Con frecuencia se recomienda un reconocimiento médico para todos los adultos maduros, incluso para aquellos que aparentemente están sanos. Tal como se ha tratado antes, en este reconocimiento puede incluirse una prueba de esfuerzo. Cuando un médico sospecha la presencia de una enfermedad cardiovascular, al individuo probablemente se le alentará a someterse a nuevas pruebas clínicas tales como ecocardiografías, imágenes con talio o angiografías coronarias.

FORMULARIO DE CONSENTIMIENTO CON CONOCIMIENTO DE CAUSA

Antes de las pruebas de esfuerzo, los individuos deben facilitar un formulario de consentimiento con conocimiento de causa escrito para ayudar a asegurar que todos los procedimientos de las pruebas, sus riesgos y beneficios se comprenden perfectamente. Un formulario de consentimiento con conocimiento de causa debe comunicar al participante que cualquier pregunta en relación a las pruebas de esfuerzo será bien recibida, que puede retirarse de la participación en cualquier momento y que toda la información sobre el participante se mantendrá confidencial. Se facilita un ejemplar de C-AEF, un cuestionario del historial personal y un formulario de consentimiento con conocimiento de causa como parte de esta práctica.

Si al responder a los cuestionarios de examen en el ejercicio siguiente nos identificamos como individuos de riesgo, será nuestra responsabilidad obtener autorización médica de un médico calificado antes de participar en esta práctica.

REFERENCIAS SELECCIONADAS

Adams, G.M. *Exercise Physiology Lab Manual* (1990). Dubuque, Iowa: Wim. C. Brown Publishers, pp: 1-17.

American College of Sports Medicine (1991). *Guidelines of Exercise Testing and Prescription* (4.ª edición). Philadelphia: Lea & Febiger, pp: 1-10, 35-39.

Baumgartner, T.A., and A.S. Jackson (1991). *Measurement for Evaluation in Physical Education and Exercise Science*. Dubuque, Iowa: Wm. C. Brown Publishers.

Brooks, G.A., and T.D. Fahey (1984). *Exercise Physiology: Human Bionergetics and Its Applications*. Nueva York: John Wiley & Sons, pp: 1-16.

Caspersen, C.J., K.E. Powell, and G.M. Christenson (1985). Physical activity, exercise, and physical fitness: definitions and distinctions for health-related research. *Public Health Reports* Marzo-abril 126-131.

DeVries, H.A. (1986). *Physiology of Exercise: For Physical Education and Athletics* (4th edition). Dubuque, Iowa: Wm. C. Brown Publishers, pp: 5-10, 256-266, 577-578.

Fisher, A.G., and C.R. Jensen (1990). *Scientific Basis of Athletic Conditioning* (3.ª edición). Philadelphia: Lea & Febiger.

Fox, E.L., R.W. Bowers, and M.L. Foss (1988). *Physiological Basis of Physical Education and Athletics* (4.ª edición). Philadelphia: Saunders College Publishing, pp: 1-3.

Heyward, V.H., (1991). *Advanced Fitness Assessment and Exercise Prescription*. Champaign, Illinois: Human Kinetics, pp: 1-15.

Hoeger, W.W.K. (1989). *Lifetime Physical Fitness and Wellness: A Personalized Program*. Englewood, Colorado: Morton Publishing Company, pp: 1-13.

Howley, E.T., and D.B. Frank (1992). *Health Fitness Instructor's Handbook* (2.ª edición). Champaign, Illinois: Human kinetics, pp: 3-25, 83-92.

Knuttgen, H.G. (diciembre de 1986). Quantifying Exercise Performance with SI Units. *Physician and Sports Medicine* 157-161.

Lamb. D.R. (1984). *Physiology of Exercise: Responses and Adaptations* (2.ª edición). New York: Macmillan Publishing Company, pp: 1-99, 366-368.

McArdle, W.D., F.I. Katch, and V.L. Katch (1991). *Exercise Physiology: Energy, Nutrition, and Human Performance* (3.ª edición). Philadelphia: Lea & Febiger.

Noble, B.J. (1986). *Physiology of Exercise and Sport*, St. Louis, Missouri: Times Mirror/ Mosby College Publishing.

Powers, S.K., and E. T. Howley (1990). *Exercise Physiology: Theory and Application to Fitness and Performance*. Dubuque, Iowa: Wim, C. Brown Publishers, pp: 3-14, 292-302, 305-308, 330-331.

Rowell, L.B. (1986). *Human Circulation: Regulation During Physical Stress*. Nueva York: Oxford University Press.

Wilmore, J.H., and D.L. Costill (1988). *Training for Sport and Activity: The Physiological Basis of the Conditioning Process* (3.ª edición). Dubuque, Iowa: Wm. C. Brown Publishers, pp: 361-367.

Young, D.S. (1987). Implementation of SI units for clinical laboratory data. *Annals of Internal Medicine* 106 1:114-129.

Nombre: _____ Fecha: _____

Examen previo a la participación
Ejercicio

1. Cumplimentar y adjuntar el Cuestionario de Aptitud para el Ejercicio Físico (C-AEF) (Gráfico 1-1).
   ❑ Sí, cumplimentado.

2. Cumplimentar y adjuntar la muestra de Cuestionario de historia personal (Cuadro 1-2).
   ❑ Sí, cumplimentado.

3. Usando las definiciones facilitadas en este capítulo, ¿podemos clasificarnos como *aparentemente sanos, de alto riesgo* o como individuos con una *enfermedad conocida*?

4. ¿Hay algunas respuestas a las cuestiones sobre el C-AEF o sobre el Cuestionario de historia personal, o cualquier otra información, que pueda afectar a la seguridad o al valor de las pruebas de esfuerzo que van a efectuarse en esta clase?

5. Leer el formulario de consentimiento con conocimiento de causa (Cuadro 1-3). Si no tenemos preguntas, firmar y fechar el formulario. Si tenemos preguntas, esperar antes de firmar este formulario a que nuestras preguntas hayan sido contestadas satisfactoriamente.
   ❑ Sí, cumplimentado.

1. ¿Le ha dicho alguna vez su médico que tiene un problema cardíaco?

2. ¿Tiene usted dolores frecuentes en el pecho?

3. ¿Siente con frecuencia sensaciones de mareo o amagos de vértigo intenso?

4. ¿Le ha dicho algún médico en alguna ocasión que su tensión arterial es demasiado elevada?

5. ¿Le ha dicho su médico alguna vez que padece usted un problema óseo o articular, como artrosis, que se ha agravado con el ejercicio, o que puede empeorar con el mismo?

6. ¿Existe alguna razón física no mencionada aquí por la que no debería seguir usted un programa de ejercicio aunque lo deseara?

7. ¿Tiene usted más de 65 años y no está acostumbrado al ejercicio intenso?

Si alguien responde que sí a algunas de estas preguntas, los ejercicios intensos o las pruebas de esfuerzo han de posponerse y debe buscarse autorización médica.

Fuente: PAR-Q Validation Report. British Columbia Department of Health, junio 1975 (versión revisada).

Cuadro 1-1
Cuestionario de Aptitud para el Ejercicio Físico (C-AEF)

(Apellidos)   (Nombre de pila e inicial)   (Edad)   (Fecha)

(Domicilio: Calle, Ciudad, Comunidad Autónoma, Código postal)

(Número telefónico del domicilio particular)   (Empresa y número de teléfono del trab)

(Nombre y número de teléfono de una persona de contacto en caso de emergencia)

Peso corporal actual: _____
Peso corporal más bajo: _____
Peso corporal más alto: _____

¿Hace usted ejercicio actualmente?:   Sí _____   No _____
Si no, ¿cuándo fue la última vez que hizo usted ejercicio de forma regular?

_____

Si es que sí, describa sus hábitos de ejercicio actuales:
   Ligero   _____
   Moderado   _____
   Intenso   _____

Si es que sí, ¿con cuánta frecuencia hace usted ejercicio?
   1-2 veces por semana   _____
   3-4 veces por semana   _____
   Más de 5 veces por semana   _____

¿Se ha sometido usted alguna vez a una prueba de esfuerzo?   Sí _____
Si es que sí, ¿qué tipo de prueba se empleó y cuáles fueron los resultados?

_____

¿Le han hecho alguna vez un análisis de sangre para medir el nivel de colesterol, ti
y LDL?
   Sí _____   No _____
Si es que sí, ¿cuáles fueron los resultados?

Cuadro 1-2
Cuestionario sobre la historia personal

¿Cuáles son sus metas actuales de ejercicio?

_____

_____

_____

¿Toma usted actualmente alguna medicación?	Sí_____	No _____
¿Está usted embarazada?	Sí_____	No _____
¿Es usted diabético?	Sí_____	No _____
¿Sigue usted una dieta de reducción de peso?	Sí_____	No _____
¿Está usted lesionado?	Sí_____	No _____
¿Ha sido sometido a alguna intervención quirúrgica durante los últimos 6 meses?	Sí_____	No _____
¿Tiene usted prohibido hacer algún tipo de ejercicio?	Sí_____	No _____
¿Sabe usted cuál es su tensión arterial en reposo?	Sí_____	No _____
Si es que sí, ¿cuál es? ——/——		
¿Tiene los tobillos hinchados?	Sí_____	No _____
¿Ha experimentado usted falta de aliento durante períodos de esfuerzo o de ejercicio?	Sí_____	No _____
¿Ha experimentado usted dolores en el pecho durante períodos de esfuerzo o de ejercicio?	Sí_____	No _____
¿Se ha mareado usted durante períodos de esfuerzo o de ejercicio?	Sí_____	No _____
¿Ha sufrido usted alguna vez una apoplejía?	Sí_____	No _____
¿Es usted anémico?	Sí_____	No _____
¿Fuma usted cigarrillos?	Sí_____	No _____
¿Alguien de su familia ha sufrido enfermedades cardiovasculares, incluidos ataques al corazón, apoplejía o hipertensión?	Sí_____	No _____
¿Se ha sometido usted alguna vez a un electrocardiograma en reposo (ECG)?	Sí_____	No _____
En caso afirmativo, ¿con qué resultados?	Sí_____	No _____
¿Lleva usted un marcapasos?	Sí_____	No _____

Utilice el espacio siguiente para describir cualquier necesidad especial o preocupación que pueda tener usted en relación con el inicio de un programa de ejercicios o con el hecho de someterse a una prueba de fitness:

Como parte de esta práctica, entiendo que se me pedirá llevar a cabo diversas pruebas para evaluar mi nivel de fitness. Entiendo que estas pruebas serán administradas por mí mismo y/o por otros estudiantes de la clase. Soy asimismo consciente de que la administración y la ejecución de tales pruebas se han diseñado como una experiencia educativa.

Entiendo que tengo libertad para formular cualquier pregunta sobre cualquier prueba llevada a cabo en el laboratorio de mi clase. Si por algún motivo no puedo realizar alguna prueba, informaré al instructor de mi laboratorio. Asimismo, si no puedo administrar alguna prueba informaré a mi instructor.

Existen ciertos riesgos asociados con toda evaluación del fitness. Entre ellos, respuestas anormales de la tensión arterial o de la frecuencia cardíaca, trastornos en los latidos cardíacos, desmayos y, en casos raros, ataques cardíacos, apoplejía o muerte. Se harán todos los esfuerzos posibles para minimizar estos riesgos mediante la evaluación de la información preliminar relacionada con el estado de mi salud y mediante la observación de los síntomas durante la realización de pruebas de esfuerzo.

Puesto que mi estado de salud puede afectar directamente a mi seguridad durante el ejercicio, pondré al corriente a mi instructor de laboratorio de todos mis problemas de salud. Asimismo, informaré con prontitud sobre cualquier molestia o dolor asociados con una determinada prueba a los estudiantes asociados o a mi instructor de laboratorio.

Durante la realización de esta práctica, se me pedirá que comparta los resultados de mi prueba con otros miembros de la clase. Sin embargo, la información sobre mí no será revelada a nadie extraño a la clase sin mi autorización escrita.

Mi inscripción y consentimiento para participar en esta práctica es voluntaria y entiendo que soy libre de retirarme de cualquier prueba, en cualquier momento, por razones de salud. Si tengo alguna otra pregunta que formular relativa a esta práctica soy libre de contactar con _____ (director de laboratorio) en este número de teléfono: _____ y/o_____ (jefe de departamento) en este número de teléfono:_____

He leído este formulario y he dado mi consentimiento escrito para participar en esta práctica.

_____   Fecha: _____

Firma

_____

Firma del testigo

Sírvase hacer una fotocopia y conservarla.

Cuadro 1-3
Consentimiento con conocimiento de causa

Nombre: _____ Fecha: _____

2. Fitness muscular
Ejercicio previo a la práctica

1. Describir varios beneficios del fitness.

2. Describir la diferencia entre la fuerza y la resistencia muscular.

3. Describir al menos dos factores que afectan a la fuerza muscular y al menos dos factores que afectan a la resistencia muscular.

4. ¿Cuál es la relación fuerza/peso de alguien con 1 RM de 105 kg y un peso corporal de 77 kg? Muestre su trabajo.

5. Calcular el peso de su ejercicio para la Estación 3 (Parte I) en base al porcentaje apropiado de nuestro peso corporal. Registre sus cálculos.

Curl de bíceps: _____ kg
Extensión de piernas: _____ kg
Jalón en polea alta: _____ kg
Press en banco: _____ kg
Curl de bíceps femoral: _____ kg

6. ☐ Marque el recuadro si ha leído todas las preguntas de investigación para esta práctica y si está familiarizado con los procedimientos de recogida de datos en relación con todas las cuestiones de investigación.

CAPÍTULO 2

FITNESS MUSCULAR

PROPÓSITO

Esta práctica está diseñada para ayudarnos a entender mejor dos importantes componentes del fitness relacionado con la salud: la fuerza muscular y la resistencia muscular.

OBJETIVOS DE APRENDIZAJE PARA EL ESTUDIANTE

1. Poder definir la fuerza muscular y la resistencia muscular.
2. Poder describir modos de eva-luar y medir el fitness muscular.

EQUIPO NECESARIO

Máquinas selectorizadas (Universal u otra).

Mancuernas, barras y discos, o máquina selectorizada de curl de bíceps.

Dinamómetro manual.

El fitness muscular es una parte importante del fitness total porque mejora la buena postura y la integridad articular, reduce el riesgo de lesiones, incrementa la capacidad funcional para participar en pruebas deportivas y recreativas, y ayuda a los individuos a mantener una composición corporal adecuada. Asimismo, puede mejorar la autoestima.

FUERZA MUSCULAR

La fuerza muscular se define como la capacidad del sistema muscular para ejercer fuerza externa u oponerse a una resistencia determinada. La fuerza muscular se evalúa con frecuencia mediante una repetición máxima (1 RM), que es el peso máximo que se puede levantar una única vez. La fuerza puede evaluarse también con mediciones relativas tales como la relación fuerza-peso, calculada dividiendo la fuerza por el peso corporal.

Existen varios factores que pueden afectar a la fuerza muscular, incluidos: el tamaño de las células (fibras) musculares movilizadas, el tamaño de la unidad motora movilizada, el número de unidades motoras movilizadas, la frecuencia de estimulación, el grado de inhibición neuromuscular, las reservas de energía (ATP-PC y glucógeno), los niveles de la temperatura interna y la acumulación de productos de desecho.

En esencia, cuantos más puentes cruzados de miosina se dan en un momento dado, mayor es la generación de fuerza muscular. Por tanto, si una persona puede movilizar grandes unidades motoras con grandes fibras musculares, estimular los músculos con una excitación óptima y proporcionar un ambiente celular adecuado acompañado de reservas de combustible, la fuerza muscular estará en su nivel máximo.

Otros factores que pueden afectar a la fuerza (generación de fuerza) son: factores mecánicos, tales como la relación entre longitud de las fibras musculares, la velocidad de contracción, el ángulo articular y la palanca del brazo; la habilidad y la técnica de levantamiento; el tipo de contracción muscular realizada (excéntrica frente a concéntrica), y la capacidad del hueso, del tejido conectivo y de las estructuras de soporte para resistir la tensión del levantamiento.

RESISTENCIA MUSCULAR

La resistencia muscular es la capacidad del sistema muscular para ejercer fuerza externa u oponerse a una resistencia durante un determinado número de repeticiones y/o durante un período determinado de tiempo. La resistencia muscular puede expresarse en términos absolutos o relativos. La capacidad de resistencia absoluta infiere que una persona puede elevar un determinado peso un número prescrito de repeticiones y/o durante un período determinado de tiempo. Por otro lado, la capacidad de resistencia relativa expresa la resistencia muscular en términos del porcentaje de la capacidad máxima de un individuo. Por ejemplo, Juan realizó 1 RM con 40 kg en curl de bíceps y Guillermo 50 kg. Ambos intentaron contraer sus bíceps con 25 kg tantas veces como pudieron. Aunque los dos levantaron el mismo peso absoluto (25 kg), Juan levantó el 62,5 % de su 1 RM y Guillermo levantó solamente el 50 % de su 1 RM.

La resistencia muscular se ve influida por muchos de los mismos factores que influyen en la fuerza muscular (por ejemplo, el número de unidades motoras movilizadas, las reservas de energía, etc.). Las investigaciones han demostrado que la resistencia muscular guarda una estrecha correlación con la fuerza muscular. Sin embargo, a diferencia de la fuerza muscular, la resistencia muscular se encuentra influida además por el volumen de sangre circulante en el músculo activo.

Nota: El flujo de sangre desde y hacia los músculos se ve significativamente reducido cuando el ejercicio es superior al 60 o al 70 % de la fuerza máxima (% 1 RM).

Una razón de ello es que durante las contracciones musculares intensas, los vasos sanguíneos están comprimidos y ocluidos por los músculos esqueléticos. Puesto que las demandas de energía son más altas y el flujo de sangre menor, la resistencia muscular puede deteriorarse mucho durante la realización de ejercicios con resistencia de alta intensidad. En consecuencia, puede ser útil considerar la intensidad (% 1 RM) del ejercicio cuando se evalúa la resistencia muscular.

REFERENCIAS SELECCIONADAS

Adams, G.M. *Exercise Lab Manual* (1990). Dubuque, Iowa: Wm. C. Brown Publishers, pp: 171-183.

American College of Sports Medicine (1991). *Guidelines of Exercise Testing and Prescription* (4.ª edición). Philadelphia: Lea & Febiger, pp: 48-54.

DeVries, H.A. (1986). *Physiology of Exercise: For Physical Education and Athletics* (4.ª edición). Dubuque, Iow: Wm. C. Brown Publishers, pp: 17-20, 57-62, 398-409, 412-420, 442-459.

Fisher, A.G., and C.R. Jensen (1991). *Scientific Basis of Athletic Conditioning* (3.ª edición). Philadelphia: Lea & Febiger, pp: 19-23, 139-160.

Fitness Canada (1987). *Canadian Standardized Test of Fitness: Operations Manual.* (3.ª edición). Ottawa, Canadá: Fitness and Amateur Sports Directorate.

Fox, E.L., R.W. Bowers, and M.L. Foss (1988). *The Physiological Basis of Physical Education and Athletics* (4th edition). Philadelphia: Saunders College Publishing, pp: 100-133, 158-166.

Heyward, V.H. (1991). *Advanced Fitness Assessment and Exercise Prescription.* Champaign, Illinois: Human Kinetic Books, pp: 99-117.

Hoeger, W.W.K. (1991). *Principles and Labs for Physical Fitness and Wellness*. Englewood, Colorado: Morton Publishing.

Hoeger, W.W.K. (1989). *Lifetime Physical Fitness and Wellness: A Personalized Program*. Englewood, Colorado: Morton Publishing Company, pp: 43-79.

Hoeger, W.W.K., S.L. Barette, D.F. Hale, and D.R. Hopkins (1987). Relationship between repetitions and selected percentages of one repetition maximum. *Journal of Applied Sport Science Research* 1(1): 11-13.

Howley, E.T., and D.B. Frank (1992). *Health Fitness Instructor's Handbook* (2.ª edición). Champaign, Illinois: Human Kinetics, 32-35, 179-184.

Jackson, A., M. Watkins, and R. Patton (1980). A factor analysis of twelve selected maximal isotonic strength performances on the Unversal Gym. *Medicine and Science in Sport and Exercise* 12:274-277.

Lamb, D.R. (1984). *Physiology of Exercise: Responses and Adaptations* (2.ª edición). New York: Macmillan Publishing Company, pp: 32-37, 239-242, 260-271, 294-300, 311-321.

McArdle, W.D., F.I. Katch, and V.L. Katch (1991). *Exercise Physiology: Energy, Nutrition, and Human Performance* (3.ª edición). Philadelphia: Lea & Febiger, pp: 200-211, 359-366, 452-477.

Montoye, H.J., and D.E. Lamphiear (1977). Grip and arm strength in males and females, age 10 to 69. *Research Quarterly* 8(1): 109-120.

Noble, B.J. (1986). *Physiology of Exercise and Sport*. St. Louis, Missouri: Times Mirror/Mosby College Publishing, pp: 12-24, 111-122.

Powers, S.K., and E.T. Howley (1990). *Exercise Physiology: Theory and Application to Fitness and Performance*. Dubuque, Iowa: Wm. C. Brown Publishers, pp: 118-119, 156-165, 418-426, 434-444, 454.

Wilmore, J.H., and D.L. Costill (1988). *Training for Sport and Activity: The Physiological Basis of the Conditioning Process* (3rd edition). Dubuque, Iowa: Wm. C. Brown Publishers, pp. 9-17, 125-139, 372-373.

ESTACIÓN 1

Fuerza muscular

Preguntas de investigación

1. ¿Qué persona en su grupo de laboratorio tiene la mayor fuerza absoluta para el ejercicio de press en banco? ¿Qué persona tiene la mayor fuerza relativa (relación fuerza/peso)?

2. Describir las posibles ventajas y limitaciones del uso de 1 RM para evaluar la fuerza. Describir una posible ventaja y un posible límite del uso de relaciones de fuerza/peso para evaluar la fuerza.

3. ¿Cuál de los dos métodos anteriores cree usted que es el modo ideal de evaluar la propia mejora de la fuerza muscular como consecuencia del entrenamiento? Justifique su respuesta.

Recogida de datos

1. Usar la máquina selectorizada de press en banco Universal (o alternativa comparable) para determinar 1 RM de press en banco de cada miembro de nuestro grupo de laboratorio.

   Instrucciones de 1 RM:
   a. Sujetar con las manos un poco más separadas que la amplitud de los hombros.
   b. Realizar 5 ó 6 repeticiones submáximas como calentamiento.
   c. Elegir una resistencia (aproximadamente del 60 % del peso corporal) y efectuar una repetición.
   d. Incrementar o reducir el peso entre 2,5 ó 5 kg hasta determinar cuál es el peso máximo que se puede levantar.
   Nota: Una 1 RM es válida solamente cuando se efectúa una extensión completa de los brazos.
   e. Descansar al menos un minuto entre repeticiones. (Rotar a otros miembros del laboratorio entre repeticiones para agilizar el proceso.)
   f. Mantener los pies sobre el suelo y la espalda plana sobre el banco durante el levantamiento. Espirar al levantar el peso.
   g. Bajar el peso de nuevo con suavidad hasta la posición de partida después del levantamiento. No dejar que las placas caigan con fuerza.

2. Calcular la relación fuerza/peso para cada persona de su grupo de laboratorio. Más adelante se ofrece un ejemplo de cálculo.

$$\text{Relación fuerza/peso} = \frac{1 \text{ RM (lb o kg*)}}{\text{Peso corporal (lb o kg*)}}$$

Ejemplo: 1 RM = 440 kg
Peso corporal = 220 kg

$$\text{Relación} = \frac{440 \text{ lb}}{220 \text{ lb}} = \frac{220 \text{ kg}}{110 \text{ kg}} = 2,0$$

* Asegurarse de que los valores unitarios son los mismos para el numerador y para el denominador.

3. Registrar los resultados en el Cuadro 2-1.

Nombre: _____   Fecha: _____

Fuerza muscular
Ejercicio

ESTACIÓN 1

Nombre	1 RM (lb)	1 RM (kg*)	Peso corporal (lb)	Peso corporal (kg)	Relación
1					
2					
3					
4					
5					

*Nota: 1,0 kg equivale a 2,2 lb.

Cuadro 2-1
Relación fuerza/peso
Hoja de datos

Conclusiones de la investigación

1. ¿Qué persona de su grupo de laboratorio tiene la mayor fuerza absoluta para el ejercicio de press en banco? ¿Qué persona tiene la mayor fuerza relativa (relación fuerza/peso)?

2. Describir una posible ventaja y una posible limitación del uso de 1 RM para evaluar la fuerza. Describir una posible ventaja y una posible limitación del uso de proporciones fuerza/peso para evaluar la fuerza.
3. ¿Cuál de los dos métodos anteriores cree usted que es el mejor para evaluar la mejora de la fuerza muscular como resultado del entrenamiento? Justifique su respuesta.

ESTACIÓN 2

Resistencia muscular

Preguntas de investigación

1. ¿Tiene una persona fuerte más, menos o la misma resistencia muscular que una persona débil? ¿Por qué?

2. ¿Cómo representaría usted en un gráfico la relación entre fuerza y resistencia muscular absoluta (es decir, relación positiva o negativa)?

3. ¿Es posible que el flujo de sangre hacia y desde los músculos en actividad estuviese deteriorado en sus sujetos? Facilite pruebas. ¿Cómo puede afectar esto a la resistencia muscular de sus sujetos?

4. ¿Cree usted que una persona fuerte tiene más, menos o la misma resistencia muscular relativa que una persona débil? Justifique su respuesta.

Recogida de datos

1. Determinar quiénes son la persona más y menos fuerte de su grupo realizando RM de curl de bíceps con mancuernas.

   Para controlar la técnica de levantamiento:
   a. Permanecer erguido con la espalda contra la pared durante todo el levantamiento.
   b. Comenzar cada levantamiento con el brazo completamente extendido.
   c. Finalizar cada levantamiento con el brazo completamente flexionado.
   d. Registrar los resultados en el Cuadro 2-2.

2. Elegir unas mancuernas ligeras de entre 2,5 y 7 kg, y hacer efectuar tantas repeticiones como sea posible, con el mismo peso, a las personas más fuertes y a las más débiles.

Para controlar el experimento:
a. Implementar el mismo control que se usó para la realización de la 1 RM inicial.
b. Hacer efectuar a las personas más débiles y más fuertes las repeticiones al mismo ritmo.
c. Hacer que otros miembros del grupo cuenten las repeticiones de cada persona.
d. Registrar los resultados en el Cuadro 2-2.
Nota: Se considera que una persona está fatigada cuando ya no puede mantener una determinada intensidad de ejercicio (es decir, mantener la misma cadencia de repeticiones prescrita).

Nombre: _____ Fecha: _____

Resistencia muscular
Ejercicio

ESTACIÓN 2

	1 RM (lb)	Mancuerna (kg)	Número de repeticiones
Persona más fuerte			
Persona más débil			

Cuadro 2-2
Resistencia muscular
Hoja de datos

Conclusiones de la investigación

1. ¿Tiene una persona fuerte más, menos o la misma resistencia muscular absoluta que una persona débil? ¿Por qué?
2. ¿Como representaría usted en un gráfico la relación entre fuerza y resistencia muscular absoluta (es decir, relación positiva o negativa)?
3. ¿Es posible que el flujo de sangre hacia y desde los músculos que trabajan de los sujetos esté deteriorado? Dar pruebas. ¿Cómo puede afectar esto a la resistencia muscular de los sujetos?
4. Basándose en sus descubrimientos, ¿cree usted que una persona fuerte tiene más, menos o la misma resistencia muscular relativa que una persona débil? Justifique su respuesta.

ESTACIÓN 3

Valoración del fitness muscular

Parte I

Preguntas de investigación

1. Si un servicio nacional de envío de paquetes postales requiere una puntuación mínima de fuerza de 85 puntos a fin de que un individuo pueda considerarse como elegible para ser contratado, ¿satisfarían este criterio los estudiantes masculinos y femeninos medios inscritos en esta clase de laboratorio? Facilitar resultados.

2. ¿Parece aceptable esta prueba para examinar a aspirantes a un empleo en un servicio de envío de paquetes postales? Justificar la respuesta.

Recogida de datos

1. Llevar a cabo la prueba de fuerza descrita más abajo. Vestir ropa ligera y que no dificulte los movimientos. Procurar evitar los ejercicios agotadores durante varias horas antes de la prueba.

2. Determinar el peso recomendado para el ejercicio para cada elevación calculando el porcentaje apropiado de su peso corporal total. Anotar los pesos para el ejercicio en el Cuadro 2-3.

   Ejemplo de cálculo para el ejercicio de curl de bíceps:

   Hombres: Peso corporal (kg) x porcentaje de peso
   corporal = Peso para el ejercicio
   70 kg x 35 % (o 0,35) = 24,5 ó 25 kg.

   Mujeres: Peso corporal (kg) x porcentaje de peso
   corporal = Peso para el ejercicio
   56 kg x 18 % (o 0,18) = 10 kg.

3. Realizar cada ejercicio en el orden mostrado en el Cuadro 2-3. Completar tantas repeticiones como sea posible. Anotar el número de repeticiones realizadas para cada ejercicio en el Cuadro 2-3.

4. Anotar los puntos y la categoría de fitness para cada ejercicio en base a las puntuaciones descritas en la Tabla 2-1. (Ejemplo: Si una mujer efectúa 14 repeticiones para el ejercicio de curl de bíceps, se obtendrá una puntuación de 13 puntos. Esta puntuación se situará en la categoría de Muy Buena.)

5. Sumar el total de nuestros puntos para determinar los resultados globales de nuestra prueba. Determinar nuestra clasificación normativa global en base a la Tabla 2-2.

6. Registre sus puntos totales así como el total de puntos de cada miembro de su laboratorio en el Cuadro 2-4 de resumen de la clase. Calcular el total de la clase y el promedio de la clase. Usar el cuadro normativo (Tabla 2-2) para determinar la clasificación media de la clase.

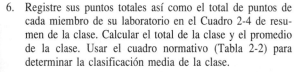

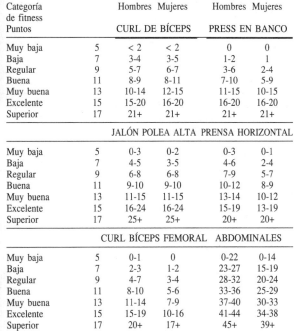

Categoría de fitness Puntos		Hombres	Mujeres	Hombres	Mujeres
		CURL DE BÍCEPS		PRESS EN BANCO	
Muy baja	5	< 2	< 2	0	0
Baja	7	3-4	3-5	1-2	1
Regular	9	5-7	6-7	3-6	2-4
Buena	11	8-9	8-11	7-10	5-9
Muy buena	13	10-14	12-15	11-15	10-15
Excelente	15	15-20	16-20	16-20	16-20
Superior	17	21+	21+	21+	21+
		JALÓN POLEA ALTA		PRENSA HORIZONTAL	
Muy baja	5	0-3	0-2	0-3	0-1
Baja	7	4-5	3-5	4-6	2-4
Regular	9	6-8	6-8	7-9	5-7
Buena	11	9-10	9-10	10-12	8-9
Muy buena	13	11-15	11-15	13-14	10-12
Excelente	15	16-24	16-24	15-19	13-19
Superior	17	25+	25+	20+	20+
		CURL BÍCEPS FEMORAL		ABDOMINALES	
Muy baja	5	0-1	0	0-22	0-14
Baja	7	2-3	1-2	23-27	15-19
Regular	9	4-7	3-4	28-32	20-24
Buena	11	8-10	5-6	33-36	25-29
Muy buena	13	11-14	7-9	37-40	30-33
Excelente	15	15-19	10-16	41-44	34-38
Superior	17	20+	17+	45+	39+

Fuente: Adaptado de Hoeger (1991).

Tabla 2-1
Tabla de puntuación del fitness muscular

Categoría	Total de puntos
Baja	< 53
Regular	54-65
Buena	66-77
Muy buena	78-89
Excelente	> 89

*Adaptado de Hoeger (1989).

Tabla 2-2
Cuadro normativo del fitness de fuerza

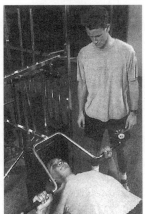

Nombre: _____   Fecha: _____
Valoración del fitness
Ejercicio

ESTACIÓN 3

Parte I

Peso corporal: _____ lb; _____ kg
Estatura corporal: _____ pulgadas; _____ cm
Edad: _____ Sexo: _____

Ejercicio	% de PC hombres	% de PC mujeres	Peso del ejercicio (kg)	Repeticiones	Puntos	Categoría de fitness
Curl de bíceps	35	18				
Prensa horizontal	65	50				
Jalón polea alta	70	45				
Abdominales 1 min						
Press en banco	75	45				
Curl bíceps femoral	32	25				
Puntuación total y clasificación						

Fuente: Adaptado de Hoeger (1989).

Cuadro 2-3
Prueba de fuerza y resistencia muscular
Hoja de datos individuales

Hombres		Mujeres	
Sujeto	Puntuación de fuerza	Sujeto	Puntuación de fuerza
1	.	1	
2		2	
3		3	
4		4	
5		5	
6		6	
7		7	
8		8	
9		9	
10		10	
11		11	
12		12	
13		13	
14		14	
15		15	
Total		Total	
Media		Media	
Clasificación		Clasificación	

Cuadro 2-4
Fuerza y resistencia muscular
Hoja de datos de la clase

Conclusiones de la investigación

1. Si un servicio nacional de envío de paquetes postales exige una puntuación mínima de fuerza de 85 puntos a fin de que un individuo sea considerado como elegible para un empleo, ¿satisfaría estos criterios el estudiante medio masculino y femenino inscrito en esta clase de laboratorio? Facilitar resultados.
2. ¿Parece ser aceptable esta prueba para que lo use un servicio de envío de paquetes postales al examinar a los solicitantes de un empleo? Justificar la respuesta.

ESTACIÓN 3

Valoración del fitness muscular

Parte II

Preguntas de investigación

1. ¿Puede un servicio de distribución de paquetes postales usar una prueba de dinamometría manual para evaluar la fuerza de un solicitante de empleo en lugar de la prueba de fuerza empleada en la Parte I de la Estación 3? Explicar los distintos pros y contras de dicho cambio.

2. ¿Está usted clasificado en un categoría distinta en la prueba de dinamometría manual que en la otra prueba de fuerza? ¿Por qué puede estar usted clasificado en la misma o en una categoría distinta? Explicar.

3. ¿Cree usted que el servicio de distribución de paquetes postales debe considerar algún otro componente del fitness al evaluar a los solicitantes de un empleo? En tal caso, ¿qué componentes deben considerar y por qué?

Recogida de datos

Realizar la prueba de dinamometría manual de acuerdo al siguiente protocolo de prueba:

1. Adoptar una postura de pie con la cabeza erguida, mirando al frente.
2. Ajustar el dinamómetro manual de modo que la segunda falange del dedo corazón se oponga al instrumento de agarre en un ángulo de 90°.
3. Situar el antebrazo en un ángulo de 45° y rotarlo ligeramente hacia afuera.
4. Apretar el dinamómetro con rapidez y al máximo, no tardando más de unos pocos segundos en cada ensayo. No cambiar la posición corporal inicial.
5. Efectuar dos o tres ensayos alternativamente con cada mano. Descansar aproximadamente entre 20 y 60 seg entre cada ensayo.
6. Después de cada ensayo anotar los resultados en el Cuadro 2-5. En base a la Tabla 2-3 determinar cuál es nuestro nivel normal.

Categoría de fitness	Hombres	Mujeres
Baja	< 67	> 34
Regular	68-86	35-46
Media	87-104	47-58
Buena	105-122	59-70
Excelente	> 123	> 71

Fuente: Adaptado del Canadian Public Health Association Project (1977).

Tabla 2-3
Cuadro normativo de dinamometría manual para edades de 20 a 29 años
(suma de la mano derecha e izquierda en kg)

Nombre: _____ Fecha: _____

Valoración del fitness muscular
Ejercicio

ESTACIÓN 3

Parte II

Mano derecha		Mano izquierda		
Ensayo #	Puntuación (kg)	Ensayo #	Puntuación (kg)	Suma de ambas manos (kg)
1		1		
2		2		
3		3		
Clasificación de fitness:				

Cuadro 2-5
Hoja de datos de agarre individual

Conclusiones de la investigación

1. ¿Puede un servicio nacional de distribución de paquetes postales usar una prueba de dinamometría manual para evaluar la fuerza de un solicitante de empleo en lugar de la prueba de fuerza usada en la Parte I de la Estación 3? Explicar los pros y los contras de la adopción de un cambio así.
2. ¿Está usted clasificado en una categoría diferente en la prueba de dinamometría manual que en la prueba de fuerza? ¿Por qué puede estar usted clasificado en la misma o en una categoría diferente? Explicarlo.
3. ¿Cree usted que este servicio de distribución de paquetes postales debería considerar algún otro componente del fitness al evaluar a los solicitantes de un empleo? En tal caso, ¿qué componentes deberían considerarse y por qué?

Nombre: _____ Fecha: _____

Resumen del laboratorio 2

Describa varias maneras en que la información aprendida en esta práctica puede aplicarse a su campo de interés elegido y/o a su vida personal. Sea concreto y facilite ejemplos prácticos.

Nombre: _____   Fecha: _____

3. Flexibilidad
Ejercicio de prelaboratorio

1. Si un nadador ha cuestionado la importancia de un programa de entrenamiento de flexibilidad, describir dos cosas que se le puedan explicar relativas a la necesidad de tal programa.

2. Perfilar al menos tres principios básicos que deben seguirse al hacer ejercicios de estiramiento.

3. Nombrar un deporte o actividad que requiera una notable flexibilidad. Describir un ejercicio de estiramiento que incremente el recorrido articular para un movimiento importante usado en este deporte.

4. □ Marque con una cruz el recuadro si ha leído cada una de las preguntas de la investigación para esta práctica y si está familiarizado con los procedimientos de recogida de datos relativos a cada una de las preguntas de investigación.

CAPÍTULO 3

FLEXIBILIDAD

PROPÓSITO

El propósito de esta práctica es permitirle medir y evaluar la flexibilidad.

OBJETIVOS DE APRENDIZAJE PARA EL ESTUDIANTE

1. Poder administrar las pruebas tradicionales y modificadas de *Sit and Reach* y comprender cómo evaluar estas pruebas.
2. Poder justificar la importancia de la flexibilidad en el fitness.

EQUIPO NECESARIO

Cajón de *Sit and Reach*.
Varilla graduada.
Flexómetro o goniómetro de Leighton.

La totalidad de los cinco componentes del fitness son importantes, pero el rango de movimiento o flexibilidad es un componente que con frecuencia se pasa por alto. La flexibilidad es la capacidad de mover una parte específica del cuerpo a través de una amplitud articular de movimiento prescrita, y depende de la soltura o la flexibilidad de los músculos, los tendones y los ligamentos que rodean a una determinada articulación. La integridad de la propia cápsula articular puede afectar también a la flexibilidad. Una flexibilidad limitada suele ser el resultado de músculos y tendones demasiado rígidos; sin embargo, el exceso de grasa puede ser también un factor coadyuvante.

El entrenamiento de la flexibilidad es una parte importante de cualquier programa de ejercicios, ya que un nivel satisfactorio de flexibilidad puede mejorar la propia capacidad para llevar a cabo muchas actividades cotidianas. El incremento de la flexibilidad parece mejorar también la postura, reduce la probabilidad de problemas en la parte baja de la espalda, mejora el rendimiento deportivo y reduce el riesgo de lesiones deportivas y durante actividades recreativas.

Las técnicas apropiadas de estiramiento son fáciles de aprender. Sin embargo, hay pocas normas que deban tenerse presentes:

1. Calentar los músculos que se desea elongar efectuando actividades que impliquen a todo el cuerpo (por ejemplo, ciclismo, carrera) o calisténicas sencillas inmediatamente antes de hacer estiramientos. El calentamiento debe durar por lo menos 3 min.

2. Efectuar un estiramiento lento y fácil. Extenderse hasta un punto en que se perciba únicamente una tensión leve y luego relajarse manteniendo el estiramiento simultáneamente. No rebotar.

3. Mantener cada estiramiento entre 10 y 30 seg y practicar una buena técnica.

4. Relajarse y mantener un modelo normal de respiración al efectuar el estiramiento.

REFERENCIAS SELECCIONADAS

American College of Sports Medicine (1991). *Guidelines of Exercise Testing and Prescription* (4.ª edición). Philadelphia: Lea & Febiger, pp: 48-54.

Anderson, B. (1980). *Stretching*. Bolinas, California: Shelter Publications.

Canadian Public Health Association Project (1977). Fitness and Amateur Sport, Canadá.

Corbin, C. (1984). Flexibility. *Clinical Sports Medicine* 3:101-117.

Fisher, A.G., and C.R. Jensen (1990). *Scientific Basis of Athletic Conditioning* (3.ª edición). Philadelphia: Lea & Febiger, pp: 265-266.

Fox, E.L., R.W. Bowers, and M.L. Foss (1988). *The Physiological Basis of Physical Education and Athletics* 4.ª edición). Philadelphia: Saunders College Publishing, pp: 188-194.

Harris, M.L. (1969). A factor analytic study of flexibility. *Research Quarterly* 49:62-70.

Heyward, V.H. (1991). *Advanced Fitness Assessment and Exercise Prescription*. Champaign, Illinois: Human Kinetic Books, pp: 215-229.

Hoeger, W.W.K. (1991). *Principles and Labs for Physical Fitness and Wellness*. Englewood, Colorado: Morton Publishing.

Hoeger, W.W.K. (1989). *Lifetime Physical Fitness and Wellness: A Personalized Program*. Englewood, Colorado: Morton Publishing Company, pp: 81-99.

Lamb, D.R. (1984). *Physiology of Exercise: Responses and Adaptations* (2.ª edición). Nueva York: Macmillan Publishing Company, pp: 371-373.

Powers, S.K., and E.T. Howley (1990). *Exercise Physiology: Theory and Application to Fitness and Performance.* Dubuque, Iowa: Wm. C. Brown Publishers, pp: 456-457.

Wilmore, J.H., and D.L. Costill (1988). *Training for Sport and Activity: The Physiological Basis of the Conditioning Process* (3.ª edición). Dubuque, Iowa: Wm. C. Brown Publishers, pp: 373-375.

ESTACIÓN 1

Valoración de la flexibilidad

Preguntas de investigación

1. ¿Hay alguna diferencia en la clasificación de su nivel de flexibilidad al usar la prueba tradicional o modificada de *Sit and Reach*? Describa sus resultados.

2. ¿Es más válida la prueba de flexibilidad *Sit and Reach* modificada que la prueba tradicional? Defienda su respuesta.

3. Describa tres fuentes de error que pueden sesgar sus resultados.

Recogida de datos

Vistiendo ropa cómoda y que no estorbe los movimientos, efectuar las pruebas de *Sit and Reach* tradicionales y modificadas de acuerdo con las instrucciones siguientes. Obsérvese que ambas pruebas estiman la flexibilidad de la parte baja de la espalda, del extensor de la cadera y de los músculos flexores de la rodilla.

Prueba tradicional de Sit and Reach

1. Efectuar ejercicios calisténicos sencillos y estiramientos estáticos durante un mínimo de 3 min para calentar la parte baja de la espalda y las piernas antes de la prueba.

2. Quitarse los zapatos y adoptar una posición de sentado sobre el suelo. Extender las piernas rectas delante de nosotros y apretar los pies contra la caja de medición.

3. Poner una mano encima de la otra y extenderse hacia adelante todo lo que se pueda. Espirar al estirarse.

4. Efectuar 3 ensayos manteniendo la parte posterior de las piernas firmemente sobre el suelo mientras se hace el estiramiento. No rebotar; realizar el estiramiento con lentitud y calma.

5. Hacer que nuestro compañero observe el punto más alejado del tercer ensayo. Anotar los resultados en el Cuadro 3-1. Ver que la marca 0 del centímetro está donde los pies tocan la caja. Ajustar los valores normativos (ver la Tabla 3-1) en consecuencia si su caja de medición utiliza unas unidades de medición diferentes.

6. En base a las normas de la Tabla 3-1 determinar la clasificación de la flexibilidad en la prueba de *Sit and Reach* tradicional. Registrar los resultados en el Cuadro 3-1.

	Tradicionales* (cm)		Modificadas+ (cm)	
Clasificación	Hombres	Mujeres	Hombres	Mujeres
Baja	< 14,0	< 30,0	< 29,5	< 32,0
Regular	14,0-24,0	30,0-33,0	29,5-34,0	32,0-36,5
Media	24,1-35,0	33,1-37,0	34,1-38,0	36,6-40,0
Buena	35,1-45,0	37,1-41,0	38,1-43,0	40,1-42,0
Excelente	> 45,0	> 41,0	> 43,0	> 42,0

* Fuente: Adaptado del Canadian Public Health Association Project (1977); para edades de entre 20 y 29 años; línea del pie establecida a 25 centímetros.
+ Fuente: Adaptado de Hoeger (1991), para edades comprendidas entre los 19 y los 35 años.

Tabla 3-1
Cuadro de modelo de flexibilidad para pruebas de elevaciones de tronco

Prueba modificada de Sit and Reach

1. Realizar ejercicios calisténicos sencillos y estiramientos estáticos durante al menos 3 min para calentar la parte baja de la espalda y las piernas antes de la prueba.
2. Quitarse los zapatos y adoptar una postura de sentado en el suelo. Extender las piernas rectas hacia adelante y apretar los pies contra la caja de medición. Mantener las piernas rectas.

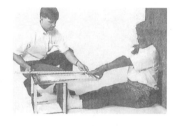

3. Establecer la postura de partida siguiente: Situar la espalda contra una pared. Poner una mano encima de la otra extendiéndolas hacia adelante todo lo posible sin dejar que la cabeza ni la espalda pierdan contacto con la pared. Pueden redondearse los hombros tanto como resulte posible, pero ni la cabeza ni la espalda deben separarse de la pared. Hacer que un compañero sitúe una varilla de medi-

ción sobre la caja de forma que el extremo de dicha varilla toque los dedos del que se somete a la prueba y apunte en dirección opuesta al mismo. Ésta es la posición de partida (0 centímetros) de la prueba. La varilla debe mantenerse firmemente en su sitio durante el resto de la prueba.
4. Efectuar tres ensayos desde esta posición de partida. Espirar al estirarse hacia adelante manteniendo la parte posterior de las piernas firmemente contra el suelo. No rebotar; estirarse lenta y suavemente.

5. Hacer que el compañero anote cuál es el punto más lejano de la varilla alcanzado en el tercer ensayo. Anotar la puntuación en el centímetro más cercano del Cuadro 3-1.

Nombre: _____ Fecha: _____

Valoración de la flexibilidad
Ejercicio

ESTACIÓN 1

Puntuación del *Sit and Reach* tradicional (cm):	
Puntuación del *Sit and Reach* modificado (cm):	

Cuadro 3-1
Resultados de flexibilidad individual

Conclusiones de la investigación

1. ¿Hay alguna diferencia en su puntuación del *Sit and Reach* al usar el método tradicional en comparación con el modificado? Analizar las diferencias.
2. ¿Es la prueba *Sit and Reach* modificada una prueba de flexibilidad de mayor validez que la prueba tradicional? Argumentar la respuesta.
3. Señalar tres fuentes posibles de error que pueden haber sesgado los resultados de la prueba.

ESTACIÓN 2

Entrenamiento de la flexibilidad

Preguntas de investigación

1. ¿Incrementa una sola sesión de entrenamiento de flexibilidad las puntuaciones medias de flexibilidad de la clase del lector en al menos un 10 %? Describir y analizar los resultados.

2. Describir al menos dos modos en que el entrenamiento de flexibilidad puede incrementar el rango de movimiento. (Facilitar sólidos principios fisiológicos.)

3. Explicar cómo incrementar la flexibilidad de la parte baja de la espalda puede ayudar a reducir el riesgo de aparición de problemas en la misma. Explicar cómo los otros cuatro componentes del fitness relacionados con la salud pueden ayudar a reducir los problemas en la parte baja de la espalda.

Recogida de datos

1. Efectuar la prueba *Sit and Reach* modificada antes de una sesión de entrenamiento de flexibilidad. Registrar la puntuación previa a la prueba en la hoja de datos de la clase (Cuadro 3-2).

2. El instructor dirigirá a la clase varios ejercicios de estiramiento diseñados para mejorar la puntuación del *Sit and Reach*.

3. Hacer un calentamiento adecuado. Efectuar estiramientos lentos y cómodos. Mantener los estiramientos durante 10-30 seg. Mantener un modelo de respiración normal.

4. La sesión de entrenamiento de la flexibilidad debe ser completa. Planificar el destinar al menos 15-20 min para completar la sesión. Procurar seguir estirándose hasta el momento de la evaluación.

5. Realizar la prueba de *Sit and Reach* después de la sesión de entrenamiento de la flexibilidad. Registrar la puntuación posterior a la prueba en la hoja de datos de la clase (Cuadro 3-2).

6. Calcular el cambio porcentual entre la puntuación del primer y segundo *Sit and Reach* de la clase.

Actividad alternativa

Usar un goniómetro o un flexómetro de Leighton para medir un solo movimiento articular; esto es, flexión del tronco. (El instructor mostrará cómo usar este equipo.) Registrar una sesión de entrenamiento de flexibilidad tal como se ha tratado antes. Registrar las puntuaciones de flexibilidad de la clase previas y posteriores al entrenamiento en el Cuadro 3-2. Calcular las puntuaciones del cambio porcentual y completar las conclusiones de la investigación.

Nombre: _____ Fecha: _____

Valoración de la flexibilidad

ESTACIÓN 2

Sujeto	Pretest	Posttest	% Cambio*
1			
2			
3			
4			
5			
6			
7			
8			
9			
10			
11			
12			
13			
14			
15			
16			
17			
18			
19			
20			
Total			
Media			

* Nota: Cambio porcentaje $= \dfrac{\text{Postprueba - Preprueba}}{\text{Preprueba}} \times 100$

Cuadro 3-2
Hoja de datos de la clase
Entrenamiento de flexibilidad

Conclusiones de la investigación

1. ¿Incrementa una sola sesión de entrenamiento de flexibilidad la puntuación media de la clase en al menos un 10 %? Describir y analizar los resultados.
2. Describir al menos dos maneras en que el entrenamiento de flexibilidad puede incrementar el rango de movimiento. (Facilitar sólidos principios fisiológicos.)
3. Explicar cómo el incremento de la flexibilidad en la parte baja de la espalda puede ayudar a reducir el riesgo de aparición de problemas en esta zona. Explicar cómo los otros cuatro componentes del fitness relacionados con la salud pueden ayudar a reducir los problemas en la parte baja de la espalda.

Nombre: _____   Fecha: _____

Resumen del laboratorio 3

Describir varios modos en que la información obtenida en esta práctica puede aplicarse en nuestro campo de interés elegido y/o en nuestra vida personal. Ser específico y facilitar ejemplos prácticos.

Nombre: _____   Fecha:

4. Frecuencia cardíaca y tensión arterial
Ejercicio previo a la práctica

1. Listar cuatro modos de control de las mediciones de la frecuencia cardíaca en reposo.

2. Si hemos contado 15 latidos en un período de tiempo de 10 seg, ¿cuál será la frecuencia cardíaca? Mostrar el trabajo.

3. Describir cómo el método de la frecuencia cardíaca cronometrado es diferente del método de la frecuencia cardíaca de 30 latidos.

4. Perfilar brevemente el procedimiento para medir la tensión arterial en reposo.

5. ¿Cómo afecta el error de una pulsación al contar en el cálculo de los latidos por minuto para el método de la frecuencia cardíaca cronometrado de 6, 10, 15 y 30 seg? Mostrar el trabajo.

6. ☐ Poner una cruz en el recuadro si se han leído todas las cuestiones y se está familiarizado con los procedimientos de recogida de datos relativos a cada cuestión de investigación.

CAPÍTULO 4

FRECUENCIA CARDÍACA Y TENSIÓN ARTERIAL

PROPÓSITO

El objetivo de esta práctica es enseñar al lector cómo medir con eficacia la frecuencia cardíaca y la tensión arterial.

OBJETIVOS DE APRENDIZAJE PARA EL ESTUDIANTE

1. Poder medir la frecuencia cardíaca en reposo y en ejercicio, y entender los medios de mejorar la precisión de estas mediciones.

2. Demostrar la habilidad para medir la tensión arterial en reposo y en ejercicio, y entender los modos de mejorar la precisión de estas mediciones.

EQUIPO NECESARIO

Cronómetros.
Pulsómetros (opcional).
Esfigmomanómetros.
Estetoscopios.
Cicloergómetros.

FRECUENCIA CARDÍACA

El ritmo del ciclo cardíaco (frecuencia cardíaca) facilita una importante visión de lo que sucede en el cuerpo en reposo y durante el esfuerzo. Una frecuencia cardíaca en reposo baja (FC) (bradicardia-FC < 60 latidos.min^{-1}) puede indicar un corazón bien acondicionado que es capaz de bombear grandes cantidades de sangre en cada latido. A la inversa, una elevada frecuencia cardíaca en reposo (taquicardia-FC >100 latidos.min^{-1}) puede indicar la presencia de un corazón mal acondicionado. La frecuencia cardíaca en reposo se ve afectada por diversos factores entre los cuales podemos citar la posición del cuerpo, la dieta, el consumo de drogas, alcohol o cafeína y la fatiga.

A los individuos que participan en un programa riguroso de ejercicio se les suele aconsejar que midan su FC en reposo inmediatamente después de despertarse por la mañana, puesto que una frecuencia cardíaca en reposo elevada (> 5 latidos.min^{-1} superior a lo normal) habitualmente es indicativo de sobreentrenamiento. El consejo que se da a un deportista con una FC en reposo anormalmente elevada es reducir el entrenamiento hasta conseguir una FC en reposo normal. Esta información es útil cuando los deportistas buscan

alcanzar niveles de rendimiento máximo y evitar las lesiones por sobreuso.

Generalmente, los hombres tienen valores de FC en reposo menores que las mujeres. Por ejemplo, los hombres con frecuencia muestran FCs en reposo de entre 60 y 70 latidos.min^{-1} y las mujeres de entre 70 y 80 latidos.min^{-1}. Algunas razones de estas diferencias son que las mujeres, en promedio, bombean menos sangre por latido (menor volumen sistólico), transportan menos oxígeno por volumen de sangre (debido a una menor cantidad de hemoglobina) y tienen un menor volumen de sangre total que los hombres. En conjunto, la frecuencia cardíaca en reposo promedio de la población es aproximadamente de 72 latidos.min^{-1}.

A fin de medir la verdadera frecuencia cardíaca en reposo es importante controlar diversos factores:

1. Consumo de drogas y medicamentos. Muchas drogas (por ejemplo, la cafeína, el tabaco, el alcohol y los medicamentos prescritos) afectan directamente a la frecuencia cardíaca. Por tanto, se recomienda abstenerse de consumirlos durante al menos 12 horas antes de medir la FC en reposo.
2. Composición corporal. La actividad de los músculos esquelé-

ticos es un fuerte estimulante para incrementar la FC. Durante la prueba, lo mejor es una posición corporal supina en reposo.

3. Estado dietético. Se precisa energía para digerir la comida y la frecuencia cardíaca aumenta a fin de aportar la sangre que necesitan los tejidos metabólicamente activos (por ejemplo, el intestino). En consecuencia, se aconseja que los sujetos ayunen durante al menos las 12 últimas horas previas a la realización de una medición de la FC en reposo.

4. Factores ambientales. El ruido, las temperaturas extremas y la contaminación pueden aumentar la tensión. El intento del cuerpo por superar la tensión exige un consumo de energía que puede incrementar la FC en reposo. Por tanto, es preferible minimizar todo lo que se pueda los extremos ambientales cuando se mide la FC en reposo.

Durante el ejercicio, la FC de una persona indica indirectamente los niveles de intensidad o de esfuerzo. Puesto que el corazón desempeña una función central en el suministro de oxígeno y de nutrientes (por ejemplo, glucosa, grasas, etc.) y en la eliminación de productos de desecho (como,

dióxido de carbono, ácidos metabólicos, etc.), el ritmo del ciclo cardíaco es un indicador válido de las demandas requeridas por el cuerpo. La FC se usa comúnmente para ayudar a un individuo a utilizar un sistema específico de energía (por ejemplo, aeróbico, anaeróbico, etc.) y/o sistemas específicos de la condición del cuerpo (tales como el cardiovascular, el respiratorio, etc.).

Para medir la FC se usan varios tipos de materiales y métodos:

1. **Electrocardiograma (ECG).** Importante instrumento médico usado en el diagnóstico de enfermedades cardiovasculares. En la ciencia del ejercicio el ECG se usa generalmente para localizar potenciales anomalías cardiovasculares durante y/o después del ejercicio. El ECG se usa también para controlar el ritmo y la función cardíaca en reposo y en esfuerzo.

2. **Equipo de telemetría** (controladores de la frecuencia cardíaca). La telemetría supone la transmisión de una señal desde una sujeción ajustable al pecho hasta un receptor electrónico que puede sostenerse en la mano o sujetarse a la muñeca. El receptor convierte la señal procedente de la sujeción en el pecho en una medición cuantificada de la FC. Investigacio-

nes recientes indican que los instrumentos de telemetría pueden medir con precisión la frecuencia cardíaca tanto en reposo como en esfuerzo.

3. **Palpación.** La percepción de un pulso o de una vibración con los dedos o con la mano recibe el nombre de palpación. Donde se percibe con mayor facilidad el pulso generado por el bombeo pulsante de la sangre en las arterias es sobre las arterias radial o carótida. Al tomar el pulso para medir la FC, debe tenerse presente que la presión con los dedos ha de ser leve para evitar ocluir (obstruir) el flujo de sangre.

Una pulsación ápica (vibración del pulso) es generada por el ventrículo izquierdo al golpear la pared del pecho cerca de la quinta costilla izquierda. En los individuos muy delgados, la pulsación ápica puede ser muy prominente inmediatamente después del ejercicio. Para palpar una pulsación ápica, hay que situar la totalidad de la mano sobre el lado izquierdo del pecho (como en el juramento de fidelidad).

4. **Estetoscopio.** Los FCs auscultatorios (mediante el oído) son más precisos que los métodos de palpación. De hecho, en la medición de la FC un estetos-

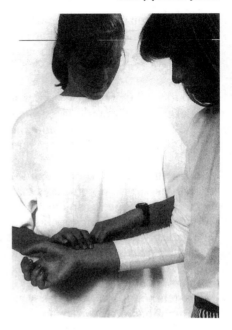

copio es casi tan preciso como el material de electrocardiografía (ECG). El propósito básico del estetoscopio es amplificar y dirigir las ondas sonoras, aproximando de este modo el oído del oyente a la fuente del sonido.

Para usar un estetoscopio:

a. Insertar los extremos del estetoscopio directamente debajo de cada canal auditivo, de modo que los extremos del estetoscopio apunten hacia adelante. Si no conseguimos situarlos adecuadamente será difícil escuchar los latidos cardíacos.

b. Golpear suavemente el diafragma del estetoscopio para asegurarse de que se puede recoger sonido.

c. Situar el estetoscopio justo debajo del pecho izquierdo y/o del músculo pectoral mayor. El diafragma del estetoscopio debe sostenerse firmemente contra la piel. La colocación del estetoscopio sobre la ropa incrementa las posibilidades de oír sonidos de interferencia procedentes de fuentes externas.

Auscultar latidos cardíacos en reposo con un estetoscopio es con frecuencia más difícil que durante el ejercicio, puesto que los sonidos del corazón son menos pronunciados.

Sin embargo, con la práctica se puede adquirir destreza en la medición de la FC en reposo con un estetoscopio.

En los ambientes clínicos y de investigación, el ECG o las técnicas telemétricas son los métodos preferidos para la medición de la FC. Sin embargo, en situaciones más prácticas es importante saber cómo medir la FC tanto con un estetoscopio como mediante la palpación. Más adelante esbozamos una breve explicación de los dos métodos empleados para medir la FC.

El *método de la frecuencia cardíaca cronometrado* requiere contar simplemente el número de latidos en una específica cantidad de tiempo. Generalmente, las cuentas del pulso se toman durante 6, 10 ó 15 seg. Si el pulso se toma durante 6 seg, la cuenta del pulso se multiplica por 10; si el pulso se toma durante 10 seg, su cuenta se multiplica por 6; y si el pulso se toma durante 15 seg, la cuenta se multiplica por 4. Una forma alternativa de cálculo de la FC consiste en emplear la fórmula descrita a continuación:

Por ejemplo:

$$\text{FC (latidos.min}^{-1}) = \frac{\text{latidos contados}}{\text{tiempo (segundos)}} \times \frac{60 \text{ segundos}}{1 \text{ minuto}}$$

$$90 \text{ latidos.min}^{-1} = \frac{15 \text{ latidos}}{10 \text{ segundos}} \times \frac{60 \text{ segundos}}{1 \text{ minuto}}$$

El *método de la frecuencia cardíaca durante 30 latidos* requiere medir la cantidad de tiempo necesario para que se produzcan 30 latidos cardíacos. Una fórmula y un ejemplo de cálculo para este método es el siguiente:

$$\text{FC (latidos.min}^{-1}) = \frac{30 \text{ latidos}}{\text{tiempo (segundos)}} \times \frac{60 \text{ segundos}}{1 \text{ minuto}}$$

$$90 \text{ latidos.min}^{-1} = \frac{30 \text{ latidos}}{20 \text{ segundos}} \times \frac{60 \text{ segundos}}{1 \text{ minuto}}$$

Tiempo para 30 latidos (segundos)	Frecuencia cardíaca (latidos.min^{-1})	Tiempo para 30 latidos (segundos)	Frecuencia cardíaca (latidos.min^{-1})
30,0	60	19,0	95
29,5	61	18,5	97
29,0	62	18,0	100
28,5	63	17,5	103
28,0	64	17,0	106
27,5	65	16,5	109
27,0	67	16,0	113
26,5	68	15,5	116
26,0	69	15,0	120
25,5	71	14,5	124
25,0	72	14,0	129
24,5	73	13,5	133
24,0	75	13,0	138
23,5	77	12,5	144
23,0	78	12,0	150
22,5	80	11,5	157
22,0	82	11,0	164
21,5	84	10,5	171
21,0	86	10,0	180
20.5	88	9,5	189
20,0	90	9,0	200
19,5	92	8,5	212

* Las FC se redondean con el número entero más cercano.

Tabla 4-1
*Cuadro de conversión para el método de la frecuencia cardíaca
durante 30 latidos**

Nota. Para este método, hay que contar la primera pulsación como «cero» y poner simultáneamente el cronómetro en marcha. En la Tabla 4-1 se perfila un cuadro de conversión para este método.

El mejor modo de medición de la FC *durante* la realización de ejercicios en que hay que sostener el peso del propio cuerpo (por ejemplo, andar, correr, ciclismo) es empleando equipos ECG o de telemetría. Si se dispone de estos equipos, la FC en esfuerzo puede estimarse después del ejercicio usando el método de palpación o el de auscultación. Sin embargo, puesto que la FC puede bajar rápidamente después del ejercicio, hay que empezar a cronometrar las cuentas del pulso lo antes posible.

TENSIÓN ARTERIAL

La tensión arterial se define como una fuerza dirigida hacia afuera que distiende las paredes de los vasos sanguíneos. La magnitud de la tensión arterial depende principalmente del volumen de sangre (flujo de sangre) y del tamaño de los vasos (resistencia vascular). Las unidades de expresión de la tensión arterial son generalmente los milímetros de mercurio (mm Hg).

La tensión arterial, desde el punto de vista de la salud y del fitness, se mide la mayoría de las veces dentro de las arterias. El lugar normal para determinar la tensión arterial es la arteria braquial. La elección de la arteria braquial como punto estándar de medición se debe a su comodidad, su accesibilidad y a su posición al nivel del corazón.

En las instalaciones del laboratorio, la tensión arterial se determina indirectamente escuchando los sonidos Korotkoff, que son sonidos producidos por vibraciones a lo largo de las paredes vasculares. El equipo necesario para detectar estos sonidos es un estetoscopio y un manómetro con brazal (esfigmomanómetro). El manómetro (calibrador) empleado para cuantificar la tensión arterial puede ser aneroide o de mercurio.

Los sonidos Korotkoff están únicamente presentes cuando la pared vascular es deformada de algún modo. Si la pared vascular es redonda y simétrica, no puede detectarse ningún sonido vibratorio. El brazal de la tensión arterial se usa para cambiar la forma de la pared del vaso y facilitar los sonidos Korotkoff. Al hinchar el brazal, las paredes de la arteria braquial se comprimen. Cuando la sangre intenta pasar por la zona comprimida, la turbulencia del flujo de sangre hace que la pared arterial se comprima y se detectan sonidos con el estetoscopio. Hay cinco sonidos o fases Korotkoff distintos empleados para definir la tensión arterial. Sin embargo, nos ocuparemos principalmente de la primera, cuarta y quinta fase (Figura 4-1).

La tensión arterial sistólica (TAS), la presión ejercida contra la arteria braquial cuando el músculo cardíaco se contrae, es indicada por el primer sonido Korotkoff. El primer paso para medir la tensión arterial es hinchar el brazal para que el flujo de sangre a través de la arteria braquial quede completamente ocluido. En este momento, no puede oírse ningún sonido de vibración. Cuando se deshincha lentamente el brazal, la tensión arterial dentro del vaso supera a la presión del brazal y un bolo de sangre fluye través de la arteria braquial. Este flujo de sangre inicial produce un sonido Korotkoff

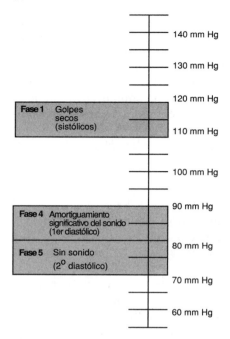

Figura 4-1. *Tensión arterial comparada con sonidos de Korotkoff. Fases importantes de los sonidos de Korotkoff cuando la tensión sistólica (fase 1) es de 120 mm Hg, y las tensiones diastólicas (fase 4 y 5) son de 90 y 80 mm Hg, respectivamente.*

(Fase 1) que indirectamente representa la tensión arterial máxima o tensión arterial sistólica.

La tensión arterial diastólica (TAD), la presión ejercida contra la arteria braquial cuando el corazón está relajado, es indicada por el cuarto y el quinto sonido Korotkoff. Cuando la presión del brazal se libera de forma continuada, la tensión arterial dentro del vaso

aumenta y acaba superando a la presión del brazal. En este momento, la tensión arterial distiende la pared del vaso hasta su forma original y los sonidos Korotkoff disminuyen (Fase 4) para posteriormente desaparecer (Fase 5) (ver Figura 4-1).

Nota: Para los adultos con tensión arterial normal, el quinto sonido Korotkoff (presión en la que el sonido Korotkoff desaparece) se usa para indicar la tensión arterial diastólica. Sin embargo, para los niños y los adultos que tienen sonidos Korotkoff por debajo de 40 mm Hg, se usa la cuarta fase Korotkoff. La tensión arterial se registra como TAS sobre la TAD.

Hay que esforzarse por minimizar las siguientes fuentes de error de medición al tomar la tensión arterial:

- La agudeza auditiva del administrador de la prueba.
- El ruido de fondo.
- La experiencia del administrador de la prueba.
- Una anchura o longitud inadecuada del brazal.
- Una colocación y presión inadecuada del estetoscopio.
- Un esfigmomanómetro impreciso.
- El ritmo de inflación y deflación de la presión del brazal.
- El tiempo de reacción del administrador de la prueba*.

* Fuente: Morehouse (1972)

La tensión arterial se mide en reposo (en posición erguida y en posición supina) y en esfuerzo. En reposo, la tensión arterial se usa para detectar la hiper o la hipotensión. Además, la tensión arterial en reposo se usa para evaluar la influencia que pueden tener las medicaciones sobre el sistema cardiovascular.

Se considera que la tensión arterial normal en reposo es de 120/80 (numerador = tensión arterial sistólica; denominador = tensión arterial diastólica). Algunos individuos tienen niveles de tensión arterial más elevados de lo normal, lo cual produce la condición conocida como hipertensión. El National Heart and Blood Institute ha clasificado los niveles normales e hipertensos de la tensión arterial como sigue:

Tensión arterial diastólica en reposo
Normal: < 90 mm Hg
Hipertensión leve: 90-114 mm Hg
Hipertensión moderada:
                                105-114 mm Hg
Hipertensión severa: > 114 mm Hg

Tensión arterial sistólica en reposo
Normal: < 140 mm Hg
Hipertensión en el límite:
                                140-159 mm Hg
Hipertensión aislada: > 159 mm Hg

Durante el ejercicio, la medición de la tensión arterial se usa rutinariamente para determinar la normalidad de las respuestas de la tensión arterial y valora la influencia que tienen las medicaciones sobre la capacidad funcional. Como consecuencia del ejercicio, la tensión arterial sistólica se espera que aumente por causa de un incremento del volumen minuto cardíaco. La tensión arterial diastólica, por otro lado, se espera que permanezca equivalente a los valores de reposo o que se reduzca durante el ejercicio debido a un incremento de la vasodilatación y a la apertura de lechos capilares. Los valores típicos de la tensión arterial en esfuerzo son:

Sistólica: Entre 150 y 200 mm Hg
Diastólica: Permanece igual que durante el reposo o puede disminuir ligeramente durante el ejercicio.

Los individuos que tienen enfermedades cardiovasculares pueden tener respuestas anormales de la tensión arterial al ejercicio. El ejercicio o las pruebas de esfuerzo suelen detenerse si las respuestas de la tensión arterial son anormales. Las respuestas contraindicadas* de la tensión arterial en esfuerzo son:

• Una caída de la tensión arterial sistólica de 20 mm Hg o más *o* un incremento en la tensión arterial sistólica de hasta 250 mm Hg o más.

• Una elevación en la tensión arterial diastólica de hasta 120 mm Hg o más.

* Contraindicaciones: indicaciones o señales desfavorables que dan argumentos para detener una prueba con ejercicios.

REFERENCIAS SELECCIONADAS

Adams, G.M. *Exercise Physiology Lab Manual* (1990). Dubuque, Iowa: Wm. Brown Publishers, pp: 117-131.

American College of Sports Medicine. (1991). *Guidelines of Exercise Testing and Prescription* (4.ª edición). Philadelphia: Lea & Febiger, pp: 19-22, 69, 72.

American Heart Association: Recommendation for Human Blood Pressure Determination by Sphygmomanometers, Dallas, 1980.

DeVries, H.A. (1986). *Physiology of Exercise: For Physical Education and Athletics* (4.ª edición). Dubuque, Iowa: Wm. C. Brown Publishers, pp: 120-124, 139-140.

Fisher, A.G., and C.R. Jensen (1990). *Scientific Basis of Athletic Conditioning* (3.ª edición). Philadelphia: Lea & Febiger, pp: 86-88, 95-98.

Heyward, V.H. (1991). *Advanced Fitness Assessment and Exercise Prescription.* Champaign, Illinois: Human Kinetic, pp: 18-22.

Howley, E.T., and D.B. Frank (1992). *Health Fitness Instructor's Handbook* (2.ª edición). Champaign, Illinois: Human Kinetics, pp: 42-46, 164-165.

Kaufman, F.L., R.L. Hughson, and J.P. Schman (1987). Effect of exercise on recovery blood pressure in normotensive and hypertensive subjects. *Medicine and Science in Sports and Exercise* 19(1): 17-20.

King, G.E. (1969). Taking the blood pressure. *Journal of the American Medical Assn* 209(12): 1902-1904.

Lamb, D.R. (1984). *Physiology of Exercise: Responses and Adaptations* (2.ª edición). New York: Macmillan Publishing Company, pp: 139-143, 153.

McArdle, W.D., L. Zwiren, and J.R. Magel (1969). Validity of post-exercise heart rate as a means of estimating heart rate during work of varying intensities. *Research Quarterly* 40:523-529.

McArdle, W.D., F.I. Katch, and V.L. Katch (1991). *Exercise Physiology: Energy, Nutrition, and Human Performance* (3.ª edición). Philadelphia: Lea & Febiger, pp: 171, 296-297.

Morehouse, L.E. (1972). *Laboratory Manual for Physiology of Exercise.* St. Louis: Mosby.

Pollock, M.J., J. Broida, and Z. Kendrick (1972). Validity of the palpation technique of heart rate determination and its estimation of training heart rate. *Research Quarterly* 43:77-81.

Pollock, M.L., and J.H. Wilmore (1990). Exercise in Health and Disease: Evaluation and Prescription and Rehabilitation (2.ª edición). Philadelphia: W.B. Saunders Company. Porcari, J.P., M. Robarge, and R. Veldhuis (1993). Counting heart rate right. *Fitness Management* 9(9): 44.

Powers, S.K., and E.T. Howley (1990). *Exercise Physiology: Theory and Application to Fitness and Performance.* Dubuque, Iowa: Wm. C.Brown Publishers, pp: 311-312.

Wilmore, J.H., and D.L. Costill (1988). *Training for Sport and Activity: The Physiological Basis of the Conditioning Process* 3.ª edición). Dubuque, Iowa: Wm. C. Brown Publishers, pp: 72-74, 77, 158-161.

ESTACIÓN 1

Medición de la frecuencia cardíaca

Preguntas de investigación

1. ¿Qué método de medición de la FC (Cuadro 4-1) proporcionará los resultados más precisos de la FC en reposo? ¿Por qué?

2. ¿Cuán lejos está su frecuencia cardíaca de la bradicardia y de la taquicardia? ¿Parece normal su frecuencia cardíaca en reposo para su sexo? Describir poblaciones que tienen posibilidades de padecer bradicardia y taquicardia.

3. ¿Cuál es la diferencia media en la medición de la frecuencia cardíaca entre los dos administradores distintos (Cuadro 4-2)? Describir al menos dos razones para las diferencias entre los administradores.

4. ¿Qué método de medición de la FC (Cuadro 4-3) debe usarse para facilitar el reflejo más preciso de la FC en esfuerzo? ¿Por qué? Si se emplea un pulsómetro, ¿cuáles son nuestros descubrimientos en comparación con los de los pulsómetros?

Recogida de datos

Frecuencia cardíaca en reposo
1. Formar grupos de tres y descansar durante unos 5 min.
2. Haga que el miembro de un grupo mida la FC en reposo de usted. Utilizar cada método descrito en el Cuadro 4-1 y registrar los resultados.
3. Hacer que dos miembros de un grupo (administradores) midan la FC en reposo del tercer miembro (sujeto). (Cada administrador debe sujetar uno de los brazos del sujeto y palpar el pulso radial.) Utilizar cada método descrito en el Cuadro 4-2. Asegurarse de que ambos administradores no conozcan los resultados del otro. Registrar los resultados en el Cuadro 4-2.

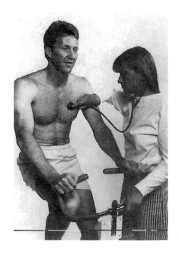

Frecuencia cardíaca en esfuerzo (demostración en la clase)

1. Un administrador de la prueba medirá la FC posterior al ejercicio mediante cada método descrito en el Cuadro 4-3. El sujeto (voluntario) debe pedalear con una intensidad moderada elegida por él mismo durante 2 ó 3 min antes de cada valoración de la FC.

Si se dispone de un controlador de la FC, poner una gota de agua sobre los sensores de la frecuencia cardíaca y asegurarlos alrededor del pecho (contra la piel, justo por debajo del esternón) del sujeto. Durante el ejercicio, cuando la FC ha alcanzado un nivel estable, registrar la FC mediante el receptor de pulsera del pulsómetro. Procurar que el administrador no conozca los resultados del control de la FC hasta después del experimento. Téngase en cuenta que cuando no se dispone de un pulsómetro puede usarse un ECG de una derivación.

2. Registrar los resultados en el Cuadro 4-3.

Nombre: _____ Fecha: _____

Medición de la frecuencia cardíaca
Ejercicio

ESTACIÓN 1

Método	Cuenta del pulso	Frecuencia cardíaca (latidos.min^{-1})
FC controlado durante 30 latidos		
FC cronometrado durante 6 segundos		
FC cronometrado durante 10 segundos		
FC cronometrado durante 20 segundos		
FC cronometrado durante 30 segundos		
FC cronometrado durante 1 minuto		

Cuadro 4-1
Hoja de datos de la frecuencia cardíaca en reposo

Administrador #1: _____ #2: _____

Método	Frecuencia cardíaca (latidos.min^{-1})		
	Admin #1	Admin #2	Diferencia
FC durante 30 latidos			
FC durante 6 segundos			
FC durante 10 segundos			
FC durante 20 segundos			
FC durante 30 segundos			
FC durante 1 minuto			
Diferencia media:			

Cuadro 4-2
Hoja de datos de la frecuencia cardíaca en reposo

Método	Datos	Frecuencia cardíaca (latidos.min⁻¹)	Pulsómetro* (latidos.min⁻¹)
FC durante 10 segundos	Latidos		
FC durante 30 segundos	Latidos		
FC durante 30 latidos	Segundos		

*Nota: La frecuencia cardíaca debe registrarse mediante el pulsómetro durante el ejercicio cuando la frecuencia cardíaca ha alcanzado un estado estable.

Cuadro 4-3
Hoja de datos de la frecuencia cardíaca posterior al ejercicio

Conclusiones de las investigaciones

1. ¿Qué método de medición de la FC (Cuadro 4-1) facilitará los resultados de la FC en reposo más precisos? ¿Por qué?
2. ¿Cuán lejos está su frecuencia cardíaca de la bradicardia y de la taquicardia? ¿Parece normal su frecuencia cardíaca en reposo para su sexo? Describir poblaciones que tienen probabilidades de padecer bradicardia y taquicardia.
3. ¿Cuál es la diferencia media en la medición de la FC entre los dos diferentes administradores (Cuadro 4-2)? Describir al menos dos razones por las que hay diferencias entre los administradores.
4. ¿Qué método de medición de la FC (Cuadro 4-3) debe usarse para proporcionar el reflejo más preciso de FC durante el ejercicio? ¿Por qué? Si se hubiese empleado un pulsómetro, ¿cómo serían sus resultados comparados con los de éste?

ESTACIÓN 2

Medición de la tensión arterial

Preguntas de investigación

1. ¿Es la tensión arterial media en reposo en la clase de su laboratorio igual a la media de la población de 120/80 mm Hg? Describir al menos dos razones por las que la media del laboratorio puede ser distinta de la normal para la población.

2. ¿Se halla su tensión arterial en reposo dentro del rango normal? ¿Cuán lejos se halla su tensión arterial sistólica de la hipertensión al límite de lo aceptable y de la hipertensión aislada? ¿Cuán lejos se halla su tensión arterial diastólica de la hipertensión suave, moderada y severa? Describir dos modos de reducir el riesgo de hipertensión en su vida.

3. ¿Cuáles son sus valores de tensión arterial en esfuerzo? ¿Están dentro del rango normal? ¿Cuáles son los valores de la tensión arterial en esfuerzo en su clase de laboratorio? ¿Se consideran normales?

4. ¿Qué aspecto de la medición de la tensión arterial cree usted que es más importante para asegurar unos resultados precisos? ¿Por qué? Señalar tantas cuestiones adicionales como crea que deben considerarse o controlarse para asegurar unos resultados precisos de la tensión arterial.

Recogida de datos

Tensión arterial en reposo

1. Todas las personas del laboratorio deben hacer prácticas de medición de la tensión arterial en reposo y en esfuerzo.
2. Registrar los resultados de la tensiones arteriales individuales y de la clase en el Cuadro 4-4 y en el Cuadro 4-5, respectivamente. Calcular las tensiones arteriales medias para la clase.

Los sujetos deben someterse a las mismas orientaciones preparatorias descritas para la medición de la FC.

Medición de la tensión arterial en reposo

1. El compañero debe estar sentado con su *brazo derecho* descansando sobre el apoyabrazos de una silla o sobre una mesa. La parte superior del brazo debe estar aproximadamente a nivel del corazón.

2. Para determinar el tamaño apropiado del brazal, medir la circunferencia de la parte superior del brazo del compañero. En base a esta medición elegir el tamaño apropiado del brazal tal como se indica en la Tabla 4-2. *Nota:* Evitar las lecturas de la tensión arterial sobre la ropa. Las mangas deben levantarse. Sin embargo, si se dobla la manga hacia arriba y ésta parece apretar la parte superior del brazo, quitarse la camisa o el jersey, si es posible.

Circunferencia de la parte superior del brazo (en el punto medio, cm)	*Tipo de brazal*
Niño	De 13 a 20 cm
Adulto	De 17 a 26 cm
Adulto de gran tamaño	De 32 a 42 cm

La anchura del saco hinchable debe ser aproximadamente del 40 % de la circunferencia del brazo; la longitud debe ser aproximadamente del 80 % de la circunferencia del brazo.
Fuente: Pollock y col. (1990), y American Heart Association (1980).

Tabla 4-2
Orientaciones respecto al tipo de brazal para la toma de la tensión arterial

3. Situar el brazal de modo que el borde inferior esté aproximadamente a una pulgada (2,5 cm) por encima del espacio antecubital. El manómetro debe estar claramente visible. Si se usa un controlador de mercurio, hay que situarlo al nivel del ojo.
4. Insertar los extremos del estetoscopio directamente debajo de los canales auditivos. Golpear suavemente el diafragma para procurar una detección adecuada del sonido.
5. Situar el diafragma del estetoscopio firmemente sobre la arteria braquial, en el espacio antecubital. Si es necesario, palpar la arteria braquial para hallar su localización.

6. Apretar la válvula de salida de aire girándola en el sentido de las agujas del reloj e hinchar el brazal con rapidez hasta 150-160 mm Hg o hasta 20-30 mm Hg por encima de la TAS prevista. Hinchar excesivamente el brazal producirá molestias innecesarias al sujeto.
7. Girar la válvula de salida de aire en sentido contrario a las agujas del reloj y aflojar la

presión del brazal a un ritmo *lento* y constante de unos 2-5 mm Hg por segundo. *Nota:* Si lo aflojamos con demasiada rapidez, no podremos distinguir la tensión correcta en la que los sonidos de Korotkoff aparecen o desaparecen. Si lo aflojamos demasiado despacio, produciremos una incomodidad y aprensión innecesaria al sujeto.

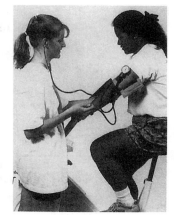

8. Escuchar atentamente, y tomar nota mentalmente de la presión en que los sonidos Korotkoff aparecen por primera vez (tensión arterial sistólica) y desaparecen (tensión arterial diastólica).
9. Registrar los valores de las tensiones arteriales en reposo individuales y de la clase en los Cuadros 4-4 y 4-5, respectivamente.

Nota: Si por alguna razón es preciso repetir la medición de la tensión arterial, deshinchar el brazal completamente. La presión del brazal debe estar deshinchada durante al menos diez segundos para permitir que la circulación de la sangre vuelva a ser normal.

El procedimiento para la medición de la tensión arterial durante el reposo y en esfuerzo es esencialmente el mismo. Resulta más bien fácil medir la tensión arterial en esfuerzo cuando el sujeto está pedaleando en un cicloergómetro. Sin embargo, se necesita práctica y experiencia para dominar la medición de la tensión arterial durante los ejercicios en que hay que sostener el peso del propio cuerpo, como puede ser correr sobre una cinta ergométrica.

Medición de la tensión arterial en esfuerzo

1. Hacer que el compañero haga ejercicio sobre un cicloergómetro (u otra alternativa comparable) a una intensidad moderada de ejercicio.
2. Medir la tensión arterial en esfuerzo durante el minuto final de una sesión de 3 min de ejercicio continuo. Si elegimos hacer ejercicios en que debe sostenerse el propio peso del cuerpo, hay que medir la tensión arterial inmediatamente después del ejercicio, al cabo de aproximadamente 3 min de ejercicio.
3. Registrar los valores de la tensión arterial en esfuerzo en los Cuadros 4-4 y 4-5, respectivamente.

Nombre: _____ Fecha: _____

Medición de la tensión arterial
Ejercicio

ESTACIÓN 2

	TAS (mm Hg)	TAD (mm Hg)
Reposo		
Ejercicio		

Cuadro 4-4
Hoja de datos de la tensión arterial individual

	Reposo		Ejercicio	
Sujeto	TAS (mm Hg)	TAD (mm Hg)	TAS (mm Hg)	TAD (mm Hg)
1				
2				
3				
4				
5				
6				
7				
8				
9				
10				
11				
12				
13				
14				
Total clase				
Mediana clase				

Cuadro 4-5
Hoja de datos de la tensión arterial de la clase

Conclusiones de la investigación

1. ¿Es el promedio de la tensión arterial en la clase de laboratorio igual a la media de la población de 120/80 mm Hg? Describir al menos dos razones por las que la media de laboratorio puede ser diferente de la norma en la población.
2. ¿Se halla su tensión arterial en reposo dentro del rango normal? ¿Cuán lejos está su tensión arterial sistólica de la hipertensión límite y de la hipertensión aislada? ¿Cuán lejos se halla su tensión arterial diastólica de la hipertensión leve, moderada y severa? Describir dos maneras de reducir el riesgo de hipertensión en su vida.
3. ¿Cuáles son sus valores de tensión arterial en esfuerzo? ¿Están dentro del rango normal? ¿Cuáles son los valores de la tensión arterial en esfuerzo de la clase del laboratorio? ¿Se consideran normales?
4. ¿Qué aspecto de la medición de la tensión arterial cree usted que es más importante para asegurar unos resultados precisos? ¿Por qué? Describa tantos aspectos adicionales como crea que deben considerarse o controlarse para procurar unos resultados precisos de la tensión arterial.

Nombre: _____   Fecha: _____

Resumen del laboratorio 4

Describir varios modos en que la información aprendida en esta práctica puede aplicarse en su campo de interés elegido y/o su vida personal. Sea específico y facilite ejemplos prácticos.

Nombre: _____ Fecha: _____

5. Capacidad aeróbica
Ejercicio de prelaboratorio

1. ¿Cuál es el consumo de oxígeno máximo previsto (expresado en ml.kg⁻¹.min⁻¹) de un hombre de 35 años que realiza una prueba del escalón? Supongamos que pesa 81,6 kg y que tiene una cuenta de su pulso postesfuerzo de 32 latidos durante 15 seg. Registre su $\dot{V}O_2$máx adaptada a su edad y la clasificación de su fitness en base a la hoja de datos de la página siguiente.

2 a. ¿Cuál es el consumo de oxígeno máximo previsto (expresado en L.min⁻¹) de una mujer de 23 años que realiza la prueba de Astrand sobre cicloergómetro? Suponer los datos siguientes: peso corporal: 63 kg; frecuencia cardíaca final: 144 latidos.min⁻¹; ritmo de esfuerzo final: 600 kgm.min⁻¹.
   $\dot{V}O_2$máx (l.min⁻¹): _____ (corregida para la edad)
   b. ¿Cuál es su $\dot{V}O_2$máx corregido según la edad expresado en ml.kg⁻¹.min⁻¹? Muestre el trabajo. Registre sus resultados en la hoja de datos siguiente.

3. ¿Cuál es el consumo máximo de oxígeno pronosticado (expresado en ml.kg⁻¹.min⁻¹) de un hombre de 25 años que realiza la prueba de carrera de George-Fisher? Suponga que pesa 78 kg, recorre una milla corriendo en 9 min y 15 s y tiene un frecuencia cardíaca final de 156 latidos.min⁻¹. Mostrar el trabajo y registrar los resultados abajo.

Tipo de prueba	$\dot{V}O_2$*máx (ml.kg⁻¹.min⁻¹)*	*Clasificación del fitness*
Prueba del escalón		
Prueba de Astrand		
Prueba de carrera de George-Fisher		

4. ☐ Ponga una cruz en el recuadro si ha leído cada cuestión de investigación y si está familiarizado con los procedimientos de recogida de datos relativos a cada cuestión de investigación.

CAPÍTULO 5

CAPACIDAD AERÓBICA

PROPÓSITO

El propósito de esta práctica es introducir al lector en varios métodos usados para estimar la capacidad aeróbica o el consumo máximo de oxígeno ($\dot{V}O_2$máx).

OBJETIVOS DE APRENDIZAJE PARA EL ESTUDIANTE

1. Poder definir la capacidad aeróbica y explicar cómo se relaciona el $\dot{V}O_2$máx con la capacidad aeróbica y la producción de energía.

2. Poder describir cómo las pruebas de esfuerzo submáximas estiman la capacidad cardiorrespiratoria máxima o la capacidad aeróbica.

3. Aprender cómo administrar efectivamente las pruebas de predicción de la capacidad aeróbica.

EQUIPO NECESARIO

Escalón.
Cicloergómetros.
Pista caminar o correr.
Metrónomo.
Cronómetros.

PREPARACIÓN PREVIA A LA PRÁCTICA

1. Vestir prendas cómodas para hacer ejercicio al ir a la clase.
2. Evitar el ejercicio agotador al menos 12 horas antes de la prueba.
3. No tomar estimulantes (tabaco, café, colas, chocolate, etc.) ni depresores (alcohol, medicamentos, etc.) el día de la prueba.
4. Evitar tomar una comida pesada 3 ó 4 horas antes de la clase de laboratorio.

VALORACIÓN DE LA CAPACIDAD AERÓBICA

La capacidad aeróbica es la capacidad del cuerpo para mantener un ejercicio submáximo durante períodos prolongados de tiempo. Otra definición común de la capacidad aeróbica es la capacidad del corazón y del sistema vascular para transportar cantidades adecuadas de oxígeno a los músculos que trabajan, permitiendo la realización de actividades que implican a grandes masas musculares, tales como andar, correr o el ciclismo, durante períodos prolongados de tiempo.

La capacidad aeróbica es un componente importante del fitness porque implica al sistema pulmonar para el consumo de oxígeno, al sistema cardiovascular para el transporte de oxígeno y de productos de desecho y al sistema muscular para la utilización del oxígeno. El consumo de oxígeno es necesario para el funcionamiento adecuado de todos los órganos internos, incluidos el corazón y el cerebro.

El consumo de oxígeno tiene una relación lineal positiva con la producción de energía. Cuando el consumo de oxígeno aumenta, la producción de energía aeróbica se incrementa hasta el punto del consumo máximo de oxígeno ($\dot{V}O_2$máx) o producción aeróbica máxima de energía.

La energía anaeróbica –energía producida en ausencia de oxígeno– es muy limitada y puede generarse sólo durante unos pocos minutos mientras se realiza el ejercicio intenso. Sin embargo, la energía aeróbica, –energía producida en presencia de oxígeno– puede sostener el ejercicio durante varias horas suponiendo que haya cantidades suficientes de alimentos en las células.

La capacidad aeróbica se cuantifica en términos de consumo máximo de oxígeno ($\dot{V}O_2$máx), puesto que el sistema cardiovascular es responsable del aporte de oxígeno a los músculos activos. La capacidad aeróbica refleja indirectamente en facultades de una persona para realizar actividades y ejercicios aeróbicos. ¿Puede el lector describir la fisiología del porqué los individuos con enfermedades cardíacas tienen bajos niveles de capacidad aeróbica? A la inversa, ¿puede el lector entender por qué los corredores de maratón tienen altos niveles de capacidad aeróbica?

El $\dot{V}O_2$máx se cuantifica en términos absolutos ($l.min^{-1}$) y relativos ($ml.kg^{-1}.min^{-1}$). Ambas unidades pueden usarse para indicar la dureza con que el cuerpo está trabajando durante la realización de esfuerzos aeróbicos submáximos y/o máximos. Sin embargo, cada valor unitario se usa para expresar el consumo de oxígeno y la producción de energía aeróbica por diferentes razones. Las unidades *litros por minuto* ($l.min^{-1}$) representan la cantidad absoluta o total de oxígeno consumido en el cuerpo por minuto. El $\dot{V}O_2$máx absoluto se usa generalmente para calcular la cantidad total de energía aeróbica o de calorías que el cuerpo puede generar.

Las investigaciones han demostrado que se producen aproximadamente 5 kilocalorías (kcal) de energía por cada litro de oxígeno consumido (1 litro de consumo de oxígeno = 5 kcal gastadas).

$$\frac{4 \text{ litros } O_2}{min} \times \frac{5 \text{ kcal}}{1 \text{ litro}} = \frac{20 \text{ kcal}}{O_2 \text{ min}}$$

Una kilocaloría (kcal) se define como la cantidad de calor necesaria para elevar la temperatura de 1 kg (1 litro) de agua 1° C, desde 14,5 hasta 15,5 ° C.

Las unidades *mililitros de oxígeno por kilogramo por minuto* ($ml.kg^{-1}.min^{-1}$), por otro lado, representan el consumo de oxígeno requerido para mover un kilogramo de peso corporal por minuto. La mayoría de las veces el $\dot{V}O_2$máx se expresa con unidades relativas porque la capacidad funcional de una persona depende del desplazamiento de su propio peso corporal. En el cuerpo humano, la cantidad total de oxígeno consumido es importante porque representa la cantidad total de energía disponible para trabajar. Si todo lo demás permanece igual, una persona con un $\dot{V}O_2$máx absoluto alto podrá hacer ejercicio con una intensidad más elevada que una persona con un $\dot{V}O_2$máx menor. Sin embargo, puesto que los individuos tienen diferentes pesos corporales, la expresión del $\dot{V}O_2$máx en términos relativos es más significativa. Por ejemplo, si dos personas tienen el mismo $\dot{V}O_2$máx de 4,5 $l.min^{-1}$, pero una de ellas pesa 75 kg y la otra 85 kg, entonces sus valores de $\dot{V}O_2$máx relativo serán de 60 $ml.kg^{-1}.min^{-1}$ y de 53 $ml.kg^{-1}.min^{-1}$, respectivamente. Aun cuando ambos individuos tienen la misma capacidad absoluta para consumir

Hombres					
Edad	*Baja*	*Regular*	*Media*	*Buena*	*Excelente*
< 29	< 25	25-33	34-42	43-52	> 52
30-39	< 23	23-30	31-38	39-48	> 48
40-49	< 20	20-26	27-35	36-44	> 44
50-59	< 18	18-24	25-33	34-42	> 42
60-69	< 16	116-22	23-30	31-40	> 40
Mujeres					
< 29	< 24	24-30	31-37	38-48	> 48
30-39	< 20	20-27	28-33	34-44	> 44
40-49	< 17	17-23	24-30	31-41	> 41
50-59	< 15	15-20	21-27	28-37	> 37
60-69	< 13	13-17	18-23	24-34	> 34

Fuente: American Heart Association (1972).

Tabla 5-1
Cuadro normativo de capacidad aeróbica (valores de $\dot{V}O_2$máx expresados en $ml.kg^{-1}.min^{-1}$)

y utilizar oxígeno, la persona de 75 kg tiene más oxígeno disponible para mover cada unidad de peso corporal que la persona de 85 kg. Por tanto, la persona de menor peso puede realizar un esfuerzo de mayor intensidad o durante más tiempo a una intensidad determinada que su equivalente más pesada, si todo lo demás es igual. ¿Puede entender el lector por qué los individuos obesos tienen niveles bajos de capacidad aeróbica relativa? ¿Entiende el lector por qué los deportistas deben perder el exceso de grasa corporal para maximizar el rendimiento? ¿Ve el lector los efectos perjudiciales que tiene para una persona el hecho de que gane 11 kg de grasa? En la Tabla 5-1 se facilitan datos normativos, basados en las puntuaciones de $\dot{V}O_2$máx relativo.

REFERENCIAS SELECCIONADAS

Adams, G.M. (1990). *Exercise Physiology Lab Manual.* Dubuque, Iowa: Wm. C. Brown Publishers, pp: 19-78.

American College of Sports Medicine (1991). *Guidelines of Exercise Testing and Prescription* (4.ª edición). Philadelphia: Lea & Febiger, pp: 39-43.

American Heart Association (1972). *Exercise Testing and Training of Apparently Healthy Individuals: A Handbook for Physicians.*, Nueva York: p: 15.

Astrand, P.O., and I. Ryhming (1954). A nomogram for calculation of aerobic capacity (physical fitness) from pulse rate during submaximal work. *Journal of Applied Physiology* 7:218-221.

Cooper, K.H. (1968). A means of assessing maximal oxygen intake. *Journal of the American Medical Association* 203(3):135-138.

DeVries, H.A. (1986). *Physiology of Exercise: For Physical Education and Athletics* (4th edition). Dubuque, Iowa: Wm. C. Brown Publishers, pp: 210-218, 224-226, 266-278.

Fisher, A.G., and C.R. Jensen (1990). *Scientific Basis of Athletic Conditioning* (3rd edition). Philadelphia: Lea & Febiger, pp: 122-132, 251-254.

Fox, E.L., R. W. Bowers, and M.I., Foss (1988). *The Physiological Basis of Physical Education and Athletics* (4.ª edición). Philadelphia: Saunders College Publishing, pp: 61-67.

George, J.D., P.R. Vehrs, P.E. Allsen, G.W. Fellingham, and A. G. Fisher (1993). Development of a one-mile track jog for fit college aged individuals. *Medicine and Science in Sports and Exercise* 25(3):401-406.

Heyward, V.H., (1991). *Advanced Fitness Assessment and Exercise Prescription.* Champaign, Ilinois: Human Kinetic Books, pp: 17-69.

Hoeger, W.W.K. (1989). *Lifetime Physical Fitness and Wellness: A Personalized Program.* Englewood, Colorado: Morton Publishing Company, pp: 15-41.

Howley, E.T., and D.B. Frank (1992). *Health Fitness Instructor's Handbook* (2nd edition). Champaign, Illinois: Human Kinetics, pp: 35-45, 153-177.

Kline, G.M., J.P.Porcari, R. Hintermeister, et al. (1987). Estimation of VO 2max from a one-mile track walk, gender, age, and body weight. *Medicine and Science in Sports and Exercise* 19(3): 253-259.

Lamb, D.R. (1984). *Physiology of Exercise: Responses and Adaptations* (2.ª edición). New York: Macmillan Publishing Company, pp: 99-103, 173-190.

McArdle, W.D., F.I. Katch, and V.L. Katch (1991). *Exercise Physiology: Energy, Nutrition, and Human Performance* (3.ª edición). Philadelphia: Lea & Febiger, pp: 211-232.

Noble, B.J. (1986). *Physiology of Exercise and Sport.* St. Louis, Missouri: Times Mirror/ Mosby College Publishing, pp: 296-111, 122-123, 229-256.

Powers, S.K., and E.T. Howley (1990). *Exercise Physiology: Theory and Application to Fitness and Performance.* Dubuque, Iowa: Wm. C. Brown Publishers, pp: 117-130, 303-328, 428-430.

Siconolfi, S.F., E.M. Cullinane, R.A. Carleton, and R.D. Thompson (1982). Assessing VO₂max in epidemiologic studies: modification of the Astrand-Ryhming test. *Medicine and Science in Sport and Exercise* 14(5): 335-338.

Sharkey, B.J. (1977). *Fitness and Work Capacity* (Report FS-315). Washington, DC: U.S. Department of Agriculture, Department of Forest Service.

Sharkey, B.J. (1991). *Physiology of Fitness.*, Champaign, Illinois: Human Kinetics.

Washburn, R.A., and M.J. Safrit (1982). Physical performance tests in job selection-a model for empirical validation. *Research Quarterly for Exercise and Sport* 53(3): 267-270.

Wilmore, J.H., and D.L. Costill (1988). *Training for Sport and Activity: The Physiological Basis of the Conditioning Process* (3.ª edición). Dubuque, Iowa: Wm. C. Brown Publishers, pp: 367-369.

ESTACIÓN 1

Prueba del escalón del Forest Service

Preguntas de investigación

1. ¿Satisface usted los requisitos mínimos de capacidad aeróbica para trabajar en el Forest Service de EE.UU.? La experiencia pasada ha demostrado que los empleados necesitan un $\dot{V}O_2$máx mínimo de 45 ml.kg^{-1}.min^{-1}. ¿Se halla usted dentro del 10 % de este criterio mínimo? Muestre su trabajo.

2. ¿Parece ser aceptable el uso de esta prueba por el Forest Service para examinar a solicitantes de un empleo de extinción de incendios? Defienda su respuesta.

3. ¿Qué otro u otros parámetros del fitness pueden ser importantes para luchar contra el fuego? Explíquelo. ¿Deben incluirse estos parámetros cuando se examina a solicitantes de un empleo? ¿Por qué?

4. Describir al menos dos ventajas y desventajas de la prueba del escalón.

Recogida de datos

La *prueba del escalón del Forest Service* requiere que alguien suba y baje repetidamente de un banco durante un período de 5 min. La capacidad aeróbica se pronostica en base al sexo, la intensidad del esfuerzo, la frecuencia cardíaca, el peso corporal y la edad. (Se puede sustituir la *prueba del escalón del Forest Service* por una prueba alternativa parecida si el laboratorio así lo prefiere.)

1. Disponer el metrónomo a una cadencia de 90 pulsaciones por minuto (22,5 ciclos de subir y bajar del banco cada minuto).
2. Hombres: usar un banco de 15 pulgadas (38 cm) de altura.
   Mujeres: usar un banco de 13 pulgadas (33 cm) de altura.
3. Comenzar la prueba del banco subiendo y bajando del mismo en cadencia con el metrónomo. Cada cuatro pulsaciones del metrónomo representan un ciclo completo de subir y bajar del banco. Cada pulsación del metrónomo representa un solo paso como sigue:
   a. Subir al banco con el pie derecho.
   b. Subir al banco con el pie izquierdo.
   c. Bajar del banco con el pie derecho.
   d. Bajar del banco con el pie izquierdo. El pie delantero debe cambiarse varias veces durante la prueba. Procurar extender las piernas en el punto más elevado de cada ascensión al banco.

4. Efectuar la prueba durante 5 min.
5. Al final de los 5 min, sentarse inmediatamente y hacer que el compañero tome nuestro pulso.
6. Sentarse tranquilamente durante 15 seg.
7. Medir una cuenta de los latidos durante 15 seg entre el segundo 15 y el 30 después de 5 min de la prueba. Asegurarse de cerrar el metrónomo de manera que no interfiera con la cuenta de su pulso. Anotar el número de latidos cardíacos en la Carta 5-1.
8. Después de la medición de la cuenta del pulso, es aconsejable un período de enfriamiento caminando despacio o haciendo estiramientos estáticos.
9. Usar el peso del propio cuerpo y una cuenta de 15 seg del pulso después del ejercicio para determinar la puntuación del fitness en ml.kg^{-1}.min^{-1} en la Tabla 5-2 si se es hombre, o en la Tabla 5-3 si se es mujer. Buscar la cuenta del pulso en la columna del extremo izquierdo de la tabla. Ver que los valores del peso corporal estén situados a lo largo del fondo de las tablas. Leer horizontalmente desde el valor de la cuenta del pulso hasta llegar a la columna que contiene su peso corporal. El valor que se halla en la intersección de la hilera de la cuenta del pulso y en la columna del peso corporal es su $\dot{V}O_2$máx no ajustada en ml.kg^{-1}.min^{-1}.

10. Obtenga su factor de corrección por la edad en la Tabla 5-4. Multiplique su $\dot{V}O_2$máx no ajustado de la Tabla 5-2 ó 5-3 por el valor de corrección de su edad. El resultado equivale a su puntuación de fitness ajustado a la edad, o a su $\dot{V}O_2$máx estimado.
11. Registrar su $\dot{V}O_2$máx ajustado a la edad en el Cuadro 5-1.
12. Calcule su capacidad aeróbica absoluta en l.min^{-1} y regístrela en el Cuadro 5-1.
13. Determine la clasificación de su fitness a partir del cuadro normativo aeróbico (Tabla 5-1) y regístrelo en el Cuadro 5-1.

Ejemplo de cálculo: Una mujer de 46 años tiene un peso corporal de 58,9 kg y una cuenta del pulso de 15 s posterior al ejercicio de 26 latidos. ¿Cuál es su capacidad aeróbica en ml.kg^{-1}.min^{-1} y en l.min^{-1}?
1. Su puntuación no ajustada del fitness en la Tabla 5-3 es de 51 ml.kg^{-1}.min^{-1}.

2. El factor de corrección de la edad en la Tabla 5-4 es de 0,91. Por tanto, la puntuación ajustada a la edad es:

$$51 \text{ ml.kg}^{-1}.\text{min}^{-1} \times 0,91 = 46,4 \text{ ml.kg-}^{1}.\text{mi}^{n-1}$$

3. La capacidad aeróbica en l.min-1 se calcula como sigue:

$$46,4 \ \frac{\text{ml.min}^{-1}}{\text{kg}} \times 58,9 \text{ kg} = 2.733,5 \text{ ml.min}^{-1}$$

$$2.733,5 \ \frac{\text{ml}}{\text{min}} \ \times \ \frac{1 \text{ litro}}{1.000 \text{ m}} = 2,73 \ \frac{\text{litros}}{\text{min}}$$

4. Una puntuación de la capacidad aeróbica de 46,4 ml.kg^{-1}.min^{-1} para una mujer de 46 años se halla en la categoría de Excelente en base a las normas de la Tabla 5-1.

(Estimaciones del $\dot{V}O_2$máx no ajustadas [ml.kg^{-1}.min^{-1}]

Cuenta del pulso durante 15 segundos

	54,4	59	63,5	68	72,6	77,1	81,6	86,2	90,7	95,3	99,8	104,3	108,9
44	34	34	34	34	33	33	33	33	33	33	33	33	33
43	35	35	35	34	34	34	34	34	34	34	34	34	34
42	36	35	35	35	35	35	35	35	35	35	35	35	35
41	36	36	36	36	36	36	36	36	36	36	36	36	36
40	37	37	37	37	37	37	37	37	37	37	37	37	37
39	38	38	38	38	38	38	38	38	38	38	38	37	37
38	39	39	39	39	39	39	39	39	39	39	39	38	38
37	41	40	40	40	40	40	40	40	40	40	40	39	39
36	42	42	41	41	41	41	41	41	41	41	41	40	40
35	43	43	42	42	42	42	42	42	42	42	42	42	41
34	44	44	43	43	43	43	43	43	43	43	43	43	43
33	46	45	45	45	45	45	44	44	44	44	44	44	44
32	47	47	46	46	46	46	46	46	46	46	46	46	46
31	48	48	48	47	47	47	47	47	47	47	47	47	47
30	50	49	49	49	49	48	48	48	48	48	48	48	48
29	52	51	51	51	50	50	50	50	50	50	50	50	50
28	53	53	53	53	52	52	52	52	52	51	51	51	51
27	55	55	55	54	54	54	54	54	54	53	53	53	52
26	57	57	56	56	56	56	56	56	56	55	55	54	54
25	59	59	58	58	58	58	58	58	58	56	56	55	55
24	60	60	60	60	60	60	60	59	59	58	58	57	
23	62	62	61	61	61	61	61	60	60	60	59		
22	64	64	63	63	63	63	62	62	61	61			
21	66	66	65	65	65	64	64	64	62				
20	68	68	67	67	67	67	66	66	65				

Peso corporal (kg)

Fuente: Sharkey (1991).

Tabla 5-2
Prueba del escalón del Forest Service para hombres

(Estimaciones del $\dot{V}O_2$máx no ajustadas [ml.kg^{-1}.min^{-1}])

Cuenta del pulso
durante 15 segundos

Cuenta del pulso	36,3	40,8	45,4	49,9	54,4	59	63,5	68	72,6	77,1	81,6	86,2
44								30	30	30	30	30
43							31	31	31	31	31	31
42			32	32	32	32	32	32	32	32	32	32
41			33	33	33	33	33	33	33	33	33	33
40			34	34	34	34	34	34	34	34	34	34
39			35	35	35	35	35	35	35	35	35	35
38			36	36	36	36	36	36	36	36	36	36
37			37	37	37	37	37	37	37	37	37	37
36		37	38	38	38	38	38	38	38	38	38	38
35	38	38	39	39	39	39	39	39	39	39	39	39
34	39	39	40	40	40	40	40	40	40	40	40	40
33	40	40	41	41	41	41	41	41	41	41	41	41
32	41	41	42	42	42	42	42	42	42	42	42	42
31	42	42	43	43	43	43	43	43	43	43	43	43
30	43	43	44	44	44	44	44	44	44	44	44	44
29	44	44	45	45	45	45	45	45	45	45	45	45
28	45	45	46	46	46	47	47	47	47	47	47	47
27	46	46	47	48	48	49	49	49	49	49		
26	47	48	49	50	50	51	51	51	51			
25	49	50	51	52	52	53	53					
24	51	52	53	54	54	55						
23	53	54	55	56	56	57						

Peso corporal (kg)

Fuente: Sharkey (1991).

Tabla 5-3
Prueba del escalón del Forest Service para mujeres

Edad	c.f.
15	1,04
20	1,02
25	1,00
30	0,97
35	0,95
40	0,93
45	0,91
50	0,88
55	0,86
60	0,82
65	0,80

Modificado de Sharkey (1991).

Tabla 5-4
Factores de corrección según la edad

Nombre: _____   Fecha: _____

Capacidad aeróbica
Ejercicio

Edad: _____   Sexo: V   M
Peso corporal: _____ lb   _____ kg

ESTACIÓN 1

Datos de la frecuencia cardíaca:
Palpe su pulso desde el segundo 15 hasta el 30 después de los 5 min de la prueba del escalón.
Cuenta del pulso después del ejercicio: _____ latidos/15 segundos

---

Capacidad aeróbica pronosticada ($\dot{V}O_2$máx):

Factor de corrección de la edad: _____

$\dot{V}O_2$máx pronosticado no ajustado: _____   ml.kg^{-1}.min^{-1}

$\dot{V}O_2$máx pronosticado ajustado a la edad: _____   ml.kg^{-1}.min^{-1}

$\dot{V}O_2$máx pronosticado ajustado a la edad: _____   1.min^{-1}

Clasificación del fitness aeróbico: _____

Para el factor de corrección de la edad, ver la Tabla 5-4.
Para el $\dot{V}O_2$máx pronosticado no ajustado, ver la Tabla 5-2 o la 5-3.
$\dot{V}O_2$máx pronosticado ajustado a la edad = Puntuación no ajustada x factor de corrección

Cuadro 5-1
Hoja de datos de la prueba del escalón del Forest Service

Conclusiones de la investigación

1. ¿Satisface usted los requisitos mínimos de la capacidad aeróbica para trabajar para el Forest Service de EE.UU.? La experiencia pasada demuestra que los empleados necesitan un $\dot{V}O_2$máx mínimo de 45 ml.kg^{-1}.min^{-1}. ¿Está usted dentro del 10 % de este criterio de medición? Muestre su trabajo.

2. ¿Parece ésta una prueba aceptable para que la use el Forest Service para seleccionar a los solicitantes de un empleo para luchar contra el fuego? Argumente su respuesta.

3. ¿Qué otro u otros parámetros del fitness pueden ser importantes para luchar contra los incendios? Explicarlo. ¿Deben incluirse estos parámetros al examinar a los solicitantes de un empleo? ¿Por qué?

4. Describa al menos dos ventajas y desventajas de la prueba del escalón.

ESTACIÓN 2

Prueba de Åstrand sobre cicloergómetro

Preguntas de investigación

1. ¿Cuál es su $\dot{V}O_2$máx estimado en la prueba de Åstrand sobre cicloergómetro? ¿Cuál es su categoría de fitness en base a los resultados de esta prueba?

2. ¿Cuál es su consumo calórico máximo estimado (kcal.min^{-1}) en base a los resultados de esta prueba? Suponga que 1 litro de O_2 consumido = 5 kcal gastadas.

3. Si usted puede pedalear en un cicloergómetro al 70 % de su $\dot{V}O_2$máx, ¿cuántos minutos serán necesarios para consumir 300 kcal?

4. Si usted puede pedalear al 85 % de su $\dot{V}O_2$máx en lugar del 70 %, ¿cuántos minutos menos se necesitarán para gastar 300 kcal? Analice las implicaciones de sus descubrimientos.

Recogida de datos

La *prueba de Åstrand sobre cicloergómetro* supone pedalear en una bicicleta estática durante aproximadamente seis minutos. La intensidad del ejercicio es submáxima y relativamente fácil de ejecutar para la mayoría de las personas. La predicción de la capacidad aeróbica ($\dot{V}O_2$máx) se basa en el sexo, la edad, la frecuencia cardíaca en esfuerzo y la intensidad del esfuerzo realizado en el ergómetro. Cuando la intensidad del esfuerzo aumenta durante la prueba, el consumo de oxígeno y la producción de energía se incrementan. A fin de transportar el oxígeno esencial a los tejidos que trabajan, el corazón es estimulado a latir a un ritmo mayor. Las investigaciones han demostrado que la intensidad del esfuerzo, el consumo de oxígeno y la frecuencia cardíaca tienen una relación directa y positiva con la capacidad aeróbica ($\dot{V}O_2$máx). De hecho, la relación es principalmente lineal entre el 50 % y el 85 % de la frecuencia cardíaca máxima (FCmáx).

Para cuantificar la capacidad aeróbica en base a una cierta respuesta de la frecuencia cardíaca en esfuerzo, es necesario también conocer la intensidad del esfuerzo durante el ejercicio. La intensidad del esfuerzo se calcula usando la fórmula siguiente:

$$\text{Intensidad del esfuerzo (potencia)} = \frac{\text{Fuerza x distancia}}{\text{Tiempo}} \text{ o fuerza x } \frac{\text{revolución}}{\text{min}} \text{ x } \frac{\text{metro}}{\text{revolución}}$$

Para el cicloergómetro, la fuerza se modifica ajustando la tensión de la cinta que rodea el volante. La distancia sobre el ergómetro Monarch es de 6 m por revolución puesto que cada vez que el pedal da una revolución completa el volante se desplaza (gira) 6 m. El componente *tiempo* se usa para determinar el ritmo y depende de las revoluciones que se completen por unidad de tiempo. Generalmente se usa un metrónomo o controlador de las revoluciones por minuto (rpm) para cuantificar el ritmo del pedaleo. Como ilustración, al final de la prueba de Åstrand sobre cicloergómetro un sujeto se ejercitaba con las intensidades de esfuerzo siguientes:

Fuerza = 3,5 kg
Distancia = 6 metros/revolución del volante de la bicicleta
Tiempo = 50 rpm
Intensidad del esfuerzo = 3,5 kg x 6 m/rev x 50 rpm
Intensidad del esfuerzo = 1,50 kgm.min^{-1}

La intensidad de esfuerzo calculada se emplea entonces para pronosticar el $\dot{V}O_2$máx. Siga los procedimientos que indicamos a continuación para la prueba de Åstrand sobre cicloergómetro. Registre sus datos en el Cuadro 5-2.

1. Forme grupos de dos. Calcule su FCmáx pronosticada en base a la sencilla ecuación de regresión siguiente: 220 menos la edad. Registre sus resultados en el Cuadro 5-2.
2. Calcule el 60 y el 70 % de su FCmáx pronosticada para su edad y correspondientes a sus cuentas del pulso durante 15 seg. Por ejemplo:

FCmáx pronosticada x 0,60 = 60 % FCmáx
FCmáx pronosticada x 0,70 = 70 % FCmáx
60 % FCmáx : 4 = cuenta del pulso durante 15 seg para el 60 % FCmáx
70 % FCmáx : 4 = cuenta del pulso durante 15 seg para el 70 % FCmáx

3. Ajuste la altura del sillín del cicloergómetro para que las rodillas estén casi extendidas cuando los pedales se hallen en su punto más bajo. Procure pedalear con las puntas de los pies sobre los pedales. El sillín generalmente se halla en su altura correcta si la pierna está recta cuando el talón del pie se encuentra situado sobre el pedal en su punto más bajo. Registre la altura del asiento en el Cuadro 5-2.
4. Si utiliza un metrónomo, establezca la cadencia a 100 ppm. Una cadencia de 100 ppm equivale a un ritmo de pedaleo de 50 rpm, si en cada golpe del metrónomo, un pedal se halla en el fondo de un golpe determinado hacia abajo.
5. Una vez haya alcanzado la cadencia adecuada, haga que su compañero ponga la resistencia al nivel de carga prescrito en el protocolo tal como se

indica en la Tabla 5-5. Su compañero debe medir su frecuencia cardíaca en esfuerzo en cada carga y registrar esta información en su hoja de datos.

Fuerza (kg)	Velocidad* (m.min⁻¹)	Intensidad de esfuerzo+ (kgm.min⁻¹)
0,5	300	150
1,0	300	300
1,5	300	450
2,0	300	600
2,5	300	750
3,0	300	900
3,5	300	1.050
4,0	300	1.200

*Velocidad: 50 rpm x 6 metros/rev = 300 metros/min
+Intensidad de esfuerzo: Fuerza x velocidad

Tabla 5-5
Intensidades de esfuerzo comunes
para la prueba de Åstrand

6. Comience a cronometrar cada fase después de haber establecido adecuadamente la intensidad del esfuerzo.
7. Pedalee en cada intensidad de esfuerzo durante 2 min. Haga que su compañero mida su pulso durante 15 seg antes de acabados los últimos 30 seg de cada fase de 2 min y que registre su intensidad de esfuerzo y su frecuencia cardíaca durante 15 seg en el Cuadro 5-2. Incremente la carga de esfuerzo después de cada fase tal como se indica en la Tabla 5-6 o en la 5-7. Continúe la prueba hasta alcanzar una carga de esfuerzo que produzca una cuenta del pulso (al 70 % FCmáx pronosticado para su edad).

Carga de trabajo inicial: 0,5 kg (150 kgm.min⁻¹)
Velocidad de pedaleo: 50 rpm
Tiempo de cada fase: 2 min
Durante los últimos 30 seg de cada fase, medir el pulso durante 15 seg.
Si la FC es < 70 % de la FC, incrementar la carga de trabajo en 0,5 kg y seguir pedaleando durante otros 2 min. Repetir la fase uno.
Si la FC ≥ 70 % de la FC, incrementar la carga de trabajo y seguir pedaleando hasta alcanzar un frecuencia cardíaca estable.

Fuente: Siconolfi (1982).

Tabla 5-6
Protocolo de Åstrand para mujeres y hombres de más de 35 años

---

Carga de trabajo inicial: 1 kg (300 kgm.min⁻¹)

Velocidad de pedaleo: 50 rpm

Tiempo de cada fase: 2 min

Durante los últimos 30 seg de cada fase, medir el pulso durante 15 seg.

Si la FC es < 70 % FC, incrementar la carga de trabajo en 0,5 kg y seguir pedaleando durante otros 2 min. Repetir la fase uno.

Si la FC >70 % FC, incrementar la carga de trabajo y seguir pedaleando hasta alcanzar una frecuencia cardíaca estable.

Fuente: Siconolfi (1982).

Tabla 5-7
Protocolo de Åstrand para hombres de menos de 35 años

8. Al acabar la prueba, registre su intensidad de esfuerzo final y su frecuencia cardíaca durante los 15 s finales en el Cuadro 5-2.

9. Reduzca la carga de esfuerzo del ergómetro a un nivel cómodo y realice una vuelta a la calma durante 2-3 min.

10. Convierta cada frecuencia cardíaca durante 15 seg en latidos por minuto (latidos.min⁻¹).

11. Usando el monograma de Åstrand (Figura 5-1), determine su capacidad aeróbica no ajustada (l.min⁻¹) a partir de su intensidad de esfuerzo y de su frecuencia cardíaca finales (latidos.min⁻¹). (Ver el ejemplo siguiente.) Registre sus resultados en el Cuadro 5-2.

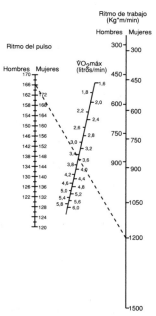

Figura 5-1. *Nomograma de Astrand.*

12. Multiplique su valor no ajustado de $\dot{V}O_2$máx por el factor apropiado de corrección según la edad de la Tabla 5-5 para corregir el valor de su $\dot{V}O_2$máx según la edad. Registre su valor de $\dot{V}O_2$máx ajustado según la edad en el Cuadro 5-2.
13. Convierta su valor de $\dot{V}O_2$máx ajustado según la edad de l.min^{-1} a ml.kg^{-1}.min^{-1}. (Vea el ejemplo posterior.)
14. Determine la clasificación de su fitness según el Cuadro (Tabla 5-1) del Cuadro 5-2.

Ejemplo de cálculo: Un hombre de 21 años tiene una carga de esfuerzo final de 1.200 kgm.min^{-1} y una frecuencia cardíaca final de 166 latidos.min^{-1}. ¿Cuál es su $\dot{V}O_2$máx pronosticado en ml.kg^{-1}.min^{-1}? suponiendo que tiene un peso corporal de 80 kg?

1. En el nomograma de Åstrand (Figura 5-1), véase el ejemplo de la línea de trazos. Esta línea se trazó con un borde recto a partir de la marca de la frecuencia cardíaca de los hombres de 166 latidos.min^{-1} hasta la marca de intensidad de esfuerzo de los hombres de 1.200 kgm.min^{-1}. Observar que la línea de trazos corta la línea del $\dot{V}O_2$máx en la marca de 3,6 l.min^{-1}. Este valor de 3,6 l.min^{-1} es el $\dot{V}O_2$máx no ajustado del sujeto.
2. Multiplique los tiempos del $\dot{V}O_2$máx no ajustado por el factor de corrección de la edad en la Tabla 5-4 para determinar la puntuación del $\dot{V}O_2$máx ajustado a la edad.

$$3,6 \text{ l.min}^{-1} \times 1,02 = 3,67$$

3. Convierta el valor ajustado (l.min^{-1}) en ml.kg^{-1}.min^{-1}.

$$\frac{3,67 \text{ l/min} \times 1.000 \text{ ml/l}}{80 \text{ kg}} = 45,8 \text{ ml.kg}^{-1}.\text{min}^{-1}$$

4. Determine la clasificación de su fitness en el cuadro normal (Tabla 5-1). La clasificación de su capacidad aeróbica es buena.

Notas:

1. Durante la carga de esfuerzo final, la frecuencia cardíaca estable se detecta dos cuentas secuenciales del pulso de 15 seg de duración; no difieren entre sí en más de 1 pulsación.
2. Siga pedaleando (a 50 rpm) cuando las cuentas del pulso se palpan y/o entre fases hasta que se alcanza la carga final del esfuerzo.
3. La prueba se termina a una carga de esfuerzo que produce un frecuencia cardíaca estable $\geq$ 70 % de la FCmáx pronosticado para la edad.
4. Palpe el pulso de su compañero en la arteria radial o en la arteria carótida. Presione suavemente para prevenir la oclusión del flujo de sangre.

Nombre: _____ Fecha: _____

Prueba del ciclo de Åstrand
Ejercicio

ESTACIÓN 2

Datos de la frecuencia cardíaca previa a la prueba

Altura del sillín: _____

FCmáx pronosticada para la edad (220 − edad): _____ latidos.min⁻¹

Factor de corrección de la edad: _____

60 % FCmáx: _____   latidos.min⁻¹ pulso durante 15 seg: _____

70 % FCmáx: _____   latidos.min⁻¹ pulso durante 15 seg: _____

Datos de la intensidad de esfuerzo y de la frecuencia cardíaca			
Tiempo (min)	*Intensidad del esfuerzo (kgm.min⁻¹)*	*Frecuencia cardíaca (15-segundos)*	*Frecuencia cardíaca (latidos.min⁻¹)*
0-2			
2-4			
4-6			
6-8			
8-10			

Capacidad aeróbica pronosticada:

$\dot{V}O_2$máx: _____ l.min⁻¹ (Ver la Figura 5-1)

$\dot{V}O_2$máx: _____ l.min⁻¹ (Ajustado a la edad)

$\dot{V}O_2$máx: _____ ml.kg⁻¹.min⁻¹

Clasificación de la capacidad aeróbica: _____

Cuadro 5-2
Hoja de datos de la prueba de Åstrand sobre cicloergómetro

Conclusiones de la investigación

1. ¿Cuál es su $\dot{V}O_2$máx estimado para la prueba de Åstrand sobre cicloergómetro? ¿Cuál es la categoría de su fitness en base a los resultados de esta prueba?
2. ¿Cuál es su consumo calórico máximo estimado (kcal.min^{-1}) en base a los resultados de esta prueba? Suponga que 1 litro de O_2 consumido = 5 kcal gastadas.
3. Si usted puede montar en una bicicleta al 70 % del $\dot{V}O_2$máx, ¿cuántos minutos de ejercicio necesitará para gastar 300 kcal?
4. Si usted puede ejercitarse al 85 % de su $\dot{V}O_2$máx en lugar del 70 %, ¿cuántos minutos menos serán precisos para gastar 300 kcal? Analice las implicaciones de sus descubrimientos.

ESTACIÓN 3

Prueba de andar de Rockport
y prueba de carrera de George-Fisher

Preguntas de investigación

1. ¿Pronostican las pruebas de andar y de carrera la capacidad aeróbica con una diferencia no superior a ± 5 ml.kg^{-1}.min^{-1} entre sí? Explique por qué las dos pruebas deben generar resultados similares y por qué pueden generar resultados diferentes.

2. Describa al menos dos razones por las que puede ser útil tener acceso tanto a la prueba de andar como a la de carrera para evaluar la capacidad aeróbica.

3. ¿Cree usted que las clases de fitness universitarias usan las pruebas de andar y de carrera submáximas en lugar de la prueba del rendimiento en la carrera de 2,4 km?

Recogida de datos

La estación 3 puede usarse como un ejercicio para hacer en casa cuando no hay tiempo suficiente para completar estas pruebas durante las horas de clase.

Prueba de andar de Rockport

La prueba de andar de Rockport es una prueba sencilla en la que el ritmo lo marca la persona que se somete a la prueba que casi todo aquel que puede andar es capaz de efectuar. El protocolo de la prueba requiere que una persona camine una milla (1,609 m) lo más deprisa posible y luego medir su frecuencia cardíaca y el tiempo que se ha tardado. Se ha desarrollado una ecuación de regresión que permite estimar la capacidad aeróbica en base a los resultados de la prueba de andar 1 milla.

Instrucciones (Kline y col., 1987):

1. En una pista de dimensiones conocidas, camine una milla (1,609 km) lo más deprisa posible. Si se trata de una pista estándar de múl-

tiples calles, ande por la calle interior. Al acabar, registre el tiempo anotando el minuto y la centésima de minuto más cercanos. Registre esta información en el Cuadro 5-3.

2. Mida el pulso durante 10 seg inmediatamente después de haber caminado una milla. Anote la información en el Cuadro 5-3. Usando la ecuación de regresión descrita más adelante, calcule su nivel relativo de fitness.

4. Determine su clasificación de fitness cardiorrespiratorio usando la norma.

$$\dot{V}O_2\text{máx} = 132,6 - (0,17 \times Pc) - (0,39 \times Edad) + (6,31 \times S) - (3,27 \times T) - (0,156 \times FC)$$

Donde: $\dot{V}O_2$máx = ml.kg^{-1}.min^{-1}
Pc = Peso corporal (kg)
Edad = Edad en años
Sexo (S) = 0 para las mujeres y 1 para los hombres
Tiempo (T) = Tiempo en andar 1 milla (00:00)
FC = Frecuencia cardíaca posterior al ejercicio (latidos.min^{-1})

Ejemplo de cálculo: Un hombre de 30 años de edad que pesa 68,2 kg camina 1 milla en 12 min 35 seg. ¿Cuál es su capacidad aeróbica en ml.kg^{-1}.min^{-1}? Supongamos que da una frecuencia cardíaca de 20 latidos en 10 seg inmediatamente después de haber caminado.

1. Convierta su tiempo de andar desde un valor 00:00 a un valor 00:00. Esto debe hacerse para permitir un cálculo numérico dentro de la ecuación de regresión siguiente.

El tiempo de andar de 12:35 se convierte en un valor de 00:00 cambiando la cifra de 35 seg a decimales. Esto se hace dividiendo 35 por 60.

$$35 \text{ segundos} \times \frac{1 \text{ minuto}}{60 \text{ segundos}} = 0,58 \text{ min}$$

Por tanto, el tiempo de prueba de 12:35 es de 12,58 min.

2. Convierta los datos de la frecuencia cardíaca a un ritmo por minuto. Por ejemplo:

$$\frac{20 \text{ latidos}}{10 \text{ segundos}} \times \frac{60 \text{ segundos}}{1 \text{ minuto}} = 120 \text{ latidos.min}^{-1}$$

3. Calcule el $\dot{V}O_2$máx pronosticado de una persona (capacidad aeróbica) usando la ecuación de regresión siguiente:

$$\dot{V}O_2\text{máx} = 132,6 - (0,17 \times Pc) - (0,39 \times Edad) + (6,31 \times S) - (3,27 \times T) - (0,156 \times FC)$$

$$\dot{V}O_2\text{máx} = 132,6 - (0,17 \times 68,2) - (0,39 \times 30) + (6,31 \times 1) - (3,27 \times 12,58) - (0,156 \times 120)$$

$$\dot{V}O_2\text{máx} = 55,77 \text{ ml.kg}^{-1}.\text{min}^{-1}$$

4. Nivel de Fitness: Excelente (Ver Tabla 5-1).

Prueba de carrera de George-Fisher

La prueba de carrera de George-Fisher es una prueba del fitness aeróbico diseñada para servir como una alternativa submáxima para la carrera de 2,4 km, una carrera de distancia empleándose a fondo. Las necesidades de equipo y de recogida de datos para la prueba de carrera son similares a las de las pruebas de andar. Se ha desarrollado una ecuación de regresión que estima la capacidad aeróbica de una persona en base a la frecuencia cardíaca en esfuerzo, el tiempo de la carrera, el sexo y el peso corporal. Recientemente, las investigaciones han demostrado que correr durante 2,4 km en una pista puede servir igual de bien para estimar la capacidad aeróbica ($\dot{V}O_2$máx) como la carrera de 1,5 millas.

Instrucciones:
1. Corra durante una milla a un ritmo moderado y constante. Puesto que esta prueba exige correr a una velocidad relativamente baja, deben satisfacerse los criterios siguientes para mantener la precisión de la prueba.

Indicación antes de la prueba: Antes de la prueba, corra dando una sola vuelta a la pista a una velocidad confortable. Si está por encima del tiempo permisible listado antes, este ritmo es apto para la prueba. Si la velocidad de carrera y la frecuencia cardíaca durante el calentamiento son apropiadas, proceda con la prueba de carrera de 1 milla. Asegúrese de mantener la misma velocidad de carrera a lo largo de toda la milla; no acelerar ni reducir la velocidad en ningún momento.

Criterio de velocidad: Los hombres deben correr a lo largo de la milla de modo que el tiempo empleado para ello sea por lo menos de 8:00 min o más. El tiempo para las mujeres debe ser al menos de 9:00 o más minutos. Si usted tarda menos del tiempo asignado para recorrer la milla corriendo, descanse y luego realice nuevamente la prueba a menor velocidad. En una pista de 400 m el menor tiempo aceptable sería de 2 min por vuelta para los hombres y de 2:15 min para las mujeres.

Criterio de la frecuencia cardíaca: 180 latidos.min^{-1} es el límite superior. Al final de la milla si su frecuencia cardíaca se eleva por encima de los 180 latidos.min^{-1}, descanse y luego realice nuevamente la prueba a menor velocidad.

2. Inmediatamente después de correr, tome su pulso durante 10 seg.
3. Registre el tiempo pasado corriendo en minutos:segundos.
4. Registre la cuenta de su pulso y el tiempo pasado en el Cuadro 5-3.
5. Usando la ecuación de regresión siguiente, calcule su nivel relativo de fitness (George y col. 1993). Muestre su trabajo.

$$\dot{V}O_2\text{máx} = 100,5 + (8,344 \times S) - (0,1636 \times Pc) - (1,438 \times T)$$
$$- (0,9128 \times FC)$$

Donde:　$\dot{V}O_2$máx = ml.kg^{-1}.min^{-1}
　　　　　Pc = Peso corporal (kg)
　　　Sexo (S) = 0 para las mujeres; 1 para los hombres
　Tiempo (T) = Tiempo en correr 1 milla (00:00)
　　　　　FC = Frecuencia cardíaca después del ejercicio (latidos.min^{-1})

6. Determine su clasificación del fitness aeróbico a partir de la Tabla 5-1. Observe que la prueba consistente en correr durante 1 milla fue desarrollada para individuos de edades comprendidas entre los 18 y los 29 años. Si usted tiene 30 o más años, ajuste la puntuación de su $\dot{V}O_2$máx según su edad con un factor hallado en la Tabla 5-4.

Ejemplo de cálculo: Supongamos que una mujer universitaria de 65,4 kg de peso realiza la prueba consistente en correr una milla en 9 min 47 seg. ¿Cuál es su capacidad aeróbica ($\dot{V}O_2$máx) en ml.kg^{-1}.min^{-1}? Supongamos que la medición de su frecuencia cardíaca después del ejercicio es de 27 latidos durante 10 seg inmediatamente después del ejercicio.

1. Convierta su tiempo de carrera desde un valor de 00:00 hasta un valor de 00:00. Esto debe hacerse para permitir un cálculo numérico dentro de la ecuación de regresión siguiente. Este tiempo de carrera de 9:47 se convierte en un valor 00:00 cambiando la cifra de 47 segundos a decimales. Esto se hace dividiendo 47 por 60.

$$47 \text{ segundos} \times \frac{1 \text{ minuto}}{60 \text{ segundos}} = 0,78$$

Por tanto, el tiempo 9:47 de la prueba es de 9,78 min.

2. Convierta el dato de la frecuencia cardíaca a un ritmo de latidos.min^{-1}. Por ejemplo:

$$\frac{27 \text{ latidos}}{10 \text{ segundos}} \times \frac{60 \text{ segundos}}{1 \text{ minuto}} = 162 \text{ latidos.min}^{-1}$$

3. Calcule el $\dot{V}O_2$máx pronosticado (capacidad aeróbica) de esta persona usando la siguiente ecuación de regresión:

$$\dot{V}O_2\text{máx} = 100,5 + (8,344 \times S) - (0,1636 \times Pc) - (1,438 \times T) - (0,1928 \times FC)$$

$$\dot{V}O_2\text{máx (ml.kg}^{-1}.\text{min}^{-1}) = 100,5 + (8,344 \times 0) - (0,1636 \times 65,4) - (1,438 \times 9,78) - (0,1928 \times 162)$$

$$\dot{V}O_2\text{máx} = 44,5 \text{ ml.kg}^{-1}.\text{min}^{-1}$$

Nivel de fitness: Bueno (Ver Tabla 5-1).

Nombre: _____   Fecha: _____

Prueba de Åstrand
Ejercicio

ESTACIÓN 3

Resultados de la prueba de andar de Rockport:

Tiempo de caminar 1 milla: _____ min:seg (00:00)

Tiempo de caminar 1 milla: _____ minutos (00:00)

Cuenta del pulso durante 10 segundos posterior al ejercicio: _____ latidos

FC posterior al ejercicio: _____ latidos.min^{-1}

Resultados de la capacidad aeróbica:

$\dot{V}O_2$máx = 132,6 - (0,17 x Pc) - (0,39 x Edad) + (6,31 x S) - (3,27 x T) - (0,156 x FC)

$\dot{V}O_2$máx: _____ ml.kg^{-1}.min^{-1}

Clasificación de la capacidad aeróbica: _____

Resultados de la prueba de carrera de George-Fisher:

Tiempo de carrera durante 1 milla: _____ min:seg (00:00)

Tiempo de carrera durante 1 milla: _____ minutos (00:00)

Cuenta del pulso posterior al ejercicio durante 10 segundos: _____ latidos

Ritmo del pulso posterior al ejercicio: _____ latidos.min^{-1}

Resultados de la capacidad aeróbica:

$\dot{V}O_2$máx = 100,5 + (8,344 x S) - (0,1636) Pc) - (1,438 x T) - (0,1928 x FC)

$\dot{V}O_2$máx: _____ ml.kg^{-1}.min^{-1}

Clasificación de la capacidad aeróbica: _____

Cuadro 5-3
Hoja de datos de los protocolos de la prueba de andar y correr

Conclusiones de la investigación

1. ¿Pronostican las pruebas de andar y correr la capacidad aeróbica con una diferencia entre ± 5 ml.kg^{-1}.min^{-1} entre una y otra? Explique por qué las dos pruebas deben generar resultados similares y por qué pueden generar resultados diferentes.

2. Describa al menos dos razones del porqué puede ser útil tener acceso a la prueba de andar y correr para evaluar la capacidad de resistencia cardiovascular.

3. ¿Cree usted que las clases de fitness universitarias deben usar las pruebas submáximas de andar y correr en lugar de la prueba consistente en correr 1,5 milla (1,609 km) con un rendimiento máximo? Justifique su respuesta.

Nombre: _____   Fecha: _____

Resumen del laboratorio 5

Describa varias maneras posibles de aplicar la información aprendida en esta práctica en el campo de interés elegido por usted y/o en su vida personal. Intente ser específico y ponga ejemplos prácticos.

Nombre: _____ Fecha: _____

6. Composición corporal
Ejercicio previo a la práctica

1. ¿Cuál es el índice de la estatura al cuadrado de una mujer de 1,83 m? ¿Cuál es el porcentaje pronosticado de grasa suponiendo que pese 100 kg? Exponga su trabajo.

2. Un hombre de 1,78 m, de 25 años de edad y de 93 kg de peso mide 107 cm de cintura y 91 cm de cadera. ¿Cuál es su índice de masa corporal y su relación cintura-cadera?

3. Una mujer de 175 cm de estatura tiene una cintura y unas caderas cuyas circunferencias miden respectivamente 89 cm y 114,3 cm. ¿Cuál es su porcentaje pronosticado de grasa corporal? Exponga su trabajo.

4. A un hombre de 45 años de edad se le miden tres pliegues cutáneos que en total suman 45 mm. ¿Cuál es su densidad corporal pronosticada y el porcentaje estimado de grasa corporal? Exponga su trabajo.

5. ☐ Ponga una cruz en el recuadro si ha leído usted todas las preguntas y está familiarizado con los procedimientos de recogida de datos relativos a cada cuestión de investigación.

6

COMPOSICIÓN CORPORAL

PROPÓSITO

El propósito de esta práctica es introducir varios métodos usados para evaluar la composición corporal.

OBJETIVOS DE APRENDIZAJE PARA EL ESTUDIANTE

1. Poder describir los puntos fuertes y débiles de varios métodos de valoración de la composición corporal.
2. Poder medir la composición corporal con métodos comunes de predicción.

EQUIPO NECESARIO

Cintas de medición.
Tallímetro.
Báscula.
Lipómetros.
Equipo de pesaje hidrostático.

PREPARACIÓN PREVIA A LA PRÁCTICA

Al prepararse para una evaluación de la composición corporal:

- Evitar los ejercicios agotadores el día anterior a la prueba.
- Uniformar el consumo de alimentos 24 horas antes de la prueba.
- Evitar los medicamentos y el alcohol que pueden alterar los niveles normales de agua dentro del cuerpo.
- Vestir ropa que no dificulte los movimientos del cuerpo.
- Mantener niveles normales de agua en el cuerpo (procurando evitar la retención de líquidos).

La composición corporal hace referencia a la composición de los varios componentes del cuerpo humano.

En la ciencia del ejercicio existen dos componentes principales del cuerpo que tienen interés: la masa magra (músculos, huesos, órganos, agua, etc.) y la masa grasa. Una persona que tiene una gran cantidad de masa corporal magra en comparación con su masa grasa es considerada delgada. A la inversa, una persona que tiene un exceso de grasa corporal en comparación con la masa magra es considerada obesa.

Una evaluación de la composición corporal puede facilitar valiosa información sobre estos dos importantes componentes del cuerpo humano.

La composición corporal de un individuo afecta directamente a su capacidad para moverse. Por ejemplo, mientras que por un lado es muy importante para el organismo humano, el peso graso es un tejido no contráctil y por tanto dificulta los movimientos del cuerpo en muchos aspectos de la vida tales como la actividad diaria, los juegos recreativos y la competición deportiva. Por otro lado, los músculos esqueléticos son beneficiosos puesto que son un tejido contráctil que sirve para mover el cuerpo. En términos de ejercicios en los que hay que sostener el peso del propio cuerpo, una persona puede maximizar el rendimiento si puede lograr un equilibrio adecuado entre el peso magro y el peso graso. Por ejemplo, un hombre que pesa 90 kg y tiene un 15 % de grasa corporal (% GC) podrá moverse mejor que un hombre de 90 kg con un 30 % de GC. El hombre más magro tendrá relativamente más masa muscular para mover su cuerpo que el hombre más gordo.

Es erróneo pensar que un cuerpo libre de grasa es ideal, incluso para un deportista. El cuerpo humano requiere algo de grasa para funcionar adecuadamente y la grasa esencial representa típicamente entre el 3 y el 5 % del peso corporal para los hombres y entre el 10 y el 14 % para las mujeres.

Existen varias razones prácticas para medir la composición corporal.

1. Algunos individuos creen que son obesos cuando en realidad no lo son; a la inversa, algunos piensan que son delgados cuando lo cierto es lo contrario. Una prueba para determinar la composición corporal, si es precisa, puede indicarle a una persona si existe o no un problema de composición que precisa ser tratado.

2. Basándose en los resultados de una prueba de composición corporal, puede perfilarse un prudente plan para mejorarla o mantenerla. En consecuencia, pueden establecerse objetivos realistas y alcanzables.

3. Las mejoras y/o las regresiones en el estado de la composición corporal de una persona pueden controlarse a lo largo del tiempo para poder perfilar su progreso. Este conocimiento puede proporcionar el entusiasmo preciso para continuar participando en los programas de ejercicios.

Para muchos individuos, la relación entre peso corporal y grasa corporal es positiva, es decir, cuando el peso corporal aumenta, la grasa corporal también aumenta. Sin embargo, hay excepciones a esta regla general. Por ejemplo, ciertos individuos que incrementan su tejido magro (músculos o huesos) mediante el ejercicio regular y agotador con frecuencia muestran una relación inversa entre peso corporal y grasa corporal. Además, los individuos delgados y sedentarios que tienen poco peso corporal, pero cantidades relativamente elevadas de grasa también confunden la relación entre peso corporal y grasa corporal. Tales individuos pueden tener una apariencia enjuta y de estar en buena forma, pero tienen los músculos atrofiados y un exceso de grasa debido a falta de ejercicio y/o a malos hábitos dietéticos.

Puesto que las mediciones del peso corporal pueden ser muy engañosas, cuando se controlan los efectos del entrenamiento físico o de la modificación de la nutrición, son aconsejables las pruebas de composición corporal. Las mediciones del peso corporal en sí mismas son inefectivas al controlar los cambios en la composición corporal puesto que las reducciones en el peso no siempre son indicativas de reducciones en la grasa corporal, y un incremento en el peso puede ser la consecuencia de un incremento en la masa muscular. ¿Queda claro el porqué las básculas no son un instrumento válido de medición de la grasa corporal e ineficaces para controlar los cambios en la composición corporal?

Hay muchos tipos diferentes

Hombres				
Edad	*Ideal*	*Buena*	*Moderada*	*Grasa*	*Obesa*
< 19	12	12,5-17,0	17,5-22,0	22,5-27,0	27,5+
20-29	13	13,5-18,0	18,5-23,0	23,5-28,0	28,5+
30-39	14	14,5-19,0	19,5-24,0	24,5-29,0	29,5+
40-49	15	15,5-20,0	20,5-25,0	25,5-30,0	30,5+
50+	16	16,5-21,5	22,0-26,0	26,5-31,0	31,5+
Mujeres				
< 19	17	17,5-22,0	22,5-27,0	27,5-32,0	32,5+
20-29	18	18,5-23,0	23,5-28,0	28,5-33,0	33,5+
30-39	19	19,5-24,0	24,5-29,0	29,5-34,0	34,5+
40-49	20	20,5-25,0	25,5-30,0	30,5-35,0	35,5+
50+	21	21,5-26,5	26,5-31,0	31,5-36,0	36,5+

*Porcentaje redondeado de grasa al 0,5 % más próximo. La clasificación ideal se basa en el fitness relacionado con la salud, el rendimiento deportivo en sí.
Fuente: Hoeger (1989).

Tabla 6-1
Clasificación de la composición corporal según el porcentaje de grasa corporal

de pruebas que pronostican o estiman el porcentaje de grasa corporal. Las pruebas de predicción son generalmente rápidas y relativamente fáciles de ejecutar, baratas, y se usan para probar en masa a grandes grupos de personas. Tales ventajas son muy atractivas en muchos centros de salud y de fitness. Sin embargo, las pruebas de predicción son inherentemente menos precisas que el pesaje hidrostático, suponiendo que ambas pruebas se administren adecuadamente.

PESAJE HIDROSTÁTICO

El pesaje hidrostático se basa en principios de densiometría, la medición de la densidad corporal. La base subyacente para este método es que la densidad corporal es inversamente proporcional al porcentaje de grasa corporal. Dicho de otro modo, cuando la densidad corporal aumenta, el porcentaje de grasa disminuye.

La densidad corporal se define como *masa por unidad de volumen*. En la medición de la densidad corporal, la masa puede medirse fácilmente con una báscula estándar de peso. El volumen corporal, por otro lado, es más difícil de medir porque requiere la utilización del principio de Arquímedes de desplazamiento del agua. (Por favor, revise el material de referencia para más información sobre la medición del volumen corporal.)

Un modo sencillo de conceptualizar el pesaje hidrostático es entender que la grasa flota en el agua y que la masa magra (músculos, huesos, etc.) se hunde. Si una persona se hunde fácilmente en el agua, probablemente es que tiene una alta proporción de peso magro respecto al peso graso. A la inversa, si una persona flota en el agua después de una espiración completa, es probable que exista un alto porcentaje de grasa en todo el cuerpo.

Aunque el pesaje hidrostático es la prueba estándar para el análisis de la composición corporal, también estima solamente los niveles actuales de grasa corporal. El único modo de obtener una medición exacta de la grasa corporal es extraer y medir toda la grasa de un cadáver. Puesto que el pesaje hidrostático es un medio no invasivo válido de valoración de la composición corporal, los científicos del ejercicio continúan usándolo como el método estándar de medición de la composición corporal. La mayoría de los demás métodos de medición de la composición corporal (por ejemplo, las mediciones de los pliegues cutáneos, la impedancia eléctrica, etc.) son validados en referencia a los resultados del pesaje hidrostático.

En la mayoría de las circunstancias, el pesaje hidrostático es el método preferido para el análisis de la composición corporal; sin embargo, varios factores limitan su uso general. Por ejemplo, la prueba requiere administradores adiestrados y un equipo especial; exige tiempo y puede ser de realización un tanto incómoda; y ciertas personas lo pasan mal cuando se someten a la prueba debido a que padecen hidrofobia o por ser incapaces de espirar completamente.

Puesto que el pesaje hidrostático es el método estándar de medición de la composición corporal, los métodos nuevos se validan según su capacidad para pronosticar los resultados del pesaje hidrostático. (Ver capítulo 1.) Por ejemplo, los métodos 3 y 5 de medición de los pliegues cutáneos usados en esta práctica guardan correlación con el pesaje hidrostático de 0,85-0,90. El SEE para los pliegues cutáneos es aproximadamente del 3-4 % de la GC dependiendo de los lipómetros usados, la obesidad del sujeto y la experiencia del administrador.

REFERENCIAS SELECCIONADAS

Adams, G.M. (1990). *Exercise Physiology Lab Manual*. Dubuque Iowa: Wm. C. Brown Publishers, pp: 187-225.

American College of Sports Medicine (1991). *Guidelines of Exercise Testing and Prescription* (4.ª edición). Philadelphia: Lea & Febiger, pp: 43-48.

Behnke, A.R., and J.H. Wilmore (1974). *Evaluation and Regulation of Body Build and Composition*. Englewood Cliffs, New Jersey: Prentice Hall.

Brozek, J., F. Grande, J. Anderson, and A. Keys (1963). Densitometric analysis of body composition: revision of some quantitative assumptions. *Annals of the New York Academy of Sciences* 110: 113-140.

DeVries, H.A. (1986). *Physiology of Exercise: For Physical Education and Athletics* (4.ª edición). Dubuque, Iowa: Wm, C. Brown Publishers, pp:338-344.

Digirolamo, M. (1986, March). Body composition-roundtable. *The Physician and Sportsmedicine* 14: 144-162.

Fisher, A.G., and C.R. Jensen (1990). *Scientific Basis of Athletic Conditioning* (3.ª edición). Philadelphia: Lea & Febiger, pp: 257-259.

Fitness and Amateur Sport Canada (1986). *Canadian Standarized Test of Fitness* (3rd edition). Philadelphia: Lea & Febiger, pp: 257-259.

Fox, E.L., R.W. Bowers, and M.L. Foss (1988). *The Physiological Basis of Physical Education and Athletics* (4.ª edición). Philadelphia: Saunders College Publishing, pp: 564-570.

Goldman, H.L. and M.R. Becklace (1959). Respiratory function tests: normal values of medium altitude and the prediction of normal results. *Am. Rev. Tuber. Respir. Dis.* 79:457-469.

Heyward, V.H. (1991). *Advanced Fitness Assessment and Exercise Prescription*. Champaign, Illinois: Human Kinetics, pp:17-69.

Hoeger, W.W.K. (1989). *Lifetime Physical Fitness and Wellness: A Personalized Program*. Englewood, Colorado: Morton Publishing Company, pp:101-115.

Howley, E.T., and D.B. Frank (1992). *Health Fitness Instructor's Handbook* (2.ª edición). Champaign, Illinois: Human Kinetics, pp: 116-125.

Jackson, A.S., and M.L. Pollock (1978). Generalized equations for predicting body density of men. *British Journal of Nutrition* 40: 497-504.

Katch, F.I., T. Hortobagyi, and T. Denahan (1989). Reliability and validity of a new method for the measurement of total body volume. *Research Quarterly for Exercise and Sport* 60(3):286-291.

Keys, A., F. Fidanza, M.J. Karvonen, N.Kimura, and H.L. Taylor (1972). Relative merits of the weight-corrected-for-height indices. *The American Journal of Clinical Nutrition* 34:2521-2529.

Lohman, T.G. (1981). Skinfolds and body density and their relation to body fatness: a review. *Hum Biology* 53(2):181-225.

Lamb, D.R. (1984). *Physiology of Exercise: Responses and Adaptations* (2nd edition). New York: Macmillan Publishing Company, pp:114-121.

McArdle, W.D., F.I. Katch, and V.L. Katch (1991). *Exercise Physiology: Energy, Nutrition, and Human Performance* (3.ª edición). Philadelphia: Lea & Febiger, pp: 599-633.

Noble, B.J. (1986). *Physiology of Exercise and Sport*. St. Louis, Missouri: Times Mirror/Mosby College Publishing, pp: 325-333, 349-355.

Penrose, K.W., A.G. Nelson, and A.G. Fish (1985). *Generalized Body Composition Prediction Equation for Men Using Simple Measurement Techniques*. Unpublished doctoral dissertation.

Pollock M.L., J.H. Wilmore, and S.M. Fox (1990). *Exercise in Health and Disease. Evaluation and Prescription for Prevention and Rehabilitation*. Philadelphia: Saunders College Publishing.

Powers, S.K., and E.T. Howley (1990). *Exercise Physiology: Theory and Application to Fitness and Performance*. Dubuque, Iowa: Wm. C. Brown Publishers, pp:381-389.

Siri, W.E. (1961). Body composition from fluid spaces and density: analysis of methods. In: Brozek, J., and Henshel, A. eds, *Techniques for Measuring Body Composition*. Washington, DC: National Academy of Sciences-National Research Council, pp:223-244.

Wehrs, P.R., J.D. George, C. Payne, J. Peugnet, G.R.Bryce, G.W. Fellingham, and A. Fisher (1993). Reliability of nearinfrared interactance, electrical impedance, and bottle buoyancy in determining body composition. *Medicine and Science in Sport and Exercise* 25(5):5, Abstract #29.

Wilmore, J.H., and D.L. Costill (1988). *Training for Sport and Activity: The Physiological Basis of the Conditioning Process* (3.ª edición). Dubuque, Iowa: Wm. C. Brown Publishers, pp:375-384.

ESTACIÓN 1

Métodos de predicción de la composición corporal

Preguntas de investigación

1. ¿Cómo es su IMC en comparación con la relación cadera-cintura? ¿Existe alguna relación lógica entre estas dos mediciones? ¿Cree usted que es posible que alguien pueda tener un IMC normal, y tener una relación cadera-cintura elevada? ¿Qué prueba cree usted que es más útil al medir el fitness relativo a la salud? Explíquese.

2. Si el departamento de Educación Física/Ciencia del Ejercicio requiriese que todos los licenciados especializados tuviesen un porcentaje de grasa corporal superior al 15 % en los hombres y superior al 22 % en las mujeres, ¿satisfaría usted este requisito para licenciarse usando el índice de estatura al cuadrado, las mediciones de las circunferencias y las mediciones de pliegues cutáneos? Al dar su respuesta facilite un resumen de sus resultados. ¿Cree usted que éste es un requisito razonable? ¿Por qué y por qué no? ¿Cree usted que es justo establecer las mismas normas de composición corporal para alistarse en las fuerzas armadas? Justifique su respuesta.

3. Compare los resultados de las mediciones de los pliegues cutáneos $\Sigma 3$ y $\Sigma 7$. ¿Pronostican densidades corporales similares? ¿Pronostican valores similares de porcentaje de grasa corporal? ¿Deberían hacerlo? ¿Por qué y por qué no? ¿Cuáles son algunas de las fuentes de error de la técnica de los pliegues cutáneos?

Recogida de datos

1. Con un compañero, realice cada una de las pruebas de predicción descritas a continuación.
2. Anote sus resultados en la hoja de datos apropiada.

Índice de masa corporal (IMC)

El IMC es una simple relación entre el peso y la estatura. La teoría que hay detrás de este método es que las proporciones peso/estatura en la población

general tienen una relación positiva con el porcentaje de grasa corporal. El IMC se usa comúnmente como indicador de la obesidad y está correlacionado con un mayor riesgo de enfermedades cardiovasculares.

1. Mida su peso corporal (kg) y su estatura (m).
2. Calcule su IMC en base a la fórmula siguiente.

IMC = Peso corporal (kg) ÷ Estatura^2 (metros)

3. Registre sus resultados en el Cuadro 6-1.

Ejemplo de cálculo: ¿Cuál es el IMC de un hombre de 76 pulgadas de estatura y que pesa 187 lb? Identifique la categoría de la obesidad usando el IMC.

1. Convierta su estatura corporal en metros y el peso corporal en kg.

$$76 \text{ pulgadas} \times \frac{2,54 \text{ cm}}{1 \text{ pulgada}} = 193,0 \text{ cm} \times \frac{1 \text{ metro}}{100 \text{ cm}} = 1,93 \text{ m}$$

$$187 \text{ lb} \times \frac{0,4536 \text{ kg}}{1 \text{ libra}} = 84,8 \text{ kg}$$

2. Calcule su IMC. Aunque los valores unitarios para el IMC sean kg/m^2, el índice se da generalmente sin valores unitarios.

$$\text{IMC} = \text{Pc} \div \text{Ec}^2 = 84,8 \text{ kg} \div 1,93^2 = 22,76$$

3. Categoría de la obesidad = No obeso.

Clasificación	Hombres	Mujeres
No obeso	< 25	< 27
Moderadamente obeso	25-30	27-30
Obeso	> 30	> 30

Fuente: Adaptado de DiGirolamo (1986).

Tabla 6-2
Normas del índice de masa corporal

Relación cintura/cadera

La relación cintura/cadera (Ci/Ca) es un índice utilizado para estimar el riesgo de padecer enfermedades cardiovasculares asociado con la obesidad. Se ha descubierto que una relación elevada (es decir, cantidades relativamente altas de grasa localizada en el área abdominal) impone un mayor riesgo de enfermedades cardiovasculares que una relación pequeña.

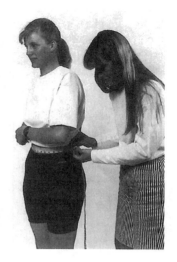

1. Hágase medir la cintura o circunferencia abdominal por un compañero debajo de la caja torácica y por encima del ombligo.
2. Con los pies juntos, hágase medir la cadera o circunferencia glútea por un compañero en la parte más grande (protusión posterior más grande) de los glúteos.
3. Calcule su relación dividiendo la medición de la cintura por la medición de la cadera. Asegúrese de que usa los mismos valores unitarios (pulgadas o centímetros) para cada medición.
4. Registre sus resultados en el Cuadro 6-1.

Ejemplo de cálculo: ¿Cuál es la relación Ci/Ca de una mujer de 25 años que tiene una medición de cintura de 81 cm y una medición de la cadera de 107 cm? ¿Cuál es su clasificación normal porcentual cintura/cadera? ¿Se halla su medición dentro de una zona estimada como de riesgo para la salud (Tabla 6-3)?

1. $\text{Ci/Ca} = \dfrac{\text{Medición de la cintura}}{\text{Medición de la cadera}} =$

$$= \frac{81 \text{ cm}}{107 \text{ cm}} = 0,76$$

2. Clasificación de la norma porcentual: porcentaje del 40 %. No.

	15-19 a		20-29 a		30-39 a		40-49 a		50-59 a		60-69 a	
Percentil	V	M	V	M	V	M	V	M	V	M	V	M
95	0,73	0,65	0,76	0,65	0,80	0,66	0,81	0,66	0,82	0,67	0,84	0,71
90	0,75	0,67	0,80	0,67	0,81	0,68	0,83	0,69	0,85	0,71	0,88	0,73
85	0,76	0,68	0,81	0,68	0,82	0,69	0,84	0,71	0,87	0,72	0,89	0,74
80	0,77	0,69	0,81	0,69	0,83	0,71	0,86	0,72	0,89	0,73	0,90	0,75
75	0,79	0,71	0,82	0,71	0,84	0,72	0,87	0,73	0,89	0,74	0,90	0,76
70	0,80	0,72	0,83	0,72	0,84	0,73	0,88	0,74	0,90	0,75	0,91	0,77
65	0,81	0,73	0,83	0,73	0,85	0,74	0,89	0,75	0,91	0,76	0,92	0,78
60	0,81	0,73	0,84	0,73	0,86	0,75	0,90	0,76	0,92	0,77	0,93	0,79
55	0,82	0,74	0,85	0,74	0,87	0,75	0,91	0,76	0,92	0,77	0,94	0,80
50	0,83	0,75	0,85	0,75	0,88	0,76	0,92	0,77	0,93	0,78	0,94	0,81
45	0,83	0,75	0,86	0,76	0,89	0,77	0,92	0,78	0,94	0,79	0,95	0,82
40	0,84	0,76	0,87	0,76	0,90	0,78	0,93	0,79	0,95	0,80	0,96	0,83
35	0,85	0,77	0,87	0,77	0,91	0,78	0,94	0,79	0,95	0,81	0,97	0,84
30	0,85	0,78	0,88	0,78	0,92	0,79	0,95	0,80	0,96	0,82	0,98	0,85
25	0,86	0,78	0,89	0,78	0,93	0,80	0,95	0,82	0,98	0,84	0,99	0,86
20	0,87	0,79	0,91	0,79	0,94	0,81	0,97	0,84	0,99	0,85	1,00	0,87
15	0,87	0,80	0,93	0,80	0,95	0,83	0,99	0,86	1,01	0,86	1,02	0,88
10	0,88	0,82	0,94	0,82	0,96	0,85	1,01	0,87	1,02	0,88	1,03	0,91
5	0,92	0,86	0,96	0,85	1,01	0,87	1,03	0,92	1,04	0,92	1,04	0,94

Porcentaje y zonas de riesgo asociadas para la salud por grupos de edad y sexo.
☐ = Zonas estimadas como de riesgo para la salud en base a tendencias mostradas por los datos sobre morbilidad y mortalidad.

Fuente: Adaptado de *Canadian Standardized Test of Fitness (CSFT) Operations Manual* (3.ª edición), 1986. Usada con permiso de la Canadian Society for Exercise en cooperación con el gobierno de Canadá.

Tabla 6-3
Datos normativos de la relación cintura/cadera
(Normas de la relación abdominal/glútea)

Índice de estatura al cuadrado

El índice de estatura al cuadrado se basa en una fórmula de regresión simple (Behnke y Wilmore, 1974) que estima la masa corporal magra (MCM) en base a la estatura corporal. La teoría que subyace debajo de esta prueba es que el peso corporal, en la población general, tiene una relación positiva con el peso corporal magro.

1. Quítese los zapatos y mida su estatura redondeándola hasta el cuarto de pulgada más próximo. Mida también su peso corporal redondeándolo hasta el cuarto de libra más próximo.

2. Convierta la estatura a decímetros (1 pulgada = 2,54 cm = 0,254 dm) y convierta las lb en kilogramos (1 libra = 0,4356 kg).
3. Use la ecuación de regresión apropiada para calcular la MCM
   Hombres: MCM (kg) = 0,204 x Ec^2 (estatura en decímetros).
   Mujeres: MCM (kg) = 0,18 x Ec^2 (estatura en decímetros).

4. Porcentaje de grasa = $\dfrac{\text{Peso corporal (kg) - MCM (kg)}}{\text{Peso corporal (kg)}}$ x 100

5. Registre sus resultados en el Cuadro 6-1.

Ejemplo de cálculo: ¿Cuál es el índice de estatura al cuadrado de un hombre de 21 años de 72 pulgadas (183 cm) de estatura? ¿Cuál sería su porcentaje GC si pesase 95 kg?

MCM (kg) = 0,204 x (72 pulgadas
   x 0,254 dm/pulgadas)^2 = 68,22 kg

% GC = $\dfrac{95 \text{ kg - 68,228 kg}}{95 \text{ kg}}$ x 100 = 28,18 % GC

Mediciones de circunferencias
La medición de circunferencias de partes específicas del cuerpo pueden usarse para pronosticar el porcentaje GC, puesto que se supone que estas medidas tienen una relación positiva con el porcentaje de grasa corporal. Por tanto, cuando las circunferencias corporales aumentan, se supone que los niveles de grasa corporal también aumentan.

1. Haga que un compañero le mida las circunferencias relacionadas más adelante. Use una cinta métrica y tire de la cinta leve pero firmemente alrededor de las áreas que hay que medir. Asegúrese de mantener el nivel de la cinta durante la medición y si es posible deberán tomarse las medidas sobre la piel desnuda. Mídanse los mismos lugares dos o tres veces y anote los promedios de los resultados sobre el Cuadro 6-1.

   Las circunferencias masculinas son:
   Las muñecas (CM): Mida alrededor de las muñecas justo en los procesos radial distal y cubital estiloides.
   El abdomen (CA): Mida alrededor del abdomen a nivel del ombligo.

Las circunferencias femeninas son:
El abdomen (CA): Mida alrededor del abdomen a nivel del ombligo.
Las caderas (CC): Mida alrededor de la cadera o de las nalgas en el punto en que la circunferencia es máxima. Haga que el sujeto esté de pie con los pies juntos.

2. Calcule su porcentaje GC pronosticada con la apropiada ecuación de regresión específica del sexo siguiente. Observe que cada ecuación está diseñada para individuos en edad universitaria.

Hombres (Penroe, Nelson, y Fisher, 1985):

$$MCM \ (kg) = 41,955 + (1,03876 \ x \ PC) - (0,82816 \ x \ (CA \longrightarrow CM))*$$

$$\% \ GC = \frac{\text{Peso corporal - Peso corporal magro}}{\text{Peso corporal}}$$

Mujeres:

$$\% \ GC = (0,55 \ x \ CC) - (0,24 \ x \ Ec) + (0,28 \ X \ CA) - 8,43$$

Donde: PC = Peso corporal (kg)
CA = Circunferencia abdominal
CM = Circunferencia de la muñeca (cm)
CC = Circunferencia de las caderas (cm)
Ec = Estatura corporal (cm)

*Cortesía de Richard W. Coté y Jack H. Wilmore

3. Registre sus resultados en el Cuadro 6-1.

Ejemplo de cálculo: Una mujer de 25 años mide 65 pulgadas (165 cm) de estatura, tiene una circunferencia abdominal de 70 cm y una circunferencia de cadera de 90 cm. ¿Cuál es su porcentaje pronosticado de grasa corporal?

1. Convierta su estatura en pulgadas a centímetros.

$$65 \ \text{pulgadas} \ x \ \frac{2,54 \ cm}{1 \ \text{pulgada}} = 165,1 \ cm$$

2. Calcule su porcentaje GC usando la ecuación de regresión de la circunferencia.

% GC = (0,55 x CC) - (0,24 x Pc) + (0,28 x CA) - 8,43
% GC = (0,55 x 90) - (0,24 x 165,1) + (0,28 x 70) - 8,43
% GC = 21 %
Clasificación = Buena

Mediciones de los pliegues cutáneos

La medición de los pliegues cutáneos se usa para pronosticar la densidad corporal o el porcentaje de grasa corporal. Se supone que la grasa subcutánea tiene una relación positiva con la grasa corporal total (es decir, cuando la grasa corporal subcutánea aumenta, la grasa corporal total aumenta). La suma de varios pliegues cutáneos se usa para pronosticar el porcentaje GC o densidad corporal determinada por el pesaje hidrostático. Los resultados de la grasa corporal se obtienen usualmente empleando ecuaciones de regresión o nomogramas.

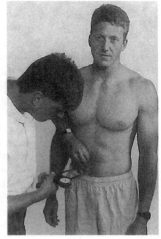

1. Haga que un compañero tome las mediciones apropiadas de los pliegues cutáneos en los puntos relacionados antes. Observe que los hombres y las mujeres tienen mediciones en determinados puntos que son específicos de su sexo.

   Técnica de los pliegues cutáneos: Mida el grosor de un pliegue cutáneo en el lado *derecho* del cuerpo. Pellizque firmemente la piel y la grasa subcutánea entre el pulgar y el dedo índice. Abra el lipómetro y mida el pliegue de la piel aproximadamente 1 cm por debajo de los dedos y con una profundidad aproximada de 1 cm en el pliegue. No suelte el pliegue de la piel de entre sus dedos mientras el lipómetro está adherido a la piel. Procure pellizcar toda la grasa. Puede pedirle a su sujeto que contraiga el músculo sito debajo del

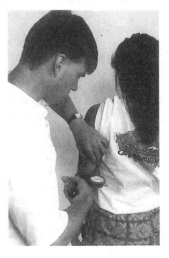

pliegue de la piel para que resulte más fácil pellizcar la grasa subcutánea. Observe que el pliegue debe seguir la división natural de la piel y que normalmente será paralela al músculo sito inmediatamente debajo de su punto de medición (es decir, el músculo tríceps y el pliegue de la piel del tríceps son paralelos entre sí).

Tome tres mediciones, con una separación mínima de 15 seg entre ellas, en cada uno de los lugares en que mida los pliegues cutáneos. Puede usted efectuar sus mediciones de los pliegues cutáneos en circuito, es decir, rotar de un lugar a otro para dejar pasar un intervalo de 15 seg entre cada medición de un lugar concreto. Las mediciones del lipómetro deben redondearse hasta el medio milímetro más próximo (por ejemplo, Lange) o décima de milímetro (por ejemplo, Harpenden). Registre el promedio de las tres mediciones de cada pliegue cutáneo en el Cuadro 6-2.

Puntos clave de medición de los pliegues cutáneos

Pecho: Un pliegue diagonal tomado a la mitad de la distancia entre la línea axilar anterior y el pezón

Axila: Un pliegue vertical sobre la línea axilar media al nivel del proceso xifoide del esternón.

Tríceps: Un pliegue vertical sobre la línea media posterior de la parte superior del brazo, a medio camino entre el proceso del acromion y del olécranon.

Subescápula: Un pliegue diagonal desde el borde vertebral hasta 1-2 cm por debajo del ángulo escapular inferior.

Abdominal: Un pliegue vertical tomado a una distancia lateral de aproximadamente 2 cm del ombligo.

Suprailíaco: Un pliegue diagonal por encima de la cresta del ilion en el punto en que se trazaría una línea imaginaria desde la línea axilar anterior.

Muslo: Un pliegue vertical sobre el aspecto anterior del muslo, a medio camino entre el ligamento inguinal y el borde proximal de la rótula. Observe: El punto medio del ligamento inguinal se halla a medio camino entre la espina ilíaca anterosuperior y la sínfisis púbica.

2. La suma de tres pliegues cutáneos ($\Sigma 3$) y siete ($\Sigma 7$) se usa frecuentemente para pronosticar la densidad corporal. Calcule la densidad corporal (Dc) con las ecuaciones apropiadas de los pliegues cutáneos $\Sigma 3$ y $\Sigma 7$ (Pollock, Wilmore y Fox, 1990) relacionadas a continuación:

Hombres:
$$\text{Dc } (\Sigma 3) = 1{,}10938 - (0{,}0008267 \times \Sigma 3) + (0{,}0000016 \times \Sigma 3^2) - (0{,}0002574 \times \text{edad})$$
$$\text{Dc } (\Sigma 7) = 1{,}1120 - (0{,}00043499 \times \Sigma 7) + (0{,}00000055 \times \Sigma 7^2) - (0{,}00028826 \times \text{edad})$$

Mujeres:
Dc ($\Sigma3$) = 1,0994921 - (0,0009929 x $\Sigma3$) + (0,0000023 x $\Sigma3^2$)
  - (0,0001392 x edad)
Dc ($\Sigma7$) = 1,0970 - (0,00046971 x $\Sigma7$) + (0,00000056 x $\Sigma7^2$)
  - (0,00012828 x edad)

Dc = Densidad corporal
$\Sigma3$ = Suma de los pliegues cutáneos del pecho, abdomen y muslos (mm) para los hombres
$\Sigma3$ = Suma de los pliegues cutáneos del tríceps, suprailíaco y muslo (mm) para las mujeres
$\Sigma7$ = Suma de los pliegues cutáneos del pecho, axila, tríceps, subescápula, abdomen, suprailíaco y del muslo (mm) para hombres y mujeres

3. Calcule el porcentaje GC a partir de la siguiente ecuación de Siri para la densidad corporal (Siri, 1961):
   % GC = ((4,95/Dc) - 4,50) x 100

4. Registre sus resultados en el Cuadro 6-3.

Ejemplo de cálculo: A una mujer de 22 años se le miden 3 pliegues cutáneos de 55 mm y 7 pliegues cutáneos de 105 mm. ¿Cuál es su densidad corporal y su porcentaje de grasa corporal estimados?

Dc ($\Sigma3$) = 1,0994921 - (0,0009929 x 55) + (0,0000023 x 55^2)
  - (0,0001392 x 22) =
Dc ($\Sigma3$) = 1,0994921 - (0,0546) + (0,0000023 x 3025) - (0,003062) =
Dc ($\Sigma3$) = 1,0994921 - (0,0546) + (0,00695) - (0,003062) = 1,04878
  o 1,0488

% GC = ((4,95/1,0488) - 4,50) x 100 =
% GC = (4,7196 - 4,50) x 100 =
% GC = (0,2196) x 100 = 21,97 o 22,0

Dc ($\Sigma7$) = 1,0970 - (0,00046971 x 105) + 0,00000056 x 105^2)-
  (0,00012828 x 22) =
Dc ($\Sigma7$) = 1,0970 - (0,049318) + (0,00000056 x 11025) - (0,0028204) =
Dc ($\Sigma7$) = 1,0970 - (0,0493) + (0,0062) - (0,0028) = 1,0511 o 1,0504

% GC = ((4,95/1,0511) - 4,50) x 100 =
% GC = (4,7094 - 4,50) x 100 =
% GC = (0,2094) x 100 = 20,94

Respuestas:

	$\Sigma3$ pliegues cutáneos	$\Sigma7$ pliegues cutáneos
Dc prevista	1,0488	1,0504
% GC	22,0	20,9
Clasificación	Buena	Buena

Nombre: _____ Fecha: _____

Composición corporal
Ejercicio

ESTACIÓN 1

Métodos de predicción y de valoración de la composición corporal

---

Peso corporal (PC): _____ lb _____ kg

Estatura (Ec): _____ pulgadas _____ dm _____ cm _____ m

Circunferencia de la cintura (CCI): _____ cm Circunferencia de las caderas (CC): _____ cm

Circunferencia de la muñeca (CM): _____ cm Circunferencia del abdomen (CA): _____ cm

---

Índice de masa corporal (IMC):

$$IMC = PC \ (kg) : Ec^2 \ (m^2)$$

IMC: _____

Clasificación: _____

Relación cintura/cadera:

Relación cintura/cadera = Cintura (CCI: cm) Cadera (CCA: cm)

Relación cintura/cadera: _____

Pctl: _____ (redondeado al valor más cercano)

Zona de riesgo para la salud: ☐ Sí ☐ No

Cuadro 6-1
Hoja de datos para el IMC, la relación cintura/cadera, el índice de la estatura al cuadrado y las pruebas de las circunferencias

Índice de la estatura al cuadrado (Ec^2):

Hombres: MCM (kg) = 0,204 x Ec^2 (dm^2)

Mujeres: IMC (kg) = 0,18 x EC^2 (dm^2)

% GC = (PC - IMC) (PC) x 100

IMC: _____ kg

Porcentaje GC: _____ %

Clasificación: _____

Prueba de la circunferencia:

Hombres: IMC (kg) = 41,955 + (1,03876 x PC: kg) - (0,82816 x (CA - CM))

            Porcentaje GC = (PC - IMC) (PC) x 100

Mujeres: porcentaje GC = (0,55 x CCA) - (0,24 x Ec; cm) + (0,28 x CA) - 8,43

Porcentaje GC: _____ %

Clasificación: _____

Cuadro 6-1 (continuación)
Hoja de datos para el IMC, la relación cintura/cadera, el índice de la estatura al cuadrado y las pruebas de las circunferencias

Mediciones de los pliegues cutáneos (mm):

	Hombres		Mujeres	
	$\Sigma 7$	$\Sigma 3$	$\Sigma 7$	$\Sigma 3$
Axilar	———	———	———	———
Subescapular	———	———	———	———
Pecho	———	———	———	———
Tríceps	———	———	———	———
Suprailíaco	———	———	———	———
Abdomen	———	———	———	———
Muslo	———	———	———	———
Total	———	———	———	———

Use las ecuaciones apropiadas para calcular la densidad corporal (Dc) usando los pliegues cutáneos $\Sigma 3$ y $\Sigma 7$. Use la densidad corporal pronosticada para calcular el porcentaje de grasa corporal empleando la ecuación de Siri.

Cuadro 6-2
Hoja de datos de los pliegues cutáneos

Hombres:

$$\text{Dc } (\Sigma 3) = 1{,}10938 - (0{,}0008267 \times \Sigma 3) + (0{,}0000016 \times \Sigma 3^2) - (0{,}0002574 \times \text{edad})$$

$$\text{Dc } (\Sigma 7) = 1{,}1120 - (0{,}00043499 \times \Sigma 7) + (0{,}00000055 \times \Sigma 7^2) - (0{,}00028826 \times \text{edad})$$

$$\% \text{ GC} = ((4{,}95/\text{Dc})4{,}50) \times 100$$

Mujeres:

$$\text{Dc } (\Sigma 3) = 1{,}0994921 - (0{,}0009929 \times \Sigma 3) + (0{,}0000023 \times \Sigma 3^2) - (0{,}0001392 \times \text{edad})$$

$$\text{Dc } (\Sigma 7) = 1{,}0970 - (0{,}00046971 \times \Sigma 7) + (0{,}00000056 \times \Sigma 7^2) - (0{,}00012828 \times \text{edad})$$

$$\% \text{ GC} = ((4{,}95/\text{Dc}) \, 4{,}50) \times 100$$

Muestre su trabajo:

	Suma de los pliegues cutáneos	Densidad corporal (Dc)	Porcentaje de grasa (% GC)
Σ3 pliegues cutáneos			
Σ7 pliegues cutáneos			

Cuadro 6-3
Resultados de los pliegues cutáneos

Conclusiones de la investigación

1. ¿Cómo es su IMC en comparación con la relación entre cadera y cintura? ¿Hay alguna relación lógica entre estas dos mediciones? ¿Cree usted que es posible que alguien pueda tener un IMC normal y, sin embargo, tener una alta relación cadera-cintura? ¿Qué prueba piensa usted que es la más útil para medir el fitness relacionado con la salud? Explíquelo.

2. Si el departamento de Educación Física/Ciencia del Ejercicio requiriese que todos los estudiantes que se licencian tuviesen un porcentaje de grasa corporal no superior al 15 % para los hombres y no superior al 22 % para las mujeres, ¿satisfaría usted estos requisitos de licenciatura usando el índice de la estatura al cuadrado, las mediciones de las circunferencias y las mediciones de los pliegues cutáneos? Al dar su respuesta, facilite un resumen de sus resultados. ¿Cree usted que ésta es una exigencia razonable? ¿Por qué y por qué no? ¿Cree usted que es justo establecer similares líneas orientativas para la composición corporal como criterio para el reclutamiento en las fuerzas armadas? Justifique su respuesta.

3. Compare los resultados de las mediciones de los pliegues cutáneos Σ3 y Σ7. ¿Pronostican similares densidades corporales? ¿Pronostican valores similares de porcentaje de grasa corporal? ¿Deberían hacerlo? ¿Por qué y por qué no? ¿Cuáles son algunas de las fuentes de error de la técnica de los pliegues cutáneos?

ESTACIÓN 2

Pesaje hidrostático

Esta estación es opcional y depende de si se dispone o no de un equipo de pesaje hidrostático en el laboratorio.

Preguntas de investigación

1. ¿Parecen realistas los resultados? (¿Parece lógico que la persona evaluada tenga este porcentaje de grasa? Explíquese.)

2. Si la persona evaluada tiene verdaderamente un VR 500 ml más alto del utilizado, ¿aumentará o reducirá esto la composición de la grasa corporal? ¿Cuál sería el error de medición? Analice las implicaciones.

3. Describa cómo pueden incrementar el error del pesaje hidrostático el sujeto, el administrador y el equipo. Facilite ejemplos específicos.

4. Explique por qué el pesaje hidrostático como método estándar es más preciso que la medición de los pliegues cutáneos y de las circunferencias (métodos de predicción), suponiendo que todos los protocolos de prueba se ejecuten adecuadamente.

5. Analice las diversas ventajas y desventajas de los métodos hidrostáticos tradicional y de Natant.

Recogida de datos

Un voluntario del laboratorio realizará los procedimientos tradicionales y/o de Natant de pesaje hidrostático. El instructor de su laboratorio le facilitará los datos de la densidad corporal y del porcentaje de grasa apropiados. En el caso de que su laboratorio no esté equipado para hacer la prueba, su instructor puede facilitarle los datos requeridos.

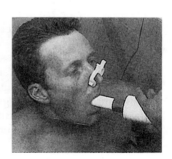

Pesaje hidrostático tradicional

1. Calcule el porcentaje de grasa del voluntario en base a los datos proporcionados por su instructor. Muestre su trabajo.
2. Registre los resultados de su prueba en los Cuadros 6-4 y 6-5.

El volumen corporal total (VCT) y la densidad corporal (Dc) se calculan con las ecuaciones mostradas seguidamente. El porcentaje de grasa corporal se calcula a partir de la densidad (Dc) con la ecuación de Siri (1962).

$$VCT = \frac{M_a - M_{ag}}{D_a} - (VR + VGI$$

$$Dc = M_a (VCT$$

$$\% \ GC = ((4,95/Dc) - 4,50) \times 100$$

Donde: M_a = masa corporal en el aire (kg)
$\quad\quad\ M_{ag}$ = masa corporal en el agua
$\quad\quad\ D_a$ = corrección de la temperatura según la densidad del agua
$\quad\quad\ VR$ = volumen residual (litros, estimado o medido y corregido en TCPS)*
$\quad\quad\ VGI$ = volumen de gas en el tracto gastrointestinal (igual aproximadamente a 100 ml o 0,1 litros)

* Si la medición del volumen residual no es posible, el VR puede estimarse con las ecuaciones siguientes (Goldman y Becklace, 1959). En el capítulo 13 hay una discusión sobre el factor de corrección TCPS.

Hombres:
$\quad VR_{TCPS}$ (l) = (0,017 x edad) + (0,06858 x estatura; pulgadas) - 3,477

Mujeres:
$\quad VR_{TCPS}$ (l) = (0,009 x edad) + (0,08128 x estatura; pulgadas) 3,90

Registre los datos y calcule los resultados en el Cuadro 6-4.

Ejemplo de cálculo: ¿Cuáles son los resultados del pesaje hidrostático para un hombre de 25 años de edad en base a los datos siguientes: Masa en el aire (M_a) = 80,5 kg; masa en el agua (M_{ag}) = 3,5 kg; volumen residual = 1,9 l; temperatura del agua = 35 grados centígrados; y gas intestinal (VGI) = 0,1 l. Calcule el porcentaje de grasa corporal con la fórmula de Siri.
El porcentaje de grasa para un hombre de 25 años usando el pesaje hidrostático tradicional sería:

$$VCTdag = \frac{M_a - M_{ag}}{D_{ag}} - (VR + VGI)$$

$$VCT = \frac{80,5 \ kg - 3,5 \ kg}{0,994063} (1,9 \ l + 0,1 \ l) = 75,45 \ l$$

$$D_{ag} = 0,994063$$
$$\text{Densidad corporal (Dc)} = M_a : VCT$$
$$Dc = 80,5 \text{ kg} : 75,45 \text{ l} = 1,0669 \text{ o } 1,067$$
$$\text{Porcentaje de grasa corporal (Siri)} = ((4,95/Dc) - 4,50) \times 100$$
$$\% GC = ((4,95/1,0669) - 4,50) \times 100 = 13,9 \%$$

Pesaje hidrostático de Natant

1. Su instructor le mostrará el procedimiento de Natant y le facilitará todos los datos necesarios.
2. Registre los resultados de la prueba en el Cuadro 6-5.

Investigaciones recientes han demostrado que el procedimiento de Natant es una medición válida y fiable de la densidad y del porcentaje de grasa corporal. Los coeficientes de fiabilidad y de validez de Natant han demostrado ser del 0,99 cuando se comparan con el pesaje hidrostático tradicional. Para mayor información relativa al sistema de Natant remítase a McArdle, Katch y Katch, 1991, pp. 612-615; Katch, Hortobagyi y Denahan, 1989; y Vehrs y col., 1993. *Nota:* Los autores pueden enviarle más información sobre cómo adquirir el sistema de pesaje hidrostático de Natant. Dirija su correspondencia a Jim Georfe. (Ver Apéndice E.)

Temperatura del agua	Da	Temperatura del agua	Da
23°C	0,997569	30 °C	0,995678
24 °C	0,997327	31 °C	0,995372
25 °C	0,997075	32 °C	0,995057
26 °C	0,996814	33 °C	0,994734
27 °C	0,996544	34 °C	0,994403
28 °C	0,996264	35 °C	0,994063
29 °C	0,995976	36 °C	0,993716

Tabla 6-4
Correcciones de la temperatura para la densidad del agua

Nombre: _____   Fecha: _____

Composición corporal
Ejercicio

ESTACIÓN 2

Pesaje hidrostático

Datos para el pesaje hidrostático:

Edad: _____ años

Estatura: _____ cm

Peso corporal (M_a):   _____ kg

Peso en inmersión en el agua (M_{ag}):   _____ kg

Temperatura del agua: _____ C

Densidad del agua (D_a):   _____ kg/l (Tabla 6-4)

Gas intestinal (VGI):   0,1 l

Cálculos para el pesaje hidrostático (Muestre todos los cálculos necesarios)

Volumen residual (VR):

Hombres: VR_{TCPS} (l) = (0,017 x edad) + (06858 x estatura: pulgadas) - 3,477

Mujeres: VR_{TCPS} (l) = (0,009 x edad) + (0,08128 x estatura: pulgadas) - 3,90

VR_{TCPS} = _____ L

Cuadro 6-4
Datos y cálculos del pesaje hidrostático tradicional

Cálculos para el pesaje hidrostático (continuación):

Volumen corporal total (VCT):

$$VCT \ (l) = \frac{(M_a - M_{ag})}{D_a} - (VR + VGI)$$

VCT = _____ l

Densidad corporal (Dc):

$$Dc \ (kg/l) = M_a \div VCT$$

Dc = _____ kg/l

Porcentaje de grasa corporal (% GC):

$$\% \ GC = ((4,95 : Dc) - 4,50) \times 100$$

% GC = _____ %

Cuadro 6-4 (continuación)
Datos y cálculos del pesaje hidrostático tradicional

Tipo de prueba	Porcentaje de grasa	Clasificación
Pesaje hidrostático (Tradicional)		
*Pesaje hidrostático (Natant)		

*Calculado con el software de ordenador de Natant.

Cuadro 6-5
Hoja de datos del pesaje hidrostático

Conclusiones de la investigación

1. ¿Parecen realistas los resultados? ¿Parece lógico que la persona evaluada tenga este porcentaje de grasa? Explíquelo.
2. Si la persona evaluada realmente tiene un VR 500 ml más elevado que el utilizado, ¿incrementará o reducirá esto la composición de la grasa corporal? ¿Cuál sería el error de la medición? Analice las implicaciones.
3. Describa cómo el sujeto, el administrador y el equipo pueden incrementar el error de medición del pesaje hidrostático. Facilite ejemplos específicos.
4. Explique por qué el pesaje hidrostático como método estándar es más preciso que las mediciones de los pliegues cutáneos y de las circunferencias (métodos de predicción), suponiendo que todos los protocolos de las pruebas se efectúen adecuadamente.
5. Analice la diversa ventajas y desventajas de los métodos de pesaje hidrostático tradicional y de Natant.

Nombre: _____   Fecha: _____

Resumen del laboratorio 6

¿Cómo puede aplicarse la información obtenida en esta práctica a su campo específico de interés y/o a su vida personal? Sea específico y facilite ejemplos prácticos.

Nombre: _____ Fecha: _____

7. Valoración del fitness global
Ejercicio de prelaboratorio

1. ¿Cuál es su definición personal del fitness? Sea específico y detallado.

2. ¿Cuál es la diferencia entre los estándares que tienen normas como referencia y los estándares que tienen criterios como referencia? Facilite un ejemplo de cada uno.

3. ¿Cuál es el $\dot{V}O_2$máx estimado (ml.kg^{-1}.min^{-1}) de una mujer universitaria de 22 años, que pesa 63,5 kg y que corre 1,5 millas (2,4 km) en 14 min y 33 seg? Muestre su trabajo.

4. ☐ Marque el recuadro si ha leído usted todas las preguntas de esta práctica y está familiarizado con los procedimientos de recogida de datos relativos a todas las cuestiones de investigación.

CAPÍTULO 7

VALORACIÓN DEL FITNESS GLOBAL

PROPÓSITO

El propósito de esta práctica es facilitar prácticas adicionales en la medición de los cinco componentes del fitness relacionados con la salud.

OBJETIVOS DE APRENDIZAJE PARA EL ESTUDIANTE

1. Poder administrar una evaluación global del fitness.
2. Poder describir cómo cada componente del fitness influye en el fitness global.

EQUIPO NECESARIO

Cronómetro.
Estetoscopio y esfigmomanómetro.
Máquinas selectorizadas, mancuernas, barras y discos.
Cajón *Sit and Reach.*
Equipo para medir la capacidad aeróbica.
Sistema de pesaje hidrostático de Natant.
Lipómetros.
Cinta métrica.
Báscula.

VALORACIÓN DEL FITNESS

Una valoración global del fitness es muy común en los centros de la salud, en los centros recreativos, en las escuelas y en las empresas. Tal como se ha indicado en prácticas previas, las pruebas de fitness tienen utilidad en cuanto a que pueden evaluar los puntos fuertes y débiles del individuo; pueden diseñarse programas de entrenamiento seguros y efectivos; pueden establecerse objetivos realistas; pueden seguirse los progresos realizados, y posiblemente puede mejorarse la motivación. Las valoraciones del fitness son usadas también por las empresas como herramientas para determinar si sus empleados son capaces de realizar las tareas laborales requeridas con un mínimo riesgo de lesiones. Determinados tipos de pruebas afines son también útiles para determinar si y cuándo los empleados pueden volver a trabajar después de haber sufrido una lesión.

La totalidad de estos cinco componentes del fitness deben medirse cuando se evalúa el fitness total. Las valoraciones del fitness deben administrarse de un modo estandarizado para asegurar su validez y fiabilidad. El tipo de prueba empleado para valorar el fitness depende del propósito (o propósitos) de ésta, del grado de precisión requerido, del gasto, de la disponibilidad de personal adiestrado y del equipo necesario.

Los resultados de la prueba para una determinada evaluación del fitness pueden clasificarse en base a los datos de referencia normativos o en base a los datos de referencia de criterios. Las clasificaciones normativas, tal como se analizan en el capítulo 1, son simplemente una clasificación porcentual (es decir, superior a un porcentaje de 85 = categoría excelente) que indica cómo están comparativamente unos respecto a otros del mismo sexo y de edad similar. Por otro lado, las clasificaciones referentes a criterios reflejan si ciertos niveles de fitness, asociados frecuentemente con cosas tales como una buena salud o la realización óptima de un trabajo, se han satisfecho. El programa Physical Best desarrollado por AAHPERD sugiere ciertos datos de referencia de criterios relacionados con la salud. El programa ROTC de las fuerzas aéreas de Estados Unidos (AFROTC) junto con muchas otras profesiones (por ejemplo, la policía y bomberos) ha establecido datos de referencia de criterios específicos relacionados con el rendimiento.

A continuación se perfilan las ventajas y desventajas potenciales de los datos de referencia normativos y de los datos de referencia de criterios.

Datos de referencia normativos

Ventajas:

a. Las clasificaciones son relativamente fáciles de calcular, puesto que se trata de un simple sistema de clasificación porcentual.
b. Proporcionan medios objetivos para compararse uno mismo con otros de edad similar y del mismo sexo.

Desventajas:

a. Los datos normativos no siempre guardan relación con una buena salud o con un menor riesgo de padecer enfermedades. Por tanto, una clasificación alta no siempre equivale a buena salud; a la inversa, una clasificación baja no siempre implica una mala salud.
b. Una clasificación alta puede no ser alcanzable por muchos individuos de una determinada población debido a limitaciones genéticas, a pesar de su actividad física y/o de sus hábitos dietéticos.
c. Un individuo que obtiene una baja clasificación aun cuando sea físicamente activo puede experimentar una reducción de su motivación para mantener una participación continuada.

Datos de referencia de criterios

Ventajas:

a. Las clasificaciones están explícitamente vinculadas a un criterio de puntuación asociado con un determinado nivel de salud o de rendimiento.
b. Representan un nivel mínimo absoluto que puede ser concordante con una salud o un rendimiento óptimos. Puesto que los datos de referencia de criterios son absolutos, es posible que una relación muy alta o muy baja de la población pueda satisfacer un estándar determinado.
c. Un individuo que no logra pasar un determinado estándar referente a criterios, sabe inmediatamente si los hábitos de su estilo de vida – actividad física y/o dietética – deben modificarse.

Desventajas:

a. Las puntuaciones aisladas pueden ser arbitrarias. Este problema es más frecuente con los datos de referencia relacionados con la salud, puesto que es difícil saber el nivel mínimo exacto asociado con una buena salud. Sin embargo, los datos de referencia al rendimiento son menos arbitrarios, puesto que pueden determinarse los requisitos físicos específicos del trabajo (por ejemplo, la lucha contra los incendios) y establecerse niveles mínimos de fitness.

b. Puede haber errores de clasificación. Algunas personas pueden ser mal clasificadas y tener la falsa impresión de que son sanas y/o competentes, cuando en realidad no lo son. A la inversa, algunas personas pueden estar falsamente clasificadas como no preparadas y en consecuencia considerarse a sí mismas como no sanas y/o incompetentes.

c. Los datos de referencia de criterios para las pruebas relacionadas con la salud representan niveles mínimos deseados de fitness y en consecuencia pueden no proporcionar suficientes incentivos a algunos individuos como para que logren incrementar sus niveles de fitness. Por otro lado, los individuos que no logran pasar el estándar relativo a la salud aun cuando sean físicamente activos pueden tener una motivación menor para continuar participando.

REFERENCIAS SELECCIONADAS

AAHPERD (1988). *The AAHPERD Physical Best Program*. Reston, Virginia: American Alliance for Health, Physical Education, Recreation, and Dance.

Air Force ROTC (1992). AFROTCR 35-2, Attachment 7.

American College of Sports Medicine (1988). Opinion statement on physical fitness in children and youth. *Medicine and Science in Sports and Exercise*, 20:422-423.

American College of Sports Medicine (1988). *Guidelines for Exercise Testing and Prescription Resource Manual*. Institute for Aerobics Research, pp: 161-170.

American College of Sports Medicine (1990). Position stand on the recommended quantity and quality of exercise for developing and maintaining cardiorespiratory and muscular fitness in healthy individuals. *Medicine and Science in Sports and Exercise*, 22:265-274.

American Heart Association (1992). Statement on exercise. *Circulationn*, 86(1):2726-2730.

Cureton, K.J., and G.L. Warren (1990). Criterion-referenced standards for youth health-related fitness tests: a tutorial. *Research Quarterly for Exercise and Sport*, 61(1):7-19.

George, J.D., P.R. Vehrs, P.E. Allsen, G.W. Fellingham, and A. G. Fisher (1993). VO2máx estimation from a submaximal 1-mile track jog for fit college-age individuals. *Medicine and Science in Sports and Exercise*, 25(5):643-647.

Golding, L.A., C.R. Myers, and W.E. Sinning (Eds.) (1989). *The Y's Way to Physical Fitness*, (3.ª edición) Champaign, Illinois: Human Kinetics Books.

Pate, R.R. (1988). The evolving definition of physical fitness. *Quest*, 40:174-179.

ESTACIÓN 1

Valoración del fitness

Preguntas de investigación

1. En base a los datos de referencia normativos, ¿está usted por encima de la media en las pruebas de fitness aplicables asignadas por su instructor? Estime qué porcentaje de su nivel actual de fitness es atribuible a su dotación genética, a sus hábitos de ejercicio, y a sus hábitos nutricionales. Explique su respuesta.

2. En base a los datos de referencia de criterios relacionados con la salud de AAHPERD (datos de referencia para las personas de 18 años), ¿satisface usted la puntuación mínima de las pruebas de fitness aplicables asignadas por su instructor? ¿Cree usted que tiene un nivel de fitness correspondiente a una buena salud? Explique su respuesta.

3. En base a los datos de referencia de criterios AFROTC relacionados con el rendimiento, ¿satisface usted la puntuación mínima de las pruebas de fitness aplicables asignadas por su instructor? ¿Cree usted que los militares deberían usar estándares relacionados con el rendimiento para clasificar a sus candidatos? Justifique su respuesta.

4. En relación con el fitness total, ¿cuáles son sus puntos fuertes y sus puntos débiles? ¿Está usted contento con su nivel general de fitness?

5. ¿Por qué sería ventajoso mejorar y/o mantener su nivel actual de fitness?

6. Perfile varios modos en que usted podría cambiar su estilo de vida actual (ejercicio, hábitos alimentarios, etc.) para mejorar su fitness. Sea específico.

Recogida de datos

Si ha completado usted con éxito los seis primeros capítulos de este texto de laboratorio, debería dominar las técnicas necesarias para medir el fitness global de individuos aparentemente sanos de cualquier edad. Su instructor debería informarle de qué pruebas de fitness debe efectuar usted. Observe que le pueden asignar pruebas ya efectuadas en capítulos anteriores y/o que dirija pruebas presentadas en este capítulo.

Trabaje con un compañero y ayúdense mutuamente para evaluar cada tema de prueba asignado. Utilice la información en esta práctica y/o en prácticas anteriores para procedimientos específicos de recogida de datos, datos de referencia normativos y datos de referencia de criterios. Recuerde que el propósito de esta práctica es proporcionarle más experiencia en la medición de diversos componentes del fitness.

Evaluación del fitness

Frecuencia cardíaca y tensión arterial en reposo

1. Palpe el pulso radial de su compañero durante 1 minuto. Registre los resultados (vea el ejercicio del capítulo 7).
2. Mida la tensión arterial en reposo de su compañero usando un estetoscopio y un esfigmomanómetro. Repita esta medición al menos dos veces para asegurarse de que la tensión arterial que usted anota es correcta.

Prueba de Åstrand sobre cicloergómetro
Prueba de andar de Rockport
Prueba de carrera de George-Fisher
Prueba del escalón del Forest Service

1. En el capítulo 5 se hallan instrucciones y normas para estas pruebas.
2. Registre los resultados y la clasificación o clasificaciones normativas de su prueba en el Cuadro 7-1 de la página 168.

Prueba de carrera en la cinta ergométrica

1. Si dispone de él, coloque un pulsómetro alrededor del pecho de su compañero. (Procure que haya humedad debajo de los puntos de contacto del pecho.) Ajuste el receptor de su reloj de pulsera a la barandilla frontal o lateral de la cinta ergométrica a una distancia de entre 60 y 90 cm del sujeto.
2. Prepare a su compañero para el ejercicio haciéndole andar a una velocidad alta sobre la cinta ergométrica (5,5-7,0 km.h^{-1}).
3. Haga que su compañero elija una velocidad de carrera confortable, que es de $\leq$ 10,5 km.h^{-1} para las mujeres y de $\leq$ 12 km.h^{-1} para los hombres.
4. Deje que su compañero corra a un ritmo constante durante al menos 3 min hasta que alcance un frecuencia cardíaca constante y estable. (La frecuencia cardíaca en esfuerzo se considera que tiene un ritmo constante y estable cuando las FC consecutivas [separadas por 30 seg] tienen una diferencia no superior a 3 latidos.min^{-1} después de 3 min de carrera.) Tenga en cuenta que la prueba es queda invalidada si los FC del ejercicio superan las 180 latidos.min^{-1}. En el caso de que no disponga usted de un pulsómetro, haga que su compañero saque momentáneamente los pies de la cinta ergométrica poniendo uno a cada lado de la misma y tome una cuenta del pulso durante 10 s.
5. Registre la frecuencia cardíaca estable y constante (latidos.min^{-1}) de su compañero. Reduzca la velocidad de su cinta ergométrica y deje que camine (se enfríe) durante varios minutos.
6. En base a sus propios datos, use la ecuación de regresión acompañante para calcular el $\dot{V}O_2$máx.

7. Registre los resultados y la clasificación normativa de su prueba en el Cuadro 7-1.

Ecuación de regresión de la prueba de carrera sobre la cinta ergométrica*

$$\dot{V}O_2\text{máx (ml}^{-1}.\text{kg}^{-1}.\text{min}^{-1}) = 50,47 + (7,062 \times S) - (0,1938 \text{ (PC)}$$
$$+ (4,47 \times V) - (0,1453 \times FC)$$

Donde:
S = Sexo (0 = mujer; 1 = hombre)
PC = Peso corporal (kg)
V = Velocidad de la cinta ergométrica (mph)
FC = Frecuencia cardíaca estable y constante durante el ejercicio (latidos.min^{-1})

*Fuente: George y col. (mayo de 1993).

Ejemplo de cálculo: ¿Cuál es el $\dot{V}O_2$máx estimado (ml.kg^{-1}.min^{-1}) de una mujer universitaria de 19 años de edad, con un peso corporal de 70,45 kg, una velocidad de carrera en la cinta ergométrica de 5,7 mph (9,2 km.h^{-1}) y una frecuencia cardíaca en esfuerzo de 171 latidos.min^{-1}? Muestre su trabajo.

1. Calcule un $\dot{V}O_2$máx estimado con la ecuación de regresión siguiente:

$$\dot{V}O_2\text{máx (ml.kg}^{-1}.\text{min}^{-1}) = 54,07 + (7,062 \times S)$$
$$-(0,1938 \times PC) + (4,47 \times V) - (0,1453 \times FC)$$

$$\dot{V}O_2\text{máx (ml.kg}^{-1}.\text{min}^{-1}) = 54,07 + (7,062 \times 0) - (0,1938 \times 70,45)$$
$$+ (4,47 \times 5,7) - (0,1453 \times 171)$$

$$\dot{V}O_2\text{máx (ml.kg}^{-1}.\text{min}^{-1}) = 54,07 + (13,65) + (25,47) - (24,84)$$

$$\dot{V}O_2\text{máx} = 41,05 \text{ ml.kg}^{-1}.\text{min}^{-1}$$

Nivel de fitness: Bueno (Ver Tabla 5-1).

Carrera de 1,5 millas (2,4 km)

1. Corra 1,5 millas lo más deprisa que pueda sobre una superficie lisa (es decir, una pista). Haga que su compañero registre su tiempo. Procure seguir un ritmo apropiado durante la carrera para ayudar a prevenir la fatiga prematura.
2. En base a su sexo, peso corporal y tiempo de carrera, use la ecuación de regresión diseñada para estudiantes universitarios (de 18 a 29 años de edad) para determinar su $\dot{V}O_2$máx estimado.

3. Registre los resultados y la clasificación normativa de su prueba en el Cuadro 7-1.

Ecuación de regresión de la carrera de 1,5 millas*:

$$\dot{V}O_2\text{máx (ml.kg}^{-1}.\text{min}^{-1}) = 88,02 + (3,716 \times S)$$
$$-(0,1656 \times PC) - (2,767 \times T)$$

Donde:
S = Sexo (0 - mujer; 1 = hombre)
PC = Peso corporal (kg)
T = Tiempo de carrera transcurrido (minutos)

Ejemplo de cálculo: ¿Cuál es el $\dot{V}O_2$máx estimado (ml.kg^{-1}.min^{-1}) de un hombre universitario de 19 años de edad, con un peso corporal de 79,54 kg, y que corre la carrera de 1,5 millas (2,4 km) en 8 min 07 seg? Muestre su trabajo.

1. Convierta su tiempo de carrera de un valor 00:00 a un valor 00.00.

$$7 \text{ segundos} \times \frac{1 \text{ minuto}}{60 \text{ segundos}} = 0,116 \text{ min}$$

2. Calcule el $\dot{V}O_2$máx estimado de esta persona con la siguiente ecuación de regresión:

$$\dot{V}O_2\text{máx (ml.kg}^{-1}.\text{min}^{-1}) = 88,02 + (3,716 \times S)$$
$$-(0,1656 \times PC) - (2,767 \times T)$$

$$\dot{V}O_2\text{máx (ml.kg}^{-1}.\text{min}^{-1}) = 88,02 + (3,716 \times 1)$$
$$-(0,1656 \times 79,54) - (2,767 \times 8,116)$$

$$\dot{V}O_2\text{máx (ml.kg}^{-1}.\text{min}^{-1}) = 88,02 + (3,716) -(13,17) - (22,45)$$
$$\dot{V}O_2\text{máx} = 56,11 \text{ ml.kg}^{-1}.\text{min}^{-1}$$

Nivel de fitness: Excelente (Ver Tabla 5-1).

*Fuente: George y col. (marzo de 1993).

Protocolo submáximo de la YMCA sobre cicloergómetro
1. Anote su nombre, edad, y peso en el Cuadro 7-2. Asimismo calcule y registre su frecuencia cardíaca máxima pronosticada (220 - edad).
2. Use un cicloergómetro calibrado. Ajuste la altura del sillín de modo que la

rodilla esté ligeramente flexionada cuando el pedal se halla en la posición más baja. Anote la altura del asiento en el Cuadro 7-2.

3. Haga que un compañero administre el protocolo de la prueba de la YMCA tal como se indica en la Figura 7-1. La intensidad inicial del trabajo debe establecerse en 150 kgm.min^{-1} (25 vatios). La velocidad de pedaleo debe ser igual a 50 rpm. La FC debe medirse durante el último minuto de cada fase. Ajuste la carga de trabajo según la FC del final de cada fase (ver la Figura 7-1). Téngase presente que el propósito es ejecutar solamente una fase adicional de ejercicio después de rebasar el punto en que la FC es de por lo menos 110 latidos.min^{-1}. Por tanto, si se alcanzase una FC de 123 latidos.min^{-1} en la primera fase, sólo debería realizarse una fase final de 3 min; asimismo, una FC de 118 latidos.min^{-1} en la tercera fase necesitaría solamente una fase más de tres minutos.

La prueba de la YMCA está diseñada para que se necesiten entre 6 y 12 min de tiempo (por ejemplo, un mínimo de dos fases hasta un máximo de cuatro fases).

4. Registre los resultados de su prueba en el Cuadro 7-2. Represente gráficamente los datos (intensidad de trabajo contra frecuencia cardíaca) de 2-3 fases de ejercicio. Use una regla para establecer una línea del mejor nivel de fitness entre los puntos que representan sus datos y extrapólela para cortar la línea de la frecuencia cardíaca máxima pronosticada (ver Figura 7-2). Directamente debajo de este punto de intersección, a lo largo del fondo del Cuadro 7-2, se hallará su estimación de la puntuación estimada del $\dot{V}O_2$máx correspondiente. Vea el ejemplo en la Figura 7-2.

5. Registre los resultados y la clasificación normativa de su prueba en el Cuadro 7-1.

Ejemplo de cálculo: ¿Cuál sería el $\dot{V}O_2$máx estimado (ml.kg^{-1}.min^{-1}) de un hombre de 40 años de edad que pesa 80 kg y que ha efectuado tres fases del protocolo YMCA? Supongamos una FC (latidos.min^{-1}) y una intensidad de trabajo (kgm.50) (tercera fase). Además, supongamos una frecuencia cardíaca máxima pronosticada de 180 latidos.min^{-1}.

1. Vea el ejemplo de la Figura 7-2. Observe que los tres puntos se han representado según la frecuencia cardíaca comparada con los datos de la intensidad de trabajo. Asimismo, observe que se ha trazado una línea de extrapolación (línea de trazos) hasta la línea de la frecuencia cardíaca máxima.

2. Directamente debajo de este punto de intersección, a lo largo del fondo del gráfico se halla la estimación de la puntuación del $\dot{V}O_2$máx, que es igual a 1,6 l.min^{-1}. Observe que también se ha registrado una intensidad de trabajo máxima estimada de 650 kgm.min^{-1}. ¿Entiende usted cómo se determinó este valor?

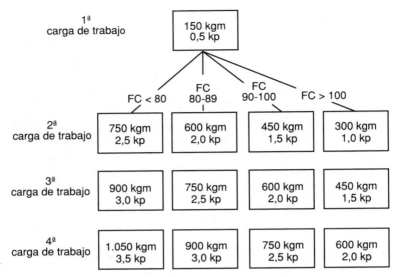

Pautas:
1. Establecer la primera carga de trabajo a 150 kgm.min-1 (0,5 kp).
2. Si la FC en el tercer minuto es
    • menor de (<) 80, establecer la segunda carga en 750 kgm (2,5 kp);
    • de 80 a 89, establecer la segunda carga de trabajo en 600 kgm (2,5 kp);
    • de 90 a 100, establecer la segunda carga de trabajo en 450 kgm (1,5 kp);
    • más de (>) 100, establecer la segunda carga de trabajo en 300 kgm (1,0 kp).
3. Establecer la tercera y la cuarta carga (si es necesario) según las cargas de las columnas sitas debajo de las segundas cargas.

Figura 7-1. *Orientaciones de la YMCA para el protocolo sobre cicloergómetro. Fuente: The Y's Way to Physical Fitness (3ª edición; 1989). YMCA del USA, 101 N. Wacker Drive, Chicago, IL 60606.*

3. Convierta la puntuación estimada del $\dot{V}O_2$máx de 1,6 l.min^{-1} a ml.kg^{-1}.min^{-1}:
$$\dot{V}O_2\text{máx} = 1,6 \text{ l/min} \times 1.000 \text{ ml/l} = 1.600 \text{ ml.min}^{-1}$$
$$1.600 \text{ ml/min} : 80 \text{ kg} = 20 \text{ ml.kg}^{-1}.\text{min}^{-1}$$

Nivel de fitness: Bueno (Ver Tabla 5-1).

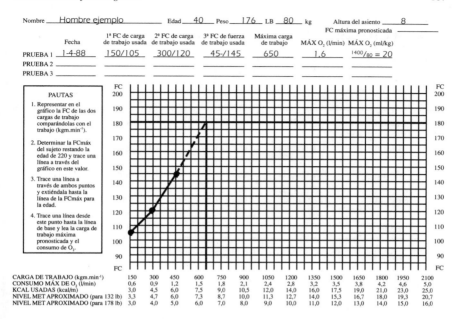

Nombre __Hombre ejemplo__   Edad __40__   Peso __176__ LB __80__ kg   Altura del asiento __8__

FC máxima pronosticada _____

Fecha	1ª FC de carga de trabajo usada	2ª FC de carga de trabajo usada	3ª FC de fuerza de trabajo usada	Máxima carga de trabajo	MÁX O₂ (l/min)	MÁX O₂ (ml/kg)
PRUEBA 1 __1-4-88__	150/105	300/120	45-/145	650	1,6	¹⁴⁰⁰/₈₀ = 20
PRUEBA 2 _____						
PRUEBA 3 _____						

PAUTAS

1. Representar en el gráfico la FC de las dos cargas de trabajo comparándolas con el trabajo (kgm.min⁻¹).

2. Determinar la FCmáx del sujeto restando la edad de 220 y trace una línea a través del gráfico en este valor.

3. Trace una línea a través de ambos puntos y extiéndala hasta la línea de la FCmáx para la edad.

4. Trace una línea desde este punto hasta la línea de base y lea la carga de trabajo máxima pronosticada y el consumo de O₂.

CARGA DE TRABAJO (kgm.min⁻¹)	150	300	450	600	750	900	1050	1200	1350	1500	1650	1800	1950	2100
CONSUMO MÁX DE O₂ (l/min)	0,6	0,9	1,2	1,5	1,8	2,1	2,4	2,8	3,2	3,5	3,8	4,2	4,6	5,0
KCAL USADAS (kcal/m)	3,0	4,5	6,0	7,5	9,0	10,5	12,0	14,0	16,0	17,5	19,0	21,0	23,0	25,0
NIVEL MET APROXIMADO (para 132 lb)	3,3	4,7	6,0	7,3	8,7	10,0	11,3	12,7	14,0	15,3	16,7	18,0	19,3	20,7
NIVEL MET APROXIMADO (para 178 lb)	3,0	4,0	5,0	6,0	7,0	8,0	9,0	10,0	11,0	12,0	13,0	14,0	15,0	16,0

Figura 7.2. *Gráfico de muestra para la prueba del cicloergómetro de la YMCA. Fuente: The Y's Way to Physical Fitness (3.ª edición; 1989). YMCA del USA, 101 n. Wacker Drive, Chicago, IL 60606.*

Prueba de dinamometría manual

1. En el capítulo 2 se hallan las instrucciones para esta prueba.
2. Registre sus resultados y su clasificación normativa de esta prueba en el Cuadro 7-1.

RM de press en banco y prensa horizontal de piernas

1. Estime su peso para 1 RM en el press en banco.
2. Elija un peso de calentamiento que sea aproximadamente el 50 % de su 1 RM estimada. Extienda los brazos en el banco con este peso varias veces como calentamiento. Aumente progresivamente el peso (por ejemplo, con incrementos de entre 2,5 y 5 kg) hasta que sólo pueda levantar el peso una vez durante un esfuerzo máximo. Procure descansar por lo menos un minuto entre repeticiones.
3. Registre su 1 RM en el Cuadro 7-1.
4. En base a sus datos de 1 RM, determine su relación fuerza/peso y su clasificación normativa (Tabla 7-1). Muestre su trabajo y adjúntelo.

5. Repita las fases 1-4 para la prensa horizontal de piernas.
6. Registre sus resultados y su clasificación normativa en el Cuadro 7-1.

Categoría	*1 RM de press en banco*		*1 RM de prensa de piernas*	
	Hombres	*Mujeres*	*Hombres*	*Mujeres*
Excelente	> 1,25	> 0,77	> 2,07	> 1,62
Buena	1,17-1,25	0,72-0,77	2,00-2,07	1,54-1,62
Media	0,97-1,16	0,59-0,71	1,83-1,99	1,35-1,53
Regular	0,88-0,96	0,53-0,58	1,65-1,82	1,26-1,34
Baja	< 0,88	< 0,53	< 1,65	< 1,26

Fuente: Institute for Aerobic Research, Dallas Texas (Edades 20-29).

Tabla 7-1
Cuadro normativo de la fuerza relativa
Proporciones fuerza/peso

Pruebas tradicional y modificada de Sit and Reach

1. Quítese los zapatos y haga los estiramientos y calentamientos que prefiera.
2. Realice una de las pruebas de flexibilidad de *Sit and Reach* tal como se describen en el capítulo 3.
3. Registre sus resultados y su clasificación normativa en el Cuadro 7-1.

Prueba de los pliegues cutáneos $\sum 3$

1. Con su compañero, mida los tres puntos de los pliegues cutáneos necesarios para pronosticar la densidad corporal y el porcentaje de grasa corporal (ver capítulo 6).
2. Calcule la densidad corporal y el porcentaje de grasa corporal. Muestre su trabajo y adjúntelo.
3. Registre los resultados y la clasificación de su prueba en el Cuadro 7-1.

Pesaje hidrostático de Natant

1. Vaya con un compañero y busque un lugar en la piscina donde el nivel del agua llegue hasta la altura del pecho o de los hombros.
2. Mantenga el sistema Natant contra su pecho y respire inspirando y espirando 3-4 veces.
3. Descienda lentamente en el agua y adopte la posición fetal mientras se halle debajo de la misma.

4. ¡Espire maximalmente! Mientras esté debajo del agua, continúe forzando la expulsión de tanto aire como pueda (no vuelva a inspirar nada de aire). *Nota:* A fin de espirar completamente, contraiga y relaje sus músculos abdominales varias veces durante la parte final de la espiración.

5. Debe permanecer debajo del agua al menos 3-5 seg después de haber espirado tanto aire como haya podido. Esto dará suficiente tiempo a su compañero para determinar si usted se está hundiendo o flotando.

6. Continúe el procedimiento de Natant hasta adoptar una posición neutral de equilibrio: ni hundiéndose ni flotando (es decir, la cabeza aproximadamente 4 pulgadas [10 cm] debajo de la superficie; los pies sin tocar el fondo).

7. Su instructor le enseñará cómo cuantificar su medición de Natant.

8. Cuando haya completado usted el procedimiento de Natant, registre toda la información de la prueba en el Cuadro 7-1. Procure registrar la temperatura del agua (°C) en el espacio apropiado.

9. Use el programa de cálculo de Natant y calcule su densidad corporal y su porcentaje de grasa.

10. Registre los resultados de su prueba y su clasificación normativa en el Cuadro 7-1.

Nota: Para maximizar la precisión de su prueba de pesaje hidrostático, debe usted evitar el ejercicio agotador el día de la prueba, estandarizar la cantidad de alimentos tomados 24 horas antes de la prueba, mantener un nivel normal de hidratación (es decir, no estar reteniendo agua) y evacuar inmediatamente antes de la prueba. Sea muy estricto en la administración de esta prueba y asegúrese, mediante repetidos intentos, que se consigue la flotación neutral y que se ejecutan espiraciones completas en cada intento. El error en los métodos de pesaje hidrostático con frecuencia proviene del hecho de que el sujeto no espira adecuadamente.

Evaluación del fitness Physical Best

El programa Physical Best desarrollado por AAHPERD proporciona una batería de pruebas de fitness para jóvenes de entre 5 y 18 años de edad. A continuación, se perfilan instrucciones para cada aspecto de la prueba facilitada en el manual Physical Best. Se aconseja que la secuencia de la prueba se lleve a cabo en el orden presentado más adelante. Si su instructor le asigna la realización de estas pruebas, use los datos de referencia de criterio relativos a la salud para las personas de 18 años de edad en las Tablas 7-2 y 7-3. Sin embargo, tenga presente que sus estándares actuales pueden ser un tanto diferentes, si su edad es significativamente superior a 18 años.

Índice de masa corporal

1. En el capítulo 6 se hallan instrucciones para esta medida. Calcule su IMC y regístrelo en el Cuadro 7-3.
2. Recurra a los datos de referencia relacionados con la salud Physical Best (Tabla 7-2 o 7-3) para determinar si pasa usted este aspecto de la prueba. Registre sus resultados en el Cuadro 7-3.

Edad	Carrera de 1 milla (minutos)	Suma de pliegues cutáneos (mm)	Índice de masa corporal	Sit and Reach* (cm)	Abdominales (repeticiones)	Tracciones de brazos (repeticiones)
5	14:00	16-36	14-20	25	20	1
6	13:00	16-36	14-20	25	20	1
7	12:00	16-36	14-20	25	24	1
8	11:00	16-36	14-20	25	26	1
9	11:00	16-36	14-20	25	28	1
10	11:00	16-36	14-21	25	30	1
11	11:00	16-36	14-21	25	33	1
12	11:00	16-36	15-22	25	33	1
13	10:30	16-36	15-23	25	33	1
14	10:30	16-36	17-24	25	35	1
15	10:30	16-36	17-24	25	35	1
16	10:30	16-36	17-24	25	35	1
17	10:30	16-36	17-25	25	35	1
18	10:30	16-36	18-26	25	35	1

*Nota: Línea de fondo establecida a 23 cm; por tanto, los participantes deben estirarse 2 cm por debajo de la línea de fondo para satisfacer el criterio. Fuente: AAHPERD (1988).

Tabla 7-2
Datos de referencia relacionados con la salud de AAHPERD para niñas

Edad	Carrera de 1 milla (minutos)	Suma de pliegues cutáneos (mm)	Índice de masa corporal	Sit and Reach* (cm)	Abdominales (repeticiones)	Tracciones de brazos (repeticiones)
5	13:00	12-25	13-20	25	20	1
6	12:00	12-25	13-20	25	20	1
7	11:00	12-25	13-20	25	24	1
8	10:00	12-25	14-20	25	26	1
9	10:00	12-25	14-20	25	30	1
10	9:30	12-25	14-20	25	34	1
11	9:00	12-25	15-21	25	36	2
12	9:00	12-25	15-22	25	38	2
13	8:00	12-25	16-23	25	40	3
14	7:45	12-25	16-24	25	40	4
15	7:30	12-25	17-24	25	42	5
16	7:30	12-25	18-24	25	44	5
17	7:30	12-25	18-25	25	44	5
18	7:30	12-25	18-26	25	44	5

*Nota: Línea de fondo establecida a 23 cm; por tanto, los participantes deben estirarse 2 cm por debajo de la línea de fondo para satisfacer el criterio. Fuente: AAHPERD (1988).

Tabla 7-3
Datos de referencia relacionados con la salud de AAHPERD para niños

Prueba de la suma de los pliegues cutáneos

1. Con su compañero, mida los dos puntos de pliegues cutáneos necesarios para estimar su composición corporal. Mida los pliegues cutáneos del tríceps (ver capítulo 6) y de la pantorrilla. Para medir el pliegue cutáneo de la pantorrilla, haga que su compañero apoye su pie derecho sobre una silla o un taburete (la rodilla derecha debe estar flexionada con un ángulo de unos 90 grados). El lugar de la pantorrilla se halla junto al lado medial (sobre el maleolo medial) en la circunferencia máxima de la pantorrilla. (Debe tomarse un pliegue vertical.) Registre las mediciones de sus pliegues cutáneos en el Cuadro 7-3.

2. Sume las mediciones del tríceps y de la pantorrilla y recurra a las Tablas 7-2 o 7-3 para determinar si satisface usted o no el estándar relativo a la salud de AAHPERD. Observe que no se facilita estimación del porcentaje de grasa corporal para este aspecto de la prueba. Registre sus resultados en el Cuadro 7-3.

Altura (cm)	Peso mínimo (kg)	Peso máximo (kg)	Altura (cm)	Peso mínimo (kg)	Peso máximo (kg)
152,4	42	61,7	179	54	79,4
153,7	42	62,1	180	55	80,3
154,9	43	62,6	182	55	81,4
156,2	43	63,2	183	57	82,6
157,5	44	64,0	184	57	83,9
158,8	44	64,2	185	58	85,3
160,0	45	64,4	187	58	86,6
161,3	45	65,3	188	59	88,0
162,6	45	66,2	189	59	89,1
163,8	45	67,1	191	60	90,3
165,1	48	68,0	192	60	91,6
166,4	48	69,2	193	62	93,0
167,6	49	70,3	194	62	94,1
168,9	49	71,7	196	63	95,3
170,2	50	72,1	197	63	96,4
171,5	50	73,3	198	64	97,5
172,7	52	74,4	199	64	98,9
174,0	52	75,3	201	65	100,2
175,3	53	76,2	202	65	101,4
176,5	53	77,3	203	67	102,5
177,8	54	78,5	204	67	103,9

Nota: Por cada 2,5 cm que falten por llegar a 152 cm, reste 1 kg del peso máximo permisible; por cada 2,5 cm por encima de 200 cm, añada 2,7 kg hasta el peso máximo permisible. Los pesajes oficiales de las mujeres que están experimentando su ciclo menstrual pueden retrasarse 10 días.
Fuente: Fuerzas Aéreas ROTC (1992).

Tabla 7-4
Datos de referencia AFROTC del peso corporal para mujeres

Prueba de abdominales

1. Tiéndase de espaldas con las rodillas flexionadas, los pies sobre el suelo y los talones a una distancia de entre 30 y 45 cm de las nalgas. Los brazos deben estar cruzados sobre el pecho con las manos sobre el hombro contrario. Haga que su compañero sujete sus pies. La posición superior se completa cuando los codos tocan sus muslos; la posición inferior se completa cuando la parte media de la espalda contacta con el suelo.
2. Realice los abdominales que pueda en un minuto. Haga que su compañero cuente el número de repeticiones completas. El descanso entre abdominales está permitido tanto en la posición superior como en la inferior.
3. Registre el número de abdominales completados en el Cuadro 7-3.

Altura (cm)	Peso mínimo (kg)	Peso máximo (kg)	Altura (cm)	Peso mínimo (kg)	Peso máximo (kg)
152,4	45	69,4	179	55,8	89,1
153,7	45	69,9	180	57,6	90,3
154,9	46	70,3	182	57,6	91,9
156,2	46	71,0	183	59,4	93,0
157,5	47	71,7	184	59,4	94,3
158,8	47	72,1	185	61,2	95,7
160,0	47	72,6	187	61,2	97,3
161,3	47	73,5	188	63,1	98,9
162,6	48	74,4	189	63,1	100,2
163,8	48	75,5	191	64,9	101,6
165,1	48	76,7	192	64,9	103,0
166,4	48	77,8	193	66,7	104,3
167,6	49	78,9	194	66,7	105,7
168,9	49	80,1	196	68,5	107,0
170,2	50	81,2	197	68,5	108,4
171,5	51	82,3	198	69,4	109,8
172,7	52	83,5	199	69,4	111,1
174,0	52	84,6	201	71,2	112,5
175,3	54	85,7	202	71,2	113,9
176,5	54	86,9	203	73,0	115,2
177,8	56	88,0	204	73,0	116,6

Nota: Por cada 2,5 cm que falten por llegar a 152 cm, reste 1 kg del peso máximo permisible; por cada 2,5 cm por encima de 200 cm, añada 2,7 kg hasta el peso máximo permisible.
Fuente: Fuerzas Aéreas ROTC (1992).

Tabla 7-5
Datos de referencia AFROTC del peso corporal para hombres

4. Recurra a los datos de referencia apropiados relacionados con la salud Physical Best (Tabla 7-2 ó 7-3) para determinar si usted ha pasado este aspecto de la prueba. Registre sus resultados en el Cuadro 7-3.

Prueba de tracción de brazos

1. Cuélguese de una barra usando una presa supina (palmas hacia adelante). Mantenga los brazos y las piernas completamente flexionados, sin tocar el suelo con los pies.
2. Permaneciendo en suspensión, eleve su cuerpo con los brazos hasta que la barbilla quede situada por encima de la barra; luego baje el cuerpo de nuevo hasta la posición completamente extendida.

3. Repítalo tantas veces como le sea posible. No hay límite de tiempo.
4. Registre el número de tracciones de brazos realizadas en el Cuadro 7-3.
5. Recurra a los datos de referencia relacionados con la salud Physical Best (Tabla 7-2 ó 7-3) para determinar si usted ha pasado este aspecto de la prueba. Registre sus resultados en el Cuadro 7-3.

Prueba de la carrera de 1,5 millas (2,4 km)

1. Corra 1,5 millas tan rápidamente como pueda sobre una superficie plana (es decir, una pista). Haga que su compañero registre su tiempo.
2. En base a su edad y a su sexo, determine si satisface usted o no el estándar de rendimiento (Tabla 7-6).

Edad (años)	Hombres (min:s)	Mujeres (min:s)
17-29	12:00	14:24
30 o más años	12:30	14:52

Ajustes de tiempo obligatorios para la altitud: a 1.500 m añada 30 seg; a 2.400 m añada 1 minuto; a 3.650 m añada 2 min a los datos de referencia.
Fuente: Fuerzas aéreas ROTC (1992).

Tabla 7-6
**Estándares AFROTC relacionados con el rendimiento**
**Carrera de 1,5 millas (2,4 km)**

3. Registre sus resultados en el Cuadro 7-4.

Prueba de tracción de brazos
Hombres

1. Las palmas de las manos pueden estar mirando hacia adentro o hacia afuera separadas entre sí por una distancia aproximadamente igual a la anchura de los hombros. La barbilla debe estar separada de la barra formando un ángulo de 90 grados con el cuello.
2. Estando en suspensión, eleve el cuerpo flexionando los brazos hasta que la barbilla esté por encima de la barra; entonces baje nuevamente el cuerpo hasta quedar completamente extendido. No está permitido dar patadas ni balancear el cuerpo.
3. El ejercicio finaliza cuando se alcanza la puntuación máxima (19 repeticiones) o cuando no se logra completar un intento de tracción de brazos o cuando se descansa durante un extenso período de tiempo (es decir, durante más de 5 seg).
4. Registre el número de tracciones de brazos realizadas en el Cuadro 7-4.
5. En base a la hoja de puntuación de los hombres (Tabla 7-7), determine el número de puntos conseguidos en la primera prueba. Asimismo, determine

si satisface usted los requisitos mínimos para esta prueba. Tome nota en el Cuadro 7-4.

Flexión sostenida de brazos
Mujeres
1. Suba por una escalera hasta que su barbilla quede por encima de la barra fija. Adopte una presa prona (con las palmas de las manos hacia adelante) separadas entre sí por una distancia aproximadamente igual a la anchura de los hombros.
2. Haga que su compañero retire la escalera de debajo de sus pies y cronometre su prueba. Debe usted mantener la posición de suspensión con los brazos flexionados durante el mayor tiempo posible. Asegúrese de que el mentón no repose nunca sobre la barra o que la cabeza no se incline hacia atrás para mantener la barbilla por encima de la barra.
3. La prueba finaliza cuando se alcanza una puntuación máxima (42 seg), cuando la barbilla descansa sobre la barra, cuando la barbilla cae por debajo de la barra o cuando la cabeza se inclina hacia atrás para mantener el mentón por encima de la barra.
4. Registre el tiempo de su prueba en segundos en el Cuadro 7-4.
5. En base a la hoja de puntuaciones de las mujeres (Tabla 7-8), determine el número de puntos conseguidos para esta prueba. Determine también si satisface usted los requisitos mínimos para esta prueba. Registre sus resultados en el Cuadro 7-4.

Salto horizontal desde parado
1. Las puntas de los pies deben estar cerca de la línea de salida pero sin tocarla.
2. Salte tan lejos como pueda.
3. El primer salto puede contar como práctica. Se permiten dos saltos. Si el primer salto es satisfactorio, el segundo puede ser opcional.
4. Mida la distancia saltada desde la línea de salida hasta el punto de contacto. Registre su puntuación en el Cuadro 7-4.
5. En base a la hoja apropiada de puntuaciones (Tabla 7-7 ó 7-8), determine el número de puntos obtenidos en esta prueba. Determine también si satisface usted los requisitos mínimos para esta prueba. Regístrelo en el Cuadro 7-4.

Prueba de Sit and Reach
1. Efectúe un calentamiento de la parte baja de la espalda y de los isquiotibiales antes de la prueba con estiramientos lentos, sostenidos y constantes (sin rebotes).
2. Efectúe la prueba tradicional de *Sit and Reach* tal como se explica en el capítulo 3. Puede hacer cuatro intentos. Cada intento debe mantenerse al menos durante un segundo.

3. Anote su mejor puntuación de *Sit and Reach* en el Cuadro 7-3.
4. Recurra a los datos de referencia Physical Best relacionados con la salud (Tabla 7-2 ó 7-3) para determinar si ha pasado usted este aspecto de la prueba. Observe que la línea de base para el programa de Physical Best esté establecida en 23 cm; así, si su recuadro de *Sit and Reach* tiene una posición de base distinta, usted necesitará ajustar el estándar relacionado con la salud adecuadamente (es decir, si la línea de base = 25 cm, el estándar ajustado será igual a 27 cm y no a 25 cm). Registre sus resultados en el Cuadro 7-3.

Prueba de la carrera de 1 milla

1. Realice un calentamiento antes de la prueba.
2. Corra 1,0 milla (1.609 m) tan deprisa como pueda sobre una superficie lisa (es decir, una pista). Haga que su compañero registre su tiempo. Establezca su propio ritmo de modo que éste sea el más rápido posible a lo largo de la distancia que tiene que cubrir.
3. Registre su tiempo en el Cuadro 7-3.
4. Recurra a los datos de referencia Physical Best relacionados con la salud (Tabla 7-2 ó 7-3) para determinar si usted ha pasado con éxito este aspecto de la prueba. Registre sus resultados en el Cuadro 7-3.

Batería de pruebas de fitness AFROTC

El ROTC de las fuerzas aéreas de Estados Unidos (AFROTC) ha desarrollado una batería de pruebas de fitness diseñadas para evaluar la competencia física de los aspirantes y del personal alistado. Los datos de referencia de los criterios relacionados con el rendimiento (Tablas 7-6 y 7-7) reflejan el nivel mínimo de fitness requerido para las operaciones militares.

Abajo se perfilan instrucciones para cada prueba tal como se facilitan en el manual de operaciones AFROTC. La tracción de brazos o flexión sostenida de brazos, salto de longitud desde parado, flexiones de brazos, abdominales y la carrera de 600 yardas (552 m) deben efectuarse en este orden y completarse en un período de 15 min. La carrera de 1,5 millas (2,4 km) puede realizarse en un día distinto. Se recomiendan ejercicios de calentamiento antes de efectuar el protocolo de las pruebas de 15 min o la carrera de 1,5 millas (2,4 km).

Peso corporal

1. Haga que su compañero le pese redondeando el peso hasta los 100 gr más próximos. Registre dicho peso en el Cuadro 7-4.
2. Haga que su compañero mida su estatura redondeándola hasta los 0,5 cm más próximos. Registre dicha estatura en el Cuadro 7-4.
3. En base a los datos de referencia del peso corporal (Tabla 7-4 ó 7-5) averigüe si se halla usted entre el peso corporal mínimo y máximo permisible.

Tracción de brazos		Salto horizontal		Flexión de brazos		Abdominales		600 yardas	
Reps	*Pts*	*Cm*	*Pts*	*Reps*	*Pts*	*Reps*	*Pts*	*Segundos*	*Pts*
19	100	264	100	70	100	88	100	95	100
18	99	262	97	69	96	87	94	96	97
17	94	259	93	68	93	86	92	97	94
16	89	257	90	67	92	85	91	98	91
15	83	254	86	66	91	84	89	99	88
14	78	249	83	65	88	83	87	100	85
13	73	246	80	64	86	82	86	101	82
12	67	244	76	63	84	81	84	102	79
11	62	241	73	62	83	80	83	103	76
10	57	239	69	61	81	79	81	104	73
9	51	236	66	60	79	78	79	105	70
8	46	234	63	59	77	77	78	106	67
7	41	234	59	58	75	76	76	107	64
6	36	231	56	57	74	75	75	108	61
5	30	229	52	56	72	74	73	109	58
4**	25	226	49	55	70	73	71	110	55
3	20	224	45	54	68	72	70	111	52
2	14	221	41	53	66	71	68	112	49
1	9	218	37	52	65	70	67	113	46
		216	33	51	63	69	65	114	43
		213	29	50	61	68	63	115	40
		211**	25	49	59	67	62	116	37
		208	21	48	57	66	60	117	34
		206	19	47	56	65	59	118	31
		203	17	46	54	64	57	119	29
		201	15	45	52	63	55	120	27
		198	13	44	50	62	54	121**	25
		196	11	43	48	61	52	122	22
		193	9	42	47	60	51	123	19
		191	7	41	45	59	49	124	16
		188	5	40	43	58	47	125	13
		185	2	39	41	57	46	126	10
				38	39	56	44	127	8
				37	38	55	43	128	6
				36	36	54	41	129	4
				35	34	53	39	130	2
				34	32	52	38		
				33	30	51	36		
				32	29	50	35		

Tabla 7-7
Hoja de puntuaciones AFROTC para hombres

Tracción de brazos		Salto horizontal		Flexión de brazos		Abdominales		600 yardas	
Reps	Pts	Cm	Pts	Reps	Pts	Reps	Pts	Segundos	Pts
				31	27	49	33		
				30**	25	48	31		
				29	23	47	30		
				28	21	46	28		
				27	18	45	27		
				26	16	44**	25		
				25	14	43	23		
				24	12	42	21		
				23	10	41	19		
				22	7	40	17		
				21	5	39	15		
				20	3	38	13		
						37	11		
						36	9		
						35	7		
						34	5		
						33	3		

** Datos de referencia de criterios relacionados con el rendimiento.
Fuente: Air Force ROTC (1992).

Tabla 7-7 (continuación)

Prueba de flexiones de brazos

1. Los pies y las manos no deben estar separados por una distancia superior a la anchura de los hombros. Evite un arqueo excesivo del cuerpo (arco positivo o negativo). La posición del cuerpo es la misma para los hombres que para las mujeres.
2. Baje el cuerpo hasta que el esternón toque los nudillos de su compañero (el puño del compañero en el suelo con los nudillos de los cuatro dedos hacia arriba). Eleve su cuerpo hasta que los brazos estén completamente extendidos. En ningún momento debe dejar que parte alguna del cuerpo se apoye sobre el suelo, aparte de las manos y las puntas de los pies. Cuente solamente las flexiones completas.
3. La prueba finaliza cuando se alcanza el límite temporal de dos minutos o la puntuación máxima (88 para los hombres, 79 para las mujeres), o cuando la pausa en posición erguida supera los 5 seg, o cuando no se logra completar un intento de flexión.
4. Registre la puntuación en el Cuadro 7-4.

5. En base a la adecuada hoja de puntuación (Tabla 7-7 ó 7-8), determine el número de puntos obtenidos para esta prueba. Determine también si satisface los requisitos mínimos para esta prueba. Regístrelo en el Cuadro 7-4.

Prueba de la carrera de 600 yardas (552 m)

1. Corra 600 yardas tan rápidamente como pueda sobre terreno liso.
2. Haga que su compañero cronometre su carrera.
3. Registre sus resultados en el Cuadro 7-4.
4. En base a la hoja de puntuaciones apropiada (Tabla 7-7 ó 7-8), determine el número de puntos obtenidos en esta prueba. Determine también si ha satisfecho los requisitos mínimos para esta prueba. Tome nota en el Cuadro 7-4.

Cálculo de los resultados

1. Sume los puntos obtenidos en la tracción de brazos o flexión sostenida de brazos, salto de longitud desde parado, flexión de brazos, abdominales y la carrera de 600 yardas. Tome nota en el Cuadro 7-4. Se requiere una puntuación de al menos 180 puntos, junto con una puntuación mínima para pasar cuatro cualquiera de las cinco pruebas.
2. Los participantes deben satisfacer también los requisitos de peso corporal y de la carrera de 1,5 millas (2,4 km) para pasar la prueba.
3. Indique en el Cuadro 7-4 si ha pasado usted o no la prueba.

Tracción de brazos		Salto horizontal		Flexión de brazos		Abdominales		600 yardas	
Reps	Pts	Cm	Pts	Reps	Pts	Reps	Pts	Segundos	Pts
42	100	213	100	37	100	79	100	113	100
41	97	211	96	36	97	78	98	114	97
40	94	208	92	35	94	77	96	115	94
39	91	206	88	34	91	76	94	116	91
38	88	203	85	33	88	75	92	117	88
37	85	201	82	32	85	74	90	118	85
36	82	198	79	31	82	73	88	119	82
35	79	196	76	30	79	72	86	120	79
34	76	193	73	29	76	71	84	121	77
33	73	191	70	28	73	70	82	122	75
32	71	188	67	27	70	69	80	123	73
31	69	185	64	26	67	68	78	124	71

Tabla 7-8
Hoja de puntuaciones AFROTC para mujeres

Tracción de brazos		Salto horizontal		Flexión de brazos		Abdominales		600 yardas	
Reps	*Pts*	*Cm*	*Pts*	*Reps*	*Pts*	*Reps*	*Pts*	*Segundos*	*Pts*
30	67	183	61	25	64	67	76	125	69
29	65	180	58	24	61	66	74	126	67
28	63	178	55	23	58	65	72	127	65
27	61	175	52	22	55	64	70	128	63
26	59	173	49	21	52	63	68	129	61
25	57	170	46	20	49	62	66	130	59
24	55	168	43	19	46	61	64	131	57
23	53	165	40	18	43	60	62	132	55
22	51	163	37	17	41	59	60	133	53
21	49	160	34	16	39	58	58	134	51
20	47	157	31	15	37	57	56	135	49
19	45	155	28	14	35	56	54	136	47
18	43	152	25	13	33	55	52	137	45
17	41	150	21	12	31	54	50	138	43
16	39	147	17	11	29	53	48	139	41
15	37	145	13	10	27	52	46	140	39
14	35	142	9	9**	25	51	44	141	37
13	33	140	5	8	23	50	42	142	35
12	31	137	2	7	20	49	40	143	33
11	29			6	18	48	38	144	31
10	27			5	15	47	36	145	29
9**	25			4	12	46	34	146	27
8	23			3	9	45	32	147**	25
7	20			2	6	44	30	148	23
6	18			1	3	43	28	149	21
5	15					42	26	150	19
4	12					41**	25	151	17
3	9					40	21	152	15
2	6					39	18	153	13
1	3					38	15	154	11
						37	12	155	9
						36	9	156	7
						35	6	157	5
						34	3	158	3
								159	1

** Datos de referencia de criterios relacionados con el rendimiento
Fuente: Air Force ROTC (1992).

Tabla 7-8 (continuación)

Nombre: _____ Fecha: _____

Valoración del fitness global
Ejercicio

Edad: _____ años   Sexo: Hombre ☐ Mujer ☐   Hora del día: _____
Peso: _____ lb, _____ kg   Estatura_____ cm
Frecuencia cardíaca en reposo: _____ latidos.min^{-1}
Tensión arterial en reposo: _____ TAS (mm Hg)/_____ TAD (mm Hg)

Verifique las pruebas asignadas para ser realizadas:

☐ Prueba de Åstrand sobre cicloergómetro   ☐ Prueba de 1 RM de press en banco

☐ Prueba de andar de Rockport   ☐ Prueba de 1 RM de prensa horizontal de piernas

☐ Prueba de carrera de George-Fisher   ☐ Prueba tradicional de *Sit and Reach*

☐ Prueba de carrera sobre cinta ergométrica   ☐ Prueba modificada de *Sit and Reach*

☐ Prueba del escalón de Forest Service   ☐ Prueba del pliegue cutáneo Σ3

☐ Carrera de 1,5 millas (2,4 km)   ☐ Prueba del pesaje hidrostático de Natant

☐ Prueba de YMCA sobre cicloergómetro   ☐ Otras: _____

☐ Prueba de dinamometría manual

Prueba de Åstrand sobre cicloergómetro:

Intensidad final de esfuerzo _____ kgm.min^{-1}

Frecuencia cardíaca final _____ latidos.min^{-1}

V̇O$_2$máx _____ ml.kg^{-1}.min^{-1} (ajustado a la edad)

Clasificación normativa _____

Prueba de andar de Rockport:

Tiempo de carrera transcurrido_____min:seg

Tiempo de carrera transcurrido_____ min

Frecuencia cardíaca final _____ latidos.min^{-1}

V̇O$_2$máx _____ ml.kg^{-1}.min^{-1}

Clasificación normativa _____

Cuadro 7-1
Hoja de datos de la valoración global del fitness

Prueba de carrera de George-Fisher:

Tiempo transcurrido corriendo _____ min:seg

Tiempo transcurrido corriendo _____ min

Frecuencia cardíaca final _____ latidos.min^{-1}

$\dot{V}O_2$máx _____ml.kg^{-1}.min^{-1}

Clasificación normativa _____

Prueba de carrera sobre cinta ergométrica.

Velocidad de la cinta ergométrica_____ km.h^{-1} (grado inclinación)

Frecuencia cardíaca final _____ latidos.min^{-1}

$\dot{V}O_2$máx _____ml.kg^{-1}.min^{-1}

Clasificación normativa _____

Prueba del escalón del Forest Service:

Frecuencia cardíaca en reposo _____ latidos

$\dot{V}O_2$máx _____ml.kg^{-1}.min^{-1}

Clasificación normativa _____

Prueba de la carrera de 1,5 millas (2,4 km):

Tiempo de carrera transcurrido _____ min:seg

Tiempo de carrera transcurrido _____ min

$\dot{V}O_2$máx _____ml.kg^{-1}.min^{-1}

Clasificación normativa _____

Prueba de YMCA sobre cicloergómetro:

Intensidad final de trabajo _____ kgm.min^{-1}

Intensidad final de trabajo _____ latidos.min^{-1}

$\dot{V}O_2$máx _____ l.min^{-1}

$\dot{V}O_2$máx _____ml.kg^{-1}.min^{-1}

Clasificación normativa _____

Prueba de dinamometría manual:

Mano derecha _____ kg

Mano izquierda _____ kg

Suma _____ kg

Clasificación normativa _____

Cuadro 7-1 (continuación)
Hoja de datos de la valoración global del fitness

Prueba de 1 RM de press en banco:

Resistencia _____ lb _____ kg

Relación fuerza/peso _____

Clasificación normativa: _____

Prueba de 1 RM de prensa horizontal de piernas:

Resistencia _____ lb _____ kg

Relación fuerza/peso _____

Clasificación normativa: _____

Prueba tradicional de *Sit and Reach*:

Puntuación _____ cm

Clasificación normativa: _____

Prueba de los pliegues cutáneos $\Sigma 3$:

Tríceps (mujeres) _____ mm

Suprailíaco (mujeres) _____ mm

Muslos (hombres y mujeres) _____ mm

Pecho (hombres) _____ mm

Abdomen (hombres) _____ mm

Suma _____ mm

Dc _____ kg/l

Porcentaje GC _____ %

Clasificación normativa: _____

Pesaje hidrostático de Natant:

Temperatura del agua _____ °C

Medición de Natant _____

Porcentaje GC _____ %

Clasificación normativa: _____

Cuadro 7-1 (continuación)
Hoja de datos de la valoración global del fitness

Nombre _____ Edad _____ Peso _____ lb _____ kg   Altura del asiento _____

Fecha _____   FC máxima pronosticada _____

PRUEBA 1 _____	1ª FC de carga de trabajo usada
PRUEBA 2 _____	2ª FC de carga de trabajo usada
PRUEBA 3 _____	3ª FC de fuerza de trabajo usada

MÁX O₂ (l/min)   MÁX O₂ (ml/kg)   Máxima carga de trabajo

ORIENTACIONES

1. Representar la FC de las dos cargas de trabajo contra el trabajo (kgm.min⁻¹).
2. Determine la línea de la FCmáx del sujeto sustrayendo la edad del sujeto de 220 y trace una línea a través del gráfico con este valor.
3. Trace una línea a través de ambos puntos y extiéndala hasta la línea de la FCmáx para la edad.
4. Trace una línea desde este punto hasta la línea de base y lea la carga de trabajo máxima pronosticada y el consumo de O₂.

Escala FC (l/min): 200 · 190 · 180 · 170 · 160 · 150 · 140 · 130 · 120 · 110 · 100 · 90

	150	300	450	600	750	900	1050	1200	1350	1500	1650	1800	1950	2100
CARGA DE TRABAJO (kgm.min⁻¹)	150	300	450	600	750	900	1050	1200	1350	1500	1650	1800	1950	2100
CONSUMO MÁX DE O₂ (l/min)	0,6	0,9	1,2	1,5	1,8	2,1	2,4	2,8	3,2	3,5	3,8	4,2	4,6	5,0
KCAL USADAS (kcal/m)	3,0	4,5	6,0	7,5	9,0	10,5	12,0	14,0	16,0	17,5	19,0	21,0	23,0	25,0
NIVEL MET APROXIMADO (para 132 lb)	3,3	4,6	6,0	7,3	8,7	10,0	11,3	12,7	14,0	15,3	16,7	18,0	19,3	20,7
NIVEL MET APROXIMADO (para 178 lb)	3,0	4,0	5,0	6,0	7,0	8,0	9,0	10,0	11,0	12,0	13,0	14,0	15,0	16,0

Cuadro 7-2

Prueba de la YMCA sobre cicloergómetro para pronosticar la máxima capacidad de trabajo físico

Fuente: The Y's Way to Physical Fitness (3.ª edición) (1989). YMCA de los EE.UU., 101 N. Wacker Drive, Chicago, IL 60606.

Hoja de datos

Verifique las pruebas asignadas para su realización:
- ☐ Índice de masa corporal
- ☐ Suma de los pliegues cutáneos
- ☐ Prueba de abdominales
- ☐ Prueba de tracción de brazos
- ☐ Prueba de *Sit and Reach*
- ☐ Prueba de la carrera de 1 milla (1,609 km)

Índice de masa corporal:

kg/m^2: _____

Criterio relativo a la salud satisfecho: Sí/No

Suma de los pliegues cutáneos:

Tríceps: _____ mm

Pantorrilla: _____ mm

Suma: _____ mm

Criterio relativo a la salud satisfecho: Sí/No

Prueba de abdominales:

Puntuación: _____ repeticiones

Criterio relativo a la salud satisfecho: Sí/No

Prueba de tracción de brazos:

Puntuación: _____ repeticiones

Criterio relativo a la salud satisfecho: Sí/No

Prueba de *Sit and Reach*:

Puntuación: _____ cm

Criterio relativo a la salud satisfecho: Sí/No

Prueba de la carrera de 1 milla:

Tiempo de carrera transcurrido: _____ min:s

Criterio relativo a la salud satisfecho: Sí/No

Cuadro 7-3
Batería de pruebas de fitness del Physical Best

Verifique las pruebas asignadas para su realización:
- ☐ Peso corporal
- ☐ Carrera de 1,5 millas (2,4 km)
- ☐ Prueba de tracción de brazos o flexión sostenida de brazos
- ☐ Salto de longitud desde parado

- ☐ Prueba de flexión de brazos
- ☐ Prueba de abdominales
- ☐ Carrera de 600 yardas (549 m)

Peso/estatura corporal:
Peso corporal actual: _____ kg: estatura: _____ cm
Criterio relativo al rendimiento satisfecho: Sí/No

Prueba de la carrera de 1,5 millas (2,4 km):
Tiempo de carrera transcurrido: _____ min:s
Criterio relativo a la salud satisfecho: Sí/No

Tracción de brazos (hombres)/**Flexión sostenida de brazos** (mujeres):
Puntuación: _____ repeticiones; _____ segundos
Valor en puntos: _____
Criterio relativo al rendimiento satisfecho: Sí/No

Prueba de salto de longitud desde parado:
Puntuación: _____ cm
Valor en puntos: _____
Criterio relativo al rendimiento satisfecho: Sí/No

Prueba de abdominales:
Puntuación: _____ repeticiones
Valor en puntos: _____
Criterio relacionado con el rendimiento satisfecho: Sí/No

Prueba de la carrera de 600 yardas (549 metros):
Tiempo de carrera transcurrido: _____ segundos
Valor en puntos: _____
Criterio relacionado con el rendimiento satisfecho: Sí/No

Total de puntos:
Prueba de tracción de brazos   _____
Prueba de salto de longitud desde parado   _____
Prueba de flexión de brazos   _____
Prueba de abdominales   _____
Carrera de 600 yardas (549 m)   _____
Puntuación total   _____

Criterio satisfecho para la prueba general:
- ☐ Obtención de un mínimo de 180 puntos
- ☐ Conseguir un mínimo de cuatro de los cinco estándares de criterio de pruebas
- ☐ Satisfacer el criterio de peso corporal.
- ☐ Satisfacer el criterio de la carrera de 1,5 millas (2,4 km)

Se ha pasado la prueba: Sí / No

Cuadro 7-4
Batería de pruebas de fitness ROTC de las fuerzas aéreas

Conclusiones de la investigación

1. En base a los datos de referencia normativos, ¿está usted por encima de la media de las pruebas de fitness aplicables asignadas por su instructor? Estime qué porcentaje de su nivel actual de fitness es atribuible a su dotación genética, a los hábitos de ejercicio y a los hábitos nutricionales. Explíquelo.

2. En base a los datos de referencia AAHPERD referentes a criterios relativos a la salud (datos para 18 años de edad), ¿satisface usted la puntuación mínima de la pruebas aplicables de fitness asignadas por su instructor? ¿Cree usted poseer un nivel de fitness asociado con la buena salud? Explíquelo.

3. En base a los datos de referencia de criterios AFROTC relacionados con la salud, ¿satisface usted la puntuación mínima de las pruebas aplicables del fitness asignadas por su instructor? ¿Cree usted que los militares deberían usar datos de referencia relativos a la salud o datos de referencia relativos al rendimiento para clasificar a sus aspirantes? Justifique su respuesta.

4. En relación al fitness total, ¿cuáles son sus puntos fuertes y sus puntos débiles? ¿Está usted contento con su nivel general de fitness?

5. ¿Por qué sería ventajoso mejorar y/o mantener su nivel actual de fitness?

6. Describa varios modos en que podría cambiar usted su estilo de vida actual (ejercicio, hábitos nutricionales, etc.) para mejorar su fitness. Sea específico.

Nombre: _____   Fecha: _____

Resumen del laboratorio 7

Describa varios modos en que la información obtenida en esta práctica puede aplicarse a su campo elegido de interés y/o a su vida personal. Sea específico y facilite ejemplos prácticos.

Nombre: _____ Fecha: _____

8. Fatiga e isquemia muscular
Ejercicio de prelaboratorio

1. Defina la fatiga muscular.

2. Describa causas posibles de fatiga muscular.

3. Defina la isquemia muscular.

4. Describa varios modos de prevenir la isquemia muscular.

5. ☐ Marque el recuadro si ha leído usted cada una de las cuestiones de investigación y si está familiarizado con los procedimientos de recogida de datos relativos a cada cuestión de investigación.

8

FATIGA E ISQUEMIA MUSCULAR

PROPÓSITO

El propósito de esta práctica es introducir conceptos relativos a la fatiga e isquemia muscular.

OBJETIVOS DE APRENDIZAJE PARA EL ESTUDIANTE

1. Poder definir la fatiga muscular y saber cómo aplicar los conocimientos aprendidos en esta práctica a situaciones prácticas.
2. Poder definir la isquemia muscular y describir cómo esta condición puede limitar la fuerza y la resistencia muscular.

EQUIPO NECESARIO

3 dinamómetros manuales.
2 esfigmomanómetros.
Mancuernas.

La fatiga muscular es la incapacidad del sistema muscular para mantener una determinada intensidad de ejercicio. La intensidad y/o la duración del ejercicio son los principales factores que inducen el inicio de la fatiga muscular. Aunque la causa exacta de la fatiga muscular no se conoce, entre varias causas posibles podemos citar la alteración de la homeostasis dentro del camino neuromuscular, incluidas las neuronas motoras superiores e inferiores; la incapacidad para mantener la liberación apropiada de neurotransmisores en la unión neuromuscular, y factores comprometedores dentro del propio músculo. La fatiga muscular resultante de un esfuerzo máximo probablemente guarda relación con una insuficiencia de ATP y de fosfocreatina alrededor de las cabezas de actomiosina. La fatiga resultante de un ejercicio entre moderado y pesado es probable que se deba a la acumulación de productos de desecho (CO_2, iones de hidrógeno) y a los efectos de tales productos de desecho sobre los procesos metabólicos. La fatiga muscular que resulta de períodos prolongados de ejercicio entre ligero y moderado es causada frecuentemente por el agotamiento del glucógeno muscular y/o por la posible fatiga del sistema nervioso debida a hipoglucemia (niveles bajos de azúcar en sangre).

El deportista y el entusiasta del deporte a nivel recreativo deben entender cómo afecta la fatiga al fitness muscular y lo que se necesita para una completa recuperación. La recuperación infiere que el cuerpo ha establecido su capacidad para mantener una intensidad deseada de ejercicio. Esto significa que las condiciones previas al ejercicio dentro y alrededor del tejido activo han sido restablecidas adecuadamente. Existen varios factores que pueden afectar al tiempo de recuperación, incluidas la intensidad y la duración del ejercicio precedente, el estado de entrenamiento de la persona y/o el estado nutricional de dicha persona. Durante el período de recuperación, el combustible suministrado debe restablecerse, la temperatura del cuerpo y el tejido activo debe volver a su nivel normal, se ha de eliminar el exceso de productos de desecho y se debe neutralizar el pH celular.

La isquemia muscular se define como un suministro inadecuado de sangre alrededor del tejido muscular. Esta deficiencia de aporte sanguíneo tiene un efecto profundo sobre el fitness muscular, puesto que al músculo le llega una cantidad insuficiente de oxígeno y de nutrientes y no se elimina el exceso de productos de desecho y de metabolitos de las células musculares. Ciertos tipos de ejercicio, equipo y ropa pueden facilitar la aparición de un estado de isquemia.

REFERENCIAS SELECCIONADAS

Barclay, J.K., and W.N. Stainsby (1975). The role of blood flow in limiting maximal metabolic rate in muscle. *Medicine and Science in Sports and Exercise,* 7: 116-119.

Fitts, R.H., and J.O. Holloszy (1978). Effects of fatigue and recovery on contractile properties of frog muscle. *Journal of Applied Physiology* 45:899-902.

Fisher, A.G., and C.R. Jensen (1990). *Scientific Basis of 2Athletic Conditioning* (3.ª edición). Philadelphia: Lea & Febiger, pp: 151-152.

Fox, E.L., R.W. Bowers, and M.I. Foss (1988). *The Physiological Basis of Physical Education and Athletics* (4.ª edición). Philadelphia: Saunders College Publishing, pp:122-129.

Karsson, J. (1979). Localized muscular fatigue: Role of muscle metabolism and substrate depletion. *Exercise and Sport Sciences Review,* 7:1-42.

Lamb, D.R. (1984). *Physiology of Exercise: Responses and Adaptations* (2.ª edición). New York: Macmillan Publishing Company, pp: 311-325.

McArdle, W.D., F.I. Katch, and V.L. Katch (1991). *Exercise Physiology: Energy, Nutrition, and Human Performance* (3.ª edición). Philadelphia: Lea & Febiger, pp: 377.

Powers, S.K., and E.T. Howley (1990). *Exercise Physiology: Theory and Application to Fitness and Performance.* Dubuque, Iowa: Wm. C. Brown Publishers, pp: 418-421.

Wilmore, J.H., and D.L. Costill (1988). *Training for Sport and Acitivity: The Physiological Basis of the Conditioning Process* (3.ª edición). Dubuque, Iowa: Wm. C. Brown Publishers, pp: 32-40, 196.

ESTACIÓN 1

Fatiga muscular

Preguntas de investigación

1. Basándose en este experimento, ¿cuánto tiempo de recuperación se precisó antes de que los sujetos alcanzasen el 50 % de su fuerza máxima? ¿Y para el 100 %? Resuma sus resultados.

2. ¿Qué impacto tiene la fatiga muscular sobre la fuerza máxima? Cuantifique sus descubrimientos.

3. ¿Qué relación tiene el tiempo de recuperación con la intensidad del esfuerzo en el entrenamiento deportivo?

Recogida de datos

1. Pretratamiento: Usando un dinamómetro manual, determine la 1 RM para los tres miembros de su grupo de laboratorio. Registre los resultados en el Cuadro 8-1.
2. Tratamiento: Haga que el sujeto #1 apriete el dinamómetro manual con un esfuerzo del 100 % durante un minuto. Haga que el sujeto #2 apriete el dinamómetro con un esfuerzo del 50 % (50 % de 1 RM) durante un minuto. Haga que el sujeto #3 descanse. Haga que los tres sujetos inicien y detengan esta parte de la prueba al mismo tiempo.

   Durante el tratamiento, un miembro del grupo de laboratorio debe observar el marcador del dinamómetro y ayudar al sujeto #2 a mantener la tensión de prensión del dinamómetro al 50 % de su 1 RM.

3. Postratamiento: Inmediatamente después de la conclusión del tratamiento de 1 minuto, vuelva a ajustar el marcador del dinamómetro y a probar la fuerza máxima de prensión (1 RM) de los tres sujetos. Registre los resultados en el espacio 0:00 del Cuadro 8-1.

4. En un período de 5 min de postratamiento, vuelva a valorar la fuerza de prensión con 1 RM de cada sujeto cada 30 seg. Asegúrese de volver a poner el marcador del dinamómetro después de cada ensayo. Registre los resultados del postratamiento en el Cuadro 8-2.

5. Represente sus resultados en el Cuadro 8-3 y asegúrese de:

   a. Representar tanto los datos previos como los posteriores al tratamiento.

   b. Identifique los ejes *x* e *y*.

   c. Facilite una escala precisa para cada eje.

   d. Conecte los puntos que representan datos de cada sujeto con una línea continua.

   e. Identifique claramente la línea de datos de cada sujeto.

Nombre: _____ Fecha: _____

Fatiga muscular
Ejercicio

ESTACIÓN 1

	Sujeto #1	Sujeto #2	Sujeto #3
1 RM (kg) en el pretratamiento			
Tratamiento (1 minuto)*	100 %	50 %	Reposo

* El sujeto #1 debe apretar el dinamómetro manual con una fuerza del 100 % durante un minuto; el sujeto #2 debe apretar el dinamómetro al 50 % durante un minuto; el sujeto #3 debe descansar durante un minuto.

Cuadro 8-1
Hoja de datos

Tiempo (minutos)	Sujeto #1 1 RM (kg)	Sujeto #2 1 RM (kg)	Sujeto #3 1 RM (kg)
Inmediatamente posterior al tratamiento			
0:30			
1:00			
1:30			
2:00			
2:30			
3:00			
3:30			
4:00			
4:30			
5:00			

Cuadro 8-2
Hoja de datos de 1 RM posterior al tratamiento

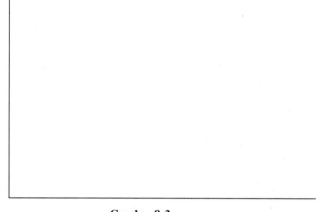

Cuadro 8-3
Representación de la fuerza en relación al tiempo

Conclusiones de la investigación

1. En base a este experimento, ¿cuánto tiempo de recuperación fue necesario antes de que los sujetos recuperasen el 50 % de su fuerza máxima? ¿Y para que recuperasen el 100 %? Resuma sus resultados.
2. ¿Qué impacto tiene la fatiga muscular sobre la fuerza máxima? Cuantifique sus descubrimientos.
3. ¿Qué relación tiene el tiempo de recuperación con la intensidad del esfuerzo en el entrenamiento deportivo?

ESTACIÓN 2

Isquemia muscular

Preguntas de investigación

1. ¿Qué impacto tiene la isquemia muscular localizada sobre la capacidad relativa de resistencia muscular? Describa sus descubrimientos.

2. En las actividades deportivas y recreativas, ¿cuándo puede presentarse la isquemia localizada? ¿Cómo puede prevenirse y/o tratarse?

3. Describa dos razones de por qué debe prevenirse la isquemia muscular durante el entrenamiento y el rendimiento deportivo.

Recogida de datos

1. Use mancuernas para determinar la fuerza de contracción máxima (1 RM) del brazo dominante para dos miembros de su grupo de laboratorio. Registre los resultados en el Cuadro 8-4.
2. Coloque un brazal para tomar la tensión arterial alrededor de los brazos dominantes de ambos sujetos. Hinche uno de los brazales hasta un nivel de 150 mm Hg y deje el otro vacío.
3. Haga que los dos sujetos contraigan su brazo con una intensidad relativa del 70 % de su fuerza máxima (es decir, 1 RM x 0,70 = peso del ejercicio). Los dos sujetos deben efectuar sus repeticiones con la misma cadencia.
4. Haga que cada sujeto continúe este ejercicio hasta que ya no pueda mantener la cadencia establecida del ejercicio. Miembros del grupo de laboratorio deben contar el número total de repeticiones realizado por cada sujeto. Registre los resultados de cada sujeto en el Cuadro 8-4.

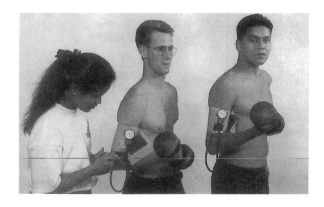

Nombre: _____ Fecha: _____

Isquemia muscular
Ejercicio

ESTACIÓN 2

Tratamiento	1 RM (kg)	70 % de 1 RM (kg)	Número de repeticiones
Sujeto con isquemia			
Sujeto sin isquemia			

Cuadro 8-4
Hoja de datos de la isquemia muscular

Conclusiones de la investigación

1. ¿Qué impacto tiene la isquemia localizada sobre la capacidad relativa de resistencia muscular? Describa sus descubrimientos.
2. En deportes y en actividades recreativas, ¿cuándo puede presentarse la isquemia localizada? ¿Cómo puede prevenirse y/o tratarse?
3. Describa dos razones por las que debe prevenirse la isquemia muscular durante el entrenamiento y en cuanto al rendimiento deportivo.

Nombre: _____ Fecha: _____

Resumen del laboratorio 8

Describa varios modos en que la información obtenida en esta práctica puede aplicarse en su campo de interés elegido y/o en su vida personal. Sea específico y facilite ejemplos prácticos.

Nombre: _____ Fecha: _____

9. Potencia muscular
Ejercicio de prelaboratorio

1. Defina la potencia muscular.

2. Relacione varios factores que influyen en la potencia muscular.

3. ¿Cuál es la puntuación para la prueba de potencia de Margaria-Kalamen para un hombre que tiene un peso corporal de 95 kg, un tiempo transcurrido de 0,45 seg y una distancia recorrida de 1,03 m?

4. ¿Cuál sería la resistencia del cicloergómetro, la producción de potencia máxima absoluta y relativa durante 5 seg, la producción de potencia absoluta y relativa media durante 30 seg, la clasificación porcentual y el índice de fatiga para un hombre que haya realizado la prueba de potencia de Wingate? Supongamos que pesa 86 kg y que las revoluciones de los pedales durante cada intervalo de 5 seg es igual a 12, 10, 9, 7, 5, 6 y 5,5 revoluciones, respectivamente.

5. ☐ Marque el recuadro con una cruz si ha leído cada pregunta de investigación y está familiarizado con los procedimientos de recogida de datos relativos a cada cuestión de investigación.

9

POTENCIA MUSCULAR

PROPÓSITO

El propósito de esta práctica es permitirle medir y evaluar la potencia muscular.

OBJETIVOS DE APRENDIZAJE PARA EL ESTUDIANTE

1. Poder definir la potencia muscular.
2. Poder describir cómo medir este componente técnico relacionado con el fitness usando una simple prueba de campo.

3. Describir la capacidad para calcular e interpretar la prueba de potencia de Wingate.

EQUIPO NECESARIO

Escaleras (plataformas de contacto opcionales).
Cicloergómetro.
Cronómetro.

La potencia muscular se define como la cantidad de trabajo realizado por unidad de tiempo o la intensidad con la que la fuerza es ejercida. Un movimiento *potente* generalmente supone que se ha efectuado un esfuerzo máximo hacia adelante; sin embargo, el término *potencia* puede usarse también para describir movimientos submáximos. La potencia máxima se determina principalmente por el número total y por el tamaño de las fibras musculares movilizadas; el tipo de unidades de fibras motoras (de contracción lenta comparadas con las de contracción rápida); la composición corporal (% de grasa corporal); la economía y la técnica del movimiento (entrenamiento y técnica); la amplitud del movimiento articular (flexibilidad), y la coordinación (aplicación de fuerza en el momento correcto). Puesto que la producción de potencia implica movimientos explosivos, el principal sistema de energía para sostener este tipo de actividad es el metabolismo anaeróbico (ATP, PC-ATP almacenados y la glucólisis anaeróbica).

REFERENCIAS SELECCIONADAS

Adams, G.M. (1990). *Exercise Physiology Lab Manual*. Dubuque, Iowa: Wm. C. Brown Publishers, pp: 57-63, 85-112.

Bradley, A.L., and T.E. Ball (1992). The Wintage Test: effect of load on the power outputs of female athletes and nonathletes. *J. Appl. Sports Sci. Res.* 6(4): 193-199.

Fisher, A.G., and C.R. Jensen (1990). *Scientific Basis of Athletic Conditioning* (3.ª edición). Philadelphia: Lea & Febiger, pp: 254-257.

Fox, E.L., R. W. Bowers, and M.L. Foss (1988). *The Physiological Basis of Physical Education and Athletics* (4th edition). Philadelphia: Saunders College Publishing, pp: 64, 673-684.

Jacobs, I. (1980). The effects of thermal dehydration on performance of the Wintage Anaerobic Test. *International Journal of Sports Medicine* 1:21-24.

Lamb, D.R. (1984). *Physiology of Exercise: Responses and Adaptations* (2.ª edición). New York: Macmillan Publishing Companay, pp: 294-300.

Lamb, D.R. (1984). *Physiology of Exercise: Responses and Adaptations* (2.ª edición). New York: Macmillan Publishing Companay, pp: 294-300.

Maud, P.J., and B.B. Shultz (1989). Norms for the Wingate Anaerobic Test with comparison to another similar test. *Research Quarterly for Exercise and Sport* 60(2): 144-151.

Margaria, R., I. Aghemo, and E. Rovelli (1966). Measurement of muscular power (anaerobic) in man. *Journal of Applied Physiology* 21:1662-1664.

McArdle, W.D., F.I. Katch, and V.L. Katch (1991). *Exercise Physiology: Energy, Nutrition, and Human Performance* (3.ª edición). Philadelphia: Lea & Febiger, pp: 201-204.

Powers, S.K., and E.T. Howley (1990). *Exercise Physiology: Theory and Application to Fitness and Performance*. Dubuque, Iowa: Wm. C. Brown Publishers, pp: 118-120.

Wilmore, J.H., and D.L. Costill (1988). *Training for Sport and Activity: The Physiological Basis of the Conditioning Process* (3.ª edición). Dubuque, Iowa: Wm. C. Brown Publishers, pp:369-373.

ESTACIÓN 1

Prueba de potencia de Margaria-Kalamen

Preguntas de investigación

1. ¿Tienen los hombres y las mujeres diferentes niveles de potencia máxima? Si es así, describa la diferencia y dé varias razones por las que podría esperar usted ver tales descubrimientos.

2. ¿Deben ser específicos para cada sexo los cuadros normativos para la potencia muscular? Argumente su respuesta.

3. Relacione al menos dos posibles fuentes de error de medición que puedan haber tergiversado sus descubrimientos. ¿Cambiaría la eliminación de estos errores su respuesta a la cuestión de investigación 1?

Recogida de datos

Todas las personas del laboratorio deben efectuar la prueba de potencia de Margaria-Kalamen y/o la prueba de potencia de Wingate. Cuando las dos pruebas se realizan el mismo día, la prueba de potencia de Margaria-Kalamen debe efectuarse antes de la prueba de la potencia de Wingate.

Prueba de potencia de Margaria-Kalamen

La prueba de potencia de Margaria-Kalamen requiere que el sujeto suba corriendo un tramo de escaleras a la mayor velocidad posible. El propósito de esta prueba es determinar las capacidades de producción de potencia anaeróbica principalmente de las piernas y de las caderas (flexión plantar, extensión de las rodillas y extensión de las caderas).

Instrucciones:
1. Localice un tramo de escalera de al menos 12 peldaños. Marque un punto de salida 6 m antes del primer peldaño. Marque el tercero, el sexto y el noveno peldaño. Si dispone de ellas, ponga plataformas de contacto en el tercer y noveno peldaños de modo que al pisar la primera (tercer peldaño) se ponga en marcha el cronómetro, y al pisar la segunda (noveno peldaño) se detenga el cronómetro. Registre el tiempo transcurrido.
2. Corra hacia la escalera desde la posición de salida y suba las escaleras tan deprisa como pueda. Suba tres peldaños con cada zancada si puede.
   Cuando no se dispone de plataformas de contacto, los estudiantes pueden cronometrarse unos a otros con cronómetros. Ponga en marcha y detenga el cronómetro cuando el sujeto pise el tercer y noveno peldaño, respectivamente.

3. Repita la prueba al menos tres veces o hasta que crea que ha conseguido su mejor tiempo. Registre su mejor tiempo en centésimas de segundo (00.00) en el Cuadro 9-4.
4. Calcule la puntuación de su potencia. Más abajo se facilita un ejemplo de cálculo. Muestre su trabajo en el espacio facilitado. Registre sus resultados individuales en el Cuadro 9-1. Recurra a la Tabla 9-1 para determinar la clasificación de su potencia.
5. Registre los resultados de cada hombre y mujer en el Cuadro 9-2. Calcule la puntuación total y media de la potencia de los hombres y las mujeres junto con la correspondiente clasificación de la potencia y regístrelo también en el Cuadro 9-2.

Ejemplo de cálculo: ¿Cuál es la puntuación de la prueba de potencia de Margaria-Kalamen para una mujer que tiene un peso corporal de 80 kg, un tiempo transcurrido de 0,55 seg y una distancia recorrida de 1,03 m? La potencia se calcula usando la fórmula siguiente:

$$\text{Potencia (kgm/seg)} = \frac{f \times d}{t}$$

$$\text{Potencia} = \frac{80 \text{ kg} \times 1{,}03 \text{ m}}{0{,}55 \text{ seg}} = 149{,}8 \text{ kgm/seg}$$

Donde: f = Peso corporal en kilogramos (kg)
         d = Distancia vertical entre el tercer y el noveno peldaño (m).
         t = Tiempo en centésimas de segundo (seg).
             Use decimales, 0.00)

Nota: La distancia vertical (d) puede determinarse midiendo un solo peldaño en metros y multiplicándolo después por 6. Esto representa la totalidad de la distancia vertical para los 6 peldaños (entre el tercer y el noveno peldaño). Clasificación de la potencia: Buena. (Ver la Tabla 9-1.)

Clasificación	Hombres (kgm/seg)	Mujeres (kgm/seg)
Baja	< 106	< 85
Regular	106-139	85-111
Media	140-175	112-140
Buena	76-210	141-168
Excelente	> 210	> 168

Fuente: Fox (1988), para edades comprendidas entre los 20 y los 30 años.
Tabla 9-1
Cuadro normativo para la prueba de potencia de Margaria-Kalamen

Nombre: _____ Fecha: _____

Prueba de potencia de Margaria-Kalamen
Ejercicio

ESTACIÓN 1

Fuerza (kg)	Tiempo (seg)	Distancia (m)	Potencia (kgm/seg)	Clasificación de la potencia

Cuadro 9-1
Hoja de datos individuales de potencia muscular

Muestre sus cálculos:

Hombres		Mujeres	
Sujeto	Puntuación de la potencia (kgm.min⁻¹)	Sujeto	Puntuación de la potencia (kgm.min⁻¹)
1		1	
2		2	
3		3	
4		4	
5		5	
6		6	
7		7	
8		8	
9		9	
10		10	
11		11	
12		12	
13		13	
14		14	
15		15	
Total		Total	
Media		Media	

Cuadro 9-2
Hoja de datos de potencia muscular de la clase

Conclusiones de la investigación

1. ¿Tienen los hombres y las mujeres diferentes niveles de potencia máxima? Si es así, describa la diferencia y dé varias razones por las que esperaría ver tales descubrimientos.
2. ¿Deben ser específicos para cada sexo los cuadros de potencia muscular? Argumente su respuesta.
3. Relacione al menos dos fuentes posibles de error en las mediciones que pueden haber tergiversado sus descubrimientos. ¿Cambiaría la corrección de estos errores su respuesta a la cuestión 1?

ESTACIÓN 2

Prueba de potencia de Wingate

Preguntas de investigación

1. ¿Son iguales los resultados de su prueba de potencia de Wingate a los de un luchador típico (hombre) o al de un jugador de hockey sobre hielo (mujer)? Vea la Tabla 9-2. ¿Está usted por encima del 18 % en términos de sus puntuaciones de Potencia Media Absoluta y Potencia Media Relativa del Cuadro 9-4? Analice sus descubrimientos.

2. Ilustre de modo gráfico su declive en potencia máxima relativa a lo largo de la prueba de potencia de Wingate de 30 seg.

3. Describa al menos dos factores que pueden causar un declive en la potencia (fatiga) a lo largo de los 30 seg de la prueba de Wingate.

Recogida de datos

La prueba de potencia de Wingate implica pedalear sobre cicloergómetro a un nivel máximo de esfuerzo (mayor velocidad de pedaleo) durante 30 seg. Esta prueba está diseñada para medir la producción de potencia anaeróbica principalmente para la extensión de las rodillas (músculos cuádriceps). La motivación del sujeto es esencial, y los resultados de la prueba no serán válidos a menos que los sujetos apliquen un esfuerzo máximo a lo largo de todo el período de 30 seg. En consecuencia, es imperativo que los sujetos rindan al límite máximo de su físico desde el comienzo hasta el final de la prueba.

A partir de la prueba de potencia de Wingate, pueden calcularse tres mediciones que indican las capacidades anaeróbicas del músculo.

1. Potencia máxima durante 5 seg: Ésta es igual a la mayor puntuación de la potencia durante 5 seg de la prueba de 30 seg y debe producirse normalmente en los primeros 5 seg de la prueba. Una puntuación de potencia máxima de 5 seg refleja la capacidad del músculo para descomponer (utilizar) ATP a partir de dos fuentes principales: el ATP y la fosfocreatina almacenados (sistema fosfagénico).

2. Potencia media durante 30 seg: Es igual a la producción media de potencia del músculo durante la prueba de 30 seg. Puesto que el ATP y el PC almacenados se consumen en el transcurso de los 10 primeros segundos, esta medición refleja principalmente la producción de ATP a través de la glucólisis anaeróbica (degradación del glucógeno).

3. Índice de fatiga: refleja la capacidad del músculo para resistir la fatiga. El índice de fatiga es igual a la diferencia entre la mayor producción de

potencia durante 5 seg dividida por la menor producción de potencia durante 5 seg (ver la fórmula descrita más adelante). Una puntuación elevada ($\geq$ 45 %) indica una resistencia muscular relativamente baja, mientras que una puntuación baja ($\leq$ 30 %) indica la capacidad para resistir la fatiga muscular. Es evidente que conseguir un índice de fatiga apropiado requiere que el sujeto esté motivado y que pedalee tan deprisa como pueda durante toda la prueba de 30 seg.

Además de los tres cálculos anteriores, deben calcularse también puntuaciones relativas para la potencia máxima de 5 seg y para la potencia media de 30 seg. Para generar puntuaciones relativas, divida simplemente la puntuación de potencia del sujeto (watios) por su peso corporal (kg). Las puntuaciones relativas son importantes porque proporcionan una proporción anaeróbica entre la potencia y el peso y pueden indicar la potencia relativa de individuos con diferentes pesos corporales.

Instrucciones:

1. Organice los cometidos de su grupo de laboratorio. Asigne miembros del laboratorio para a) contar revoluciones de pedaleo si no se dispone de un contador automático, b) ajustar la fuerza ergométrica, y c) cronometrar la prueba.
2. Ajuste el sillín del ergómetro de modo que las rodillas del sujeto estén casi extendidas cuando los pedales se hallen en la posición inferior.
3. Haga que el sujeto caliente en un ergómetro de freno mecánico (Monark) durante 2-4 min a una intensidad que provoque un frecuencia cardíaca de entre 150 y 160 latidos.min⁻¹. El pedaleo debe estar intercalado con 4-5 seg de esprints máximos para ayudar a que el sujeto obtenga una percepción de la verdadera prueba.
4. Después de este calentamiento, el sujeto debe descansar durante al menos 2 min pero no durante más de 5 min.
5. Durante la prueba, el sujeto debe pedalear en el ergómetro con la mayor rapidez posible. Al mismo tiempo, la resistencia del ergómetro debe incrementarse hasta alcanzar la resistencia predeterminada en 2-4 seg. Esta resistencia debe ser igual a 0,075 veces la masa corporal (kg). En el momento preciso en que se alcanza la carga óptima, debe comenzarse una cuenta de las revoluciones del pedaleo continuándola durante 30 seg mientras el sujeto pedalea con la mayor rapidez posible.

Las cuentas del pedaleo deben registrarse cada 5 seg durante esta fase de trabajo de 30 seg, bien electrónicamente o mediante un par de observadores fiables. Un observador debe contar las revoluciones acumuladas de pedaleo en voz alta mientras el otro registra los resultados en el cuadro 9-3 cada 5 seg. En base a las revoluciones de pedaleo acumuladas, puede determinarse el número de revoluciones en cada período de 5 seg.

6. Enfriamiento: Haga que el sujeto continúe pedaleando con una carga ligera durante 2-3 min después de la prueba.
7. Calcule la potencia anaeróbica máxima, la producción media de potencia y el índice de fatiga. Vea el ejemplo de cálculo más adelante. Observe que las ecuaciones usadas para calcular la potencia están ideadas para los cicloergómetros Monark u otros ergómetros comparables que tengan un volante de 6 metros por revolución.
8. Registre sus resultados en el Cuadro 9-3.
9. Ilustre en forma gráfica el declive de la potencia máxima relativa a lo largo de los 30 seg de la prueba de potencia de Wingate. Designe el eje *x* como tiempo (segundos) y el eje *y* como potencia máxima relativa durante 5 seg (watios/kg). Trace una línea que una

cada uno de los puntos de datos representados a fin de ilustrar tendencias en los datos.

Ejemplo de cálculo: ¿Cuál sería la resistencia del cicloergómetro, la producción de potencia absoluta y relativa máxima durante 5 seg, la producción de potencia absoluta y relativa media durante 30 seg, la clasificación porcentual y el índice de fatiga para un hombre que efectúa la prueba de potencia de Wingate? Suponga que dicho sujeto pesa 65 kg y que las revoluciones de pedaleo para cada intervalo de 5 seg es igual a 12, 10, 8,5, 7,7 y 6,5 revoluciones, respectivamente.

Resistencia del cicloergómetro:
$$65 \text{ kg x } 0,075 = 4,87 \text{ kg o } 5,0 \text{ kg}$$
(*Nota:* Redondee las cargas de trabajo al 0,5 kg más próximo)

Potencia máxima absoluta durante 5 seg (PMA):
$$\text{PMA (watios)} = \text{carga (kg) x máximo de revoluciones x } 11,765$$
$$\text{PMA} = 5 \text{ kg x } 12 \text{ rev x } 11,765 = 705,9 \text{ watios}$$

Potencia máxima relativa durante 5 seg (PMR):
$$\text{PMR (Watios/kg)} = \text{PMA/kg peso corporal}$$
$$\text{PMR} = 705,9 \text{ watios/65 kg} = 10,86 \text{ watios/kg}$$

Potencia media absoluta durante 30 seg (PMEA):
$$\text{PMEA (watios)} = \text{carga (kg) x promedio de revoluciones x } 11,765$$

Promedio de revoluciones por intervalo de 5 seg =

$$12 + 10 + 8,5 + 7 + 7 + 6,5 = 51 \text{ revoluciones}$$
$$51 \text{ rev/6 intervalos de tiempo} = 8,5 \text{ rev}$$
$$PMEA = 5,0 \text{ kg} \times 8,5 \text{ rev} \times 11,765 = 500,0 \text{ watios}$$

Potencia media relativa durante 30 seg (PMER):

$$PMER \text{ (watios/kg)} = PMEA/kg$$
$$PMER = 500,0 \text{ watios/65 kg} = 7,69 \text{ watios/kg}$$

Índice de fatiga (IF):

$$IF (\%) = \frac{\text{Pico más alto de potencia en 5 seg - Pico más bajo de potencia en 5 seg}}{\text{Pico más alto de potencia en 5 seg}}$$

$$IF = \frac{705,9 \text{ watios} - 382,36 \text{ watios}}{705,9 \text{ watios}} = 0,4583 \text{ ó } 45,83 \%$$

$$PMA \text{ menor} = 5,0 \text{ kg} \times 6,5 \text{ rev} \times 11,765 = 382,36 \text{ watios}$$

En la Tabla 9-2 se presentan puntuaciones típicas para PMA, PMR, PMEA, PMR e IF para lucha (masculinos) y para hockey sobre hierba (mujeres). En la Tabla 9-3 vienen ilustradas normas porcentuales para PMEA y PMR.

Grupo	PMA (watios)	PMR (watios/kg)	PMEA (watios)	PMER (watios/kg)	IF (%)
Luchador (hombre)	900	12,0	700	9,0	≤ 40 %
Hockey sobre hierba (mujer)	700	12,0	500	9,0	≤ 40 %

PMA = Potencia máxima absoluta durante 5 segundos (watios)
PMR = Potencia máxima relativa durante 5 segundos (watios/kg)
PMEA = Potencia media absoluta durante 30 segundos (watios)
PMER = Potencia media relativa durante 30 segundos (watios/kg)
IF = Índice de fatiga (%)
*Estudiantes universitarios
Fuente: Bradley (1992), Jacobs (1980).

Tabla 9-2
Puntuaciones típicas de potencia para la prueba de potencia de Wingate*

	Hombres		Mujeres	
Percentiles	*PMEA* *(watios)*	*PMER* *(watios/kg)*	*PMEA* *(watios)*	*PMER* *(watios/kg)*
95	676,6	8,63	483,0	7,52
90	661,8	8,24	469,9	7,31
85	630,5	8,09	437,0	7,08
80	617,9	8,01	419,4	6,95
75	604,3	7,96	413,5	6,93
70	600,0	7,91	409,7	6,77
65	591,7	7,70	402,2	6,65
60	576,8	7,59	391,4	6,59
55	574,5	7,46	386,0	6,51
50	564,6	7,44	381,1	6,39
45	552,8	7,26	376,9	6,20
40	547,6	7,14	366,9	6,15
35	534,6	7,08	360,5	6,13
30	529,7	7,00	353,2	6,03
25	520,6	6,79	346,8	5,94
20	496,1	6,59	336,5	5,71
15	484,6	6,39	320,3	5,56
10	470,9	5,98	306,1	5,25
5	453,2	5,56	286,5	5,07
Promedio	562,7	7,28	380,8	6,35
Desviación estándar	66,5	0,88	56,4	0,73
Mínimo	441,3	4,63	235,4	4,53
Máximo	711,0	9,07	528,6	8,11

PMEA = Potencia media absoluta durante 30 segundos (watios)
PMER = Potencia media relativa durante 30 segundos (watios/kg)
*Hombres (n = 60); Mujeres (n = 69)
Fuente: Maud y Shultz (1989).

Tabla 9-3
Normas porcentuales de PAME y de PMER para la prueba
*de potencia de Wingate**

Esta tabla se ha reimpreso con permiso de la Research Quarterly for Exercise and Sports, vol. 60, n.º 2 (junio de 1989). La Research Quarterly for Exercise and Sport es una publicación de la American Alliance for Health, Physical Education, Recreation and Dance, 1990 Association Drive, Reston, VA 22091.

Nombre: _____ Fecha: _____

Prueba de potencia de Wingate
Ejercicio

ESTACIÓN 2

Nombre: _____ Masa corporal: _____ kg

Resistencia del cicloergómetro (kg): _____ (Masa corporal x 0,075 kg)

Intervalo de tiempo	*Revoluciones acumulativas*	*Revoluciones en 5 segundos*	*PMA (watios)*	*PMR (watios/kg)*	*PMEA (watios)*	*PMER (watios/kg)*
0-5						
5-10						
10-15						
15-20						
20-25						
25-30						

Resultados:

PMA (potencia máxima absoluta durante 5 segundos): _____ watios

PMR (potencia máxima relativa durante 5 segundos): _____ (watios/kg)

Promedio de revoluciones durante 5 segundos: _____

PMEA (potencia media absoluta durante 30 segundos): _____ (watios)

Clasificación porcentual: _____

PMER (potencia media relativa durante 30 segundos) _____ (watios/kg)

Clasificación porcentual: _____

Índice de fatiga (IF): _____ %

Muestre su trabajo de todos los cálculos. Adjúntelos al informe del laboratorio.

Cuadro 9-3
Prueba de potencia de Wingate

Conclusiones de la investigación

1. ¿Son los resultados de su prueba de potencia de Wingate iguales a los de un luchador típico (hombre) o a los de un deportista de hockey sobre hierba (mujer)? Vea la Tabla 9-2. ¿Está usted por encima del 80 % en términos de puntuaciones de PMEA y de PMER (Tabla 9-3)? Analice sus descubrimientos.

2. Ilustre de forma gráfica el declive en potencia máxima relativa a lo largo de la prueba de potencia de 30 segundos de Wingate.

3. Describa al menos dos factores que puedan haber causado el declive de la potencia (fatiga) durante la prueba de potencia de 30 seg de Wingate.

Nombre: _____   Fecha: _____

Resumen del laboratorio 9

Describa varias maneras en que la información obtenida en esta práctica puede aplicarse a su campo elegido de interés y/o a su vida personal. Sea específico y facilite ejemplos prácticos.

Nombre: _____ Fecha: _____

10. Medición del ritmo metabólico
Ejercicio de prelaboratorio

1. ¿Cuál sería el RMB de una mujer de 22 años de edad que tiene un peso corporal de 70,8 kg y una estatura de 1,78 m? Exprese su respuesta en kcal/día, $kcal.min^{-1}$, lO_2/min, y $ml.kg^{-1}.min^{-1}$.

2. Describa varios modos de minimizar errores de predicción cuando se usan las ecuaciones metabólicas del ACSM.

3. ¿Cuál es el coste de oxígeno estimado y el consumo de energía del hecho de correr sobre una cinta ergométrica a 8,85 $km.h^{-1}$ y con una pendiente del 10 %? Suponga una masa corporal de 73 kg.

4. ¿Cuál es la estimación del coste de oxígeno y del consumo de energía para pedalear con las piernas en un cicloergómetro cuando se mantiene un ritmo de trabajo de 750 $kgm.min^{-1}$? Suponga un peso corporal de 86 kg.

5. ☐ Marque el recuadro con una cruz si ha leído usted todas las cuestiones para esta práctica y está familiarizado con los procedimientos de recogida de datos relativos a cada cuestión de investigación.

CAPÍTULO 10

MEDICIÓN DEL RITMO METABÓLICO

PROPÓSITO

El propósito de esta práctica es evaluar y comparar las mediciones del ritmo metabólico observadas con las estimadas.

OBJETIVOS DE APRENDIZAJE PARA EL ESTUDIANTE

1. Poder calcular los valores de coste de oxígeno y de consumo de energía a partir de las ecuaciones de predicción.
2. Poder aplicar las ecuaciones de estimación metabólicas a situaciones prácticas.

EQUIPO NECESARIO

Calculadora.
Cuadro metabólico.
Boquilla(s) y pinza para la nariz.
Cinta ergométrica.
Cicloergómetro.

La cantidad de energía que usa el cuerpo cada día depende principalmente de dos factores: el ritmo metabólico basal y la actividad física.

Ritmo metabólico basal

El ritmo metabólico basal (RMB) representa el consumo de energía del cuerpo (en reposo) para mantener la vida y las funciones corporales normales (por ejemplo, la respiración, la circulación, las necesidades celulares vitales). Sorprendentemente, el RMB representa hasta el 65-75 % del consumo diario de kilocalorías (kcal). Se estima que los hombres y las mujeres consumen una media de 1.500 y 1.200 kcal diarias, respectivamente, solo para mantener las funciones corporales esenciales.

Numerosos factores influyen en el RMB. Entre los más importantes se hallan el tamaño y la composición del cuerpo. Por ejemplo, los individuos más grandes tienen más células a las que abastecer y mantener y en consecuencia tienen un RMB más alto que los individuos de menor tamaño. Además, las fibras musculares requieren más energía para su mantenimiento (en reposo) que las células grasas; con lo cual, los individuos más delgados queman más calorías a lo largo de un período de 24 horas que individuos más obesos de tamaño comparable.

La medición del RMB debe realizarse bajo condiciones de laboratorio estrictas. Por ejemplo:

1. La persona no debe haber tomado ningún alimento durante al menos 12 horas, ya que la digestión de la comida (termogénesis) puede incrementar significativamente el coste metabólico.
2. El RMB debe medirse cuando la persona se halla totalmente en reposo pero todavía despierta.
   a. Las mediciones deben efectuarse a primera hora de la mañana después de una noche de sueño reparador.
   b. No debe realizarse ningún ejercicio agotador durante al menos las 24 horas anteriores a la prueba.
3. La persona debe estar libre de todo trastorno psíquico y físico (por ejemplo, medicaciones, drogas, depresión, estrés).
4. La temperatura ambiente debe ser confortable y hallarse entre los 20 y los 33 °C.

Puesto que la medición del RMB requiere un cuidadoso control y preparación del sujeto, con frecuencia se mide el ritmo metabólico en reposo (RMR) en lugar del RMB. La preparación previa a la prueba para las mediciones del RMR es simplemente hacer que el sujeto se siente (o se tienda) tranquilamente durante al menos 10 min antes de la prueba. En consecuencia, el RMR fluctuará más que el RMB y normalmente será más elevado. En la Tabla 10-1 se ilustran ritmos metabólicos en reposo típicos.

Hay varios modos de medir el RMB o el RMR. El procedimiento estándar empleado por los investigadores es usar un calorímetro corporal total (cámara metabólica). Un calorímetro es una gran cámara aislada que puede medir la cantidad de calor liberado por el cuerpo. Una cámara metabólica facilita unos resultados precisos, válidos y fiables de la prueba; sin embargo, el equipo es caro y difícil de usar.

Afortunadamente, la producción de calor metabólico es proporcional al consumo de oxígeno. En consecuencia, el consumo de energía puede calcularse con un equivalente apropiado de oxígeno en kilocalorías (esto es, 5 kcal/1 lO_2). Con frecuencia, se usa un espirómetro para medir el consumo de oxígeno en reposo. Observe que todas las mediciones observadas de RMB o RMR deben corregirse para TEPS. (Ver el capítulo 12 y el apéndice C.)

1,25 kcal.min^{-1}
0,25 lO_2.min^{-1}
3,5 ml.kg^{-1}.min^{-1}

---

*Los valores se corrigen en TEPS y representan valores típicos de RMR en la población general.

Tabla 10-1
*Ritmos metabólicos medios en reposo***

Predicción del RMB

El RMB puede estimarse también con ecuaciones de predicción. Abajo se perfilan ecuaciones de predicción del RMB para hombres y para mujeres. Las variables de predicción utilizadas para estimar el RMB son el peso corporal (kg), la estatura (cm) y la edad.

Mujeres:

RMB (kcal/día) = 655,1 + (95,6 x peso corporal; kg) + (1,85 x estatura; cm) - (4,68 x edad; años)

Hombres:

RMB (kcal/día) = 66,47 + (13,75 x peso corporal; kg) + (5,0 x estatura; cm) - (6,76 x edad; años)

Fuente: Harris y Benedict (1919).

Ejemplo de cálculo: ¿Cuál sería el RMB pronosticado de un hombre de 27 años de edad con un peso corporal de 91 kg una estatura de 196 cm? Exprese su respuesta en kcal/día, kcal.min^{-1}, lO_2/min, y ml.kg^{-1}.min^{-1}.

RMB (kcal/día) = 66,47 + (13,75 x 91 kg) + (5,0 x 196 cm) - (6,76 x 27)

RMB (kcal/día) = (66,47 + 1.251,25 + 980) - 182,5 = 2.115,22 kcal/día

RMB (kcal.min^{-1}) = 2.115,22 kcal/día x 1 día/24 horas x 1 hora/60 min = 1,468 kcal.min^{-1}

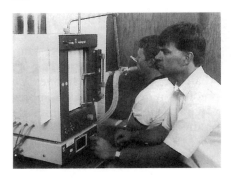

$$RMB \ (lO_2/min) = 1,468 \ kcal.min^{-1}$$
$$x \ 1 \ lO_2/5 \ kcal = 0,293 \ lO_2/min$$

$$RMB \ (ml.kg^{-1}.min^{-1}) =$$
$$\frac{0,293 \ lO_2/min \ x \ 1.000 \ ml/lO_2}{91 \ kg}$$
$$= 3,22 \ ml.kg^{-1}.min^{-1}$$

Existen varias razones prácticas por las que los dietistas y los profesionales del ejercicio miden el RMB o RMR. Por ejemplo, dichas mediciones pueden usarse para determinar las necesidades calóricas totales para los individuos sanos y enfermos; evaluar los efectos crónicos que varios tipos de ejercicio tienen sobre el metabolismo en reposo; evaluar los efectos crónicos que las dietas bajas en calorías tienen sobre el metabolismo en reposo, y buscar posibles enfermedades (por ejemplo, cáncer, anormalidades endocrinas), ya que un metabolismo en reposo inusualmente alto o bajo va asociado a veces con alguna enfermedad.

Ritmo metabólico durante el ejercicio

El ejercicio tiene un efecto profundo sobre el ritmo metabólico, ya que varios sistemas corporales (a saber, el muscular, el cardiorrespiratorio y el nervioso) requieren una considerable cantidad de energía (ATP) para mantener la actividad física. Generalmente, la actividad física ligera (caminar) hace que el ritmo metabólico sea entre 3 y 5 veces superior al ritmo metabólico en reposo; las actividades moderadas, entre 6 y 10 veces, y las actividades entre enérgicas y máximas, 11-15 veces. En la Tabla 10-2 se muestran valores típicos de consumo de energía y de coste de oxígeno para la actividad física.

No resulta práctico medir el metabolismo del ejercicio con un calorímetro corporal. En consecuencia, se utilizan mediciones indirectas basadas en el consumo de oxígeno para determinar el consumo calórico. En algunas situaciones, las mediciones del coste de oxígeno tampoco resultan prácticas, debido al hecho de que se necesitan técnicos adiestrados para estas pruebas y un equipo sensiblemente caro.

Por tanto, se han desarrollado ecuaciones de predicción para estimar el ritmo metabólico del ejercicio.

Intensidad del ejercicio	$kcal.min^{-1}$	$lO_2.min^{-1}$	$ml.kg^{-1}.min^{-1}$	METS
Leve	2,5-5	0,5-1,0	10-17	3-5
Moderado	5-10	1,0-2,0	20-35	6-10
Enérgico	12-20	2,5-4,0	40-50	11-15

*Valores aproximados para individuos de edad universitaria que están relativamente en buena forma. Intensidad ligera = caminar; intensidad moderada = *jogging*; intensidad enérgica = correr.

Tabla 10-2
Consumo de energía y coste en oxígeno típicos para el ejercicio*

Predicción del ritmo metabólico durante el ejercicio

El American College of Sports Medicine (ACSM) ha desarrollado ecuaciones de predicción que, cuando se emplean adecuadamente, pueden facilitar estimaciones válidas y fiables del coste en oxígeno o del consumo de energía durante el ejercicio. Tales ecuaciones son útiles en cuanto que pueden determinarse fácilmente estimaciones relativamente precisas del coste metabólico, pueden determinarse las intensidades absoluta y relativa del ejercicio para una diversidad de actividades y se puede pronosticar el rendimiento aeróbico (ver Apéndice D).

Las fórmulas metabólicas del ACSM son esencialmente ecuaciones de regresión que pronostican el coste de oxígeno o el consumo de energía medidos directamente. Tal como se ha tratado en el capítulo 1, todas las ecuaciones de regresión tienen el potencial para cometer errores de estimación. Para minimizar posibles errores, las ecuaciones metabólicas ACSM deben usarse del modo para el que han sido ideadas. Por ejemplo,

1. El propósito de las ecuaciones es relacionar el ritmo de trabajo en esfuerzo con el coste metabólico y viceversa.
2. Aplicar la fórmula solamente para ejercicios aeróbicos continuos armónicos. Se producirá una sobreestimación del verdadero coste de oxígeno si se utiliza un alto porcentaje de energía anaeróbica durante el ejercicio. Ello puede ocurrir durante los minutos iniciales del ejercicio antes de haber alcanzado un estado estable o cuando se trabaja por encima de un estado estable (por ejemplo, al esprintar).
3. Las fórmulas están diseñadas para velocidades e intensidades

de esfuerzo específicas. Por ejemplo, la ecuación de caminar solamente debe emplearse para velocidades comprendidas entre los 50 y los 100 m.min^{-1} (3-6 km.h^{-1}); la ecuación de carrera solamente para velocidades mayores de 134 m.min^{-1} (> 8 km.h^{-1}); la ecuación del cicloergómetro solamente para ritmos de trabajo entre 300 y 1.200 kgm.min^{-1}; y la ecuación de ergometría para los brazos solamente para intensidades de trabajo de entre 150 y 750 kgm.min^{-1}.

4. Las fórmulas de carrera son aplicables para correr sobre superficies lisas e inclinadas de cintas ergométricas y para correr sobre terrenos lisos fuera de las cintas ergométricas. No deben hacerse estimaciones para las carreras sobre terreno inclinado fuera de las cintas ergométricas debido al incremento en los errores de predicción.

5. Las fórmulas no sirven para las diferencias individuales en la eficiencia del ejercicio, que pueden incrementar los errores de predicción.

6. Las fórmulas facilitan su mayor precisión en las predicciones cuando se usan instrumentos ergométricos estándar en un ambiente controlado. Correr al aire libre en temperaturas extremas, sobre terreno arenoso o nevado o en condiciones de viento puede alterar en gran medida los costes metabólicos e incrementar los errores de predicción. Asimismo, el equipo que está mal calibrado o el hecho de sujetar una barra durante la realización de ejercicio sobre una cinta ergométrica puede reducir la precisión de las predicciones.

7. Las ecuaciones son apropiadas para hombres y mujeres adultos; sin embargo, las predicciones para niños (< 18 años) deben evitarse.

8. Deben introducirse datos precisos y fiables en las ecuaciones (por ejemplo, velocidades y pendientes verdaderas al caminar) y realizarse cálculos sin errores.

*Ejercicio de nivel constante: El período de tiempo durante el cual el $\dot{V}O_2$ permanece con un valor constante (estable).

Las investigaciones han demostrado que, cuando se aplican apropiadamente, las fórmulas ACSM facilitan estimaciones precisas del coste metabólico y son aptas para una diversidad de aplicaciones distintas a las de laboratorio. Las ecuaciones ACSM toman en consideración tres componentes del consumo de energía: los componentes horizontal, vertical y de reposo. Los cálculos se expresan en unidades de $\dot{V}O_2$ (ml.kg^{-1}.min^{-1}

o en ml.min^{-1}). El equivalente 1 lO_2 = 5 kcal puede usarse para convertir el coste de oxígeno en consumo de energía (CE). El equivalente 1 mph = 26,82 m.min^{-1} puede usarse para obtener unidades deseables de velocidad (Tabla 10-3). Observe que estas ecuaciones de predicción facilitan estimaciones del consumo de oxígeno durante el ejercicio que son corregidas en TEPS. (Ver el capítulo 12 y el apéndice C para más información sobre los factores de corrección TEPS.) En la Tabla 10-4 se facilitan equivalentes comunes en los cálculos metabólicos.

mph	m.min^{-1}	mph	m.min^{-1}
2,0	53,6	7,0	187,7
2,5	67,0	7,5	201,1
3,0	80,5	8,0	214,6
3,5	93,9	8,5	228,0
4,0	107,3	9,0	241,4
4,5	120,7	9,5	254,8
5,0	134,1	10,0	268,2
5,5	147,5	10,5	281,6
6,0	160,9	11,0	295,0
6,5	174,3	11,5	308,4

*En base a 1 mph = 26,82 m.min^{-1}

Tabla 10-3
*Conversiones de velocidades sobre la cinta ergométrica**

Ecuación de caminar:

$\dot{V}O_2$ (ml.kg^{-1}.min^{-1}) = [velocidad (m.min^{-1})

$\quad$ x 0,1 $\dfrac{\text{ml.kg}^{-1}.\text{min}^{-1}}{\text{m.min}^{-1}}$]

+ [inclinación x velocidad (m.min^{-1})

$\quad$ x 1,8 $\dfrac{\text{ml.kg}^{-1}.\text{min}^{-1}}{\text{m.min}^{-1}}$) + (3,5 ml.kg^{-1}.min^{-1})]

Ejemplos de cálculo: ¿Cuál es el coste de oxígeno y el consumo de energía (CE) estimados de andar a 3,5 mph (5,6 km.h^{-1}) sobre terreno llano? Suponga una masa corporal de 82 kg.

$\dot{V}O_2$ = (93,8 m.min^{-1} x 0,1 $\dfrac{\text{ml.kg}^{-1}.\text{min}^{-1}}{\text{m.min}^{-1}}$)

+ (0 x 93,8 m.min^{-1} x 1,8 $\dfrac{\text{ml.kg}^{-1}.\text{min}^{-1}}{\text{m.min}^{-1}}$)

+(3,5 ml.kg^{-1}.min^{-1}) = 12,88 ml.kg^{-1}.min^{-1}

$\quad$ CE = 12,8 ml.kg^{-1}.min^{-1} x 82 kg = 1.049,6 ml.min^{-1} o 1,049 l.min^{-1}

1,049 l.min^{-1} x 5 kcal.l^{-1} = 5,24 kcal.min^{-1}

Ecuación de carrera (en cinta ergométrica):

$\dot{V}O_2$ (ml.kg^{-1}.min^{-1}) = [velocidad (m.min^{-1})

$\quad$ x 0,2 $\dfrac{\text{ml.kg}^{-1}.\text{min}^{-1}}{\text{m.min}^{-1}}$]

+ [pendiente x velocidad (m.min^{-1})

$\quad$ x 1,8 $\dfrac{\text{ml.kg}^{-1}.\text{min}^{-1}}{\text{m.min}^{-1}}$ x 0,5]

+ (3,5 ml.kg^{-1}.min^{-1})

Nota: Para una aplicación que no sea en una cinta ergométrica, use la misma ecuación pero excluya 0,5 de la porción de inclinación de la fórmula.

Parámetro	Unidades comunes	Factores de conversión
Tiempo	segundos (s) minutos (min) horas (h) días (d) semanas (sem) meses (me)	60 seg = 1 min 60 min = 1 h 1 día = 24 horas = 1.440 min 1 sem = 7 d = 10.080 min
Distancia	centímetros (cm) metros (m)* kilómetros (km) pulgadas (pulg) pies (pi)	100 cm = 1 m 1 m = 39,37 pulgadas = 3,28 pies 1 pulgada = 2,54 cm 1 mi = 5.280 pies = 1,6 km 1 km = 0,625 mi
Masa o peso	libras (lb) kilogramos (kg)*	1 libra = 0,4536 kg 1 kg = 2,204 lb
Fuerza	kilopondios (kp) Newtons (N)*	1 kg = 1 kp = 9,8 Newtons
Velocidad	millas por hora (mph) metros por minuto (m/min)* kilómetros por hora (km.h^{-1})	1 mph = 26,82 m/min 1 m/min = 0,0373 mph 1 km.h^{-1} = 16 m/min 1 mph = 1,609 km.h^{-1}
Trabajo	kilojulios (kj)* kilogramos metro (kg.m)	1 kj = 0,2381 kcal
Potencia o ritmo de trabajo	watio (W)* kilogramo metro por minuto (kg.m/min)	1 watio = 6,12 kg.m/min
Consumo de energía o consumo de oxígeno	kilojulios (kJ)* kilocalorías por minuto (kcal.min^{-1}) mililitros O_2 por (ml/min) litros O_2 por minuto (l/min) mililitros O_2 por kilogramo masa corporal por minuto (ml.kg^{-1}.min^{-1})	1 kJ = 0,2381 kcal 5 kcal = 1 LO$_2$ 1 kcal.min^{-1} = 69,78 W 1 kcal.min^{-1} = 426,4 kgm.min^{-1} 1 kcal.min^{-1} = 426,4 kgm.min^{-1} 1 MET = 3,5 ml.kg^{-1}.min^{-1}

*Unidades SI preferidas.

Tabla 10-4
Conversiones y relaciones útiles

Ejemplo de cálculo: ¿Cuáles son el coste de oxígeno y el consumo de energía (CE) estimados de correr sobre una cinta ergométrica con una inclinación del 10 % a 8,85 km.h^{-1}? Suponga una masa corporal de 77 kg.

$$\dot{V}O_2 = (147,5 \text{ m.min}^{-1} \text{ x}$$

$$0,2 \ \frac{\text{ml.kg}^{-1}.\text{min}^{-1}}{\text{m.min}^{-1}}) +$$

$$(0,10 \text{ x } 147,5 \text{ m.min}^{-1} \text{ x } 1,8 \frac{\text{ml.kg}^{-1}.\text{min}^{-1}}{\text{m.min}^{-1}}$$

$$\text{x } 0,5) + (3,5 \text{ ml.kg}^{-1}.\text{min}^{-1})$$

$$= 29,5 + 13,27 + 3,5 = 46,27 \text{ ml.kg}^{-1}.\text{min}^{-1}$$

$$\text{CE} = 46,27 \text{ ml.kg}^{-1}.\text{min}^{-1} \text{ x } 77 \text{ kg} =$$

$$3.562,7 \text{ ml.min}^{-1} \text{ o } 3,562 \text{ l.min}^{-1}$$

$$3,562 \text{ l.min}^{-1} \text{ x } 5 \text{ kcal.l}^{-1} = 17,81 \text{ kcal.min}^{-1}$$

Nota: El grado debe introducirse en forma de decimales y no en porcentaje.

Ecuación del cicloergómetro:

$$\dot{V}O_2 \ (\text{ml.min}^{-1}) =$$

$$[\text{ritmo de trabajo (kgm.min}^{-1}) \text{ x } 2\frac{\text{ml}}{\text{kgm}})$$

$$+ 3,5 \text{ ml.kg}^{-1}.\text{min}^{-1} \text{ x masa corporal (kg)}]$$

Ejemplo de cálculo: ¿Cuáles son el coste de oxígeno y el consumo de energía estimados para el cicloergómetro si se pedalea a un ritmo de trabajo de 750 kgm.min^{-1}? Suponga una masa corporal de 80 kg.

$$\dot{V}O_2 = (750 \text{ kgm.min}^{-1}) \text{ x } 2 \ \frac{\text{ml}}{\text{kgm}} +$$

$$(3,5 \text{ ml.kg}^{-1}.\text{min}^{-1} \text{ x } 80 \text{ kg}) = 1.780 \text{ ml.min}^{-1}$$

$$\text{o } 1.780 \text{ ml.min}^{-1} \div 80 \text{ kg} =$$

$$22,3 \text{ ml.kg}^{-1}.\text{min}^{-1}$$

$$\text{CE} = 1.780 \text{ ml.min}^{-1} = 1,78 \text{ l.min}^{-1}$$

$$1,78 \text{ l.min}^{-1} \text{ x } 5 \text{ kcal.l}^{-1} = 8,9 \text{ kcal.min}^{-1}$$

Ecuación del escalón:

$$\dot{V}O_2 \ (\text{ml.kg}^{-1}.\text{min}^{-1}) = (\text{pasos.min}^{-1}$$

$$\text{x } 0,35 \ \frac{\text{ml.kg}^{-1}.\text{min}^{-1}}{\text{pasos.min}^{-1}})$$

$$+ (\text{m.paso}^{-1} \text{ x pasos.min}^{-1} \text{ x } 1,33$$

$$\text{x } 1,8 \ \frac{\text{ml.kg}^{-1}.\text{min}^{-1}}{\text{m.min}^{-1}})$$

Ejemplos de cálculo: ¿Cuáles son el coste de oxígeno y el consumo de energía (CE) estimados del escalón a un ritmo de 20 veces/min? Suponga una altura del escalón de 0,20 m y una masa corporal de 69 kg.

$$\dot{V}O_2 = (20 \text{ pasos.min}^{-1} \text{ x } 0,35$$

$$\frac{\text{ml.kg}^{-1}.\text{min}^{-1}}{\text{pasos.min}^{-1}}) +$$

(0,20 m.paso x 20 pasos.min x 1,33

$$x\ 1,8\ \frac{ml.kg^{-1}.min^{-1}}{m.min^{-1}}) =$$

$7 + 9,576 = 16,57\ ml.kg^{-1}.min^{-1}$

$CE = 16,57\ ml.kg^{-1}.min^{-1}$ x 69 kg =

$1.143,7\ ml.min^{-1}$ o $1,143\ l.min^{-1}$

$1,143\ l.min^{-1}$ x 5 $kcal.l^{-1} = 5,71\ kcal.min^{-1}$

Ecuación de ergometría para los brazos:

$\dot{V}O_2$ $(ml.min^{-1})$ =

[ritmo de trabajo $(kgm.min^{-1})$ x $3,0\ \dfrac{ml}{kgm}$

+ $3,5\ ml.kg^{-1}.min^{-1}$ x masa corporal (kg)]

Ejemplos de cálculo: ¿Cuáles son el coste de oxígeno y el consumo de energía (EE) estimados para la ergometría de los brazos con un ritmo de trabajo de 450 $kgm.min^{-1}$ y una masa corporal de 95 kg?

$\dot{V}O_2$ = (450 $kgm.min^{-1}$ x $3,0\ \dfrac{ml}{kgm}$) +

$(3,5\ ml.kg^{-1}.min^{-1}$ x 95 kg) = 1.350

+ 332,5 = $1.682,5\ ml.min^{-1}$

o $1.682,5\ ml.min^{-1}$ ÷ 95 kg

= $17,7\ ml.kg^{-1}.min^{-1}$

$CE = 1.682,5\ ml.min^{-1} = 1,68\ l.min^{-1}$

$1,68\ l.min^{-1}$ x 5 $kcal.l^{-1} = 8,4\ kcal.min^{-1}$

Entender el coste metabólico de varios ejercicios nos permite prescribir una intensidad de ejercicio segura y efectiva para individuos de diferentes niveles de habilidad; calcular estimaciones del consumo de energía correspondiente a las actividades físicas semanales y el probable riesgo de varias enfermedades, y calcular los costes totales de energía a fin de planificar mejor las necesidades dietéticas diarias.

REFERENCIAS SELECCIONADAS

Adams, G.M. (1990). *Exercise Physiology Lab Manual*. Dubuque, Iowa: Wm. C. Brown Publishers, pp: 252.

Adams, W.C. (1967). Influence of age, sex, and body weight on the energy expenditure of bicycle riding. *J. Appl. Physiol*. 22: 539-545.

American College of Sports Medicine (ACSM). (1991). *Guidelines of Exercise Testing and Prescription* (4.ª edición). Philadelphia: Lea & Febiger, pp: 285-300.

Dill, D.B. (1965). Oxygen used in horizontal and grade walking and running on the treadmill. *J. Appl. Physiol*. 20:19-22.

Harris, J.A., and F.G. Benedict (1919). A biometric study of basal metabolism in man. Washington, D.C.: Carnegie Institution of Washington (publication 279).

Heyward, V.H. (1991). *Advanced Fitness Assessment and Exercise Prescription*. Champaign, Illinois: Human kinetics, pp: 33-36.

ESTACIÓN 1

Ritmo metabólico basal en reposo

Preguntas de investigación

1. ¿Cuál es la diferencia entre el RMR observado (kcal.min^{-1}) y el RMB estimado (kcal.min^{-1})? ¿Se halla la puntuación pronosticada dentro del margen de ± 10 % de la puntuación observada? Facilite razones plausibles para cualquier diferencia que haya entre las puntuaciones pronosticadas y las observadas.

2. Se ha demostrado que el ritmo metabólico basal disminuye en un 20-30 % como consecuencia de una dieta muy baja en calorías (por ejemplo, 400-700 kcal/día). Si su RMB fuese a disminuir en un 30 %, ¿cuántas kcal no se consumirían por año como consecuencia de esta reducción en el RMB? Analice las implicaciones.

Recogida de datos

Su instructor le administrará la prueba para la medición del RMR y es posible que le pida ayuda. Registre los datos de la prueba facilitados por su instructor en el Cuadro 10-1. Efectúe, asimismo, los cálculos necesarios y regístrelos en el Cuadro 10-1.

Nombre: _____ Fecha: _____

Medición del ritmo metabólico
Ejercicio

ESTACIÓN 1

Parámetro	$\dot{V}O_2$ pronosticado ml.kg⁻¹.min⁻¹	$\dot{V}O_2$ observado ml.kg⁻¹.min⁻¹	Diferencia
Reposo			
Caminar: 3,0 mph, 7,5 % de inclinación			
Correr: 6,0 mph, terreno plano			
Pedalear: 600 kgm.min⁻¹			

Cuadro 10-1
Comparación del $\dot{V}O_2$ pronosticado y observado

Conclusiones de la investigación

Muestre su trabajo para todos los cálculos. Exprese el coste de oxígeno en ml.kg⁻¹.min⁻¹.

1. ¿Cuál es la diferencia entre el RMR observado (kcal.min⁻¹) y el RMB estimado (kcal.min⁻¹)? ¿Se halla la puntuación pronosticada dentro de un margen de ± 10 % de la puntuación observada? Registre los resultados en la Tabla 10-4. Facilite razones plausibles para cualquier diferencia entre las puntuaciones pronosticadas y las observadas.
2. Se ha demostrado que el ritmo metabólico basal disminuye en un 20-30 % como consecuencia de una dieta muy baja en calorías (por ejemplo, 400-700 kcal/día). Si su RMB pronosticado disminuyese en un 30 %, ¿cuántas kcal no se consumirían por año como consecuencia de esta disminución del RMB? Analice las implicaciones.

ESTACIÓN 2

Ritmo metabólico durante el ejercicio

Preguntas de investigación

1. ¿Cuál es la diferencia entre el coste en oxígeno observado y el estimado para andar sobre una cinta ergométrica a 3,0 mph (4,8 km.h^{-1}) y una pendiente del 7,5 %?

2. ¿Cuál es la diferencia entre el coste de oxígeno observado y el estimado para correr sobre una cinta ergométrica a 6,0 mph (9,65 km.h^{-1}) sin inclinación?

3. ¿Cuál es la diferencia entre el coste de oxígeno observado y estimado al pedalear sobre un cicloergómetro a un ritmo de trabajo de 600 kgm.min^{-1}? (Use la masa corporal del sujeto para convertir los ml.min^{-1} en ml.kg^{-1}.min^{-1})

4. Priorice la precisión de las predicciones del $\dot{V}O_2$ para andar, correr y pedalear (Cuadro 10-1). ¿Se hallaban todas las predicciones dentro de un margen de 5 ml.kg^{-1}.min^{-1} de las puntuaciones observadas? Facilite razones plausibles para la presencia de cualquier diferencia entre las puntuaciones pronosticadas y observadas y los tipos de ejercicio.

5. ¿Cuál es el coste de oxígeno (ml.kg^{-1}.min^{-1}) y el consumo de energía estimados (kcal.min^{-1}) de correr en una maratón durante 3 horas? Suponga que el corredor de maratón tiene una masa corporal de 65 kg. Muestre el trabajo. Facilite al menos tres razones por la que una estimación como está puede ser errónea.

Recogida de datos

Su instructor administrará las pruebas necesarias para determinar el ritmo metabólico observado durante el ejercicio. Deberá usted ayudar a su instructor según las necesidades. Registre los datos de la prueba proporcionados por su instructor en el Cuadro 10-1. Muestre su trabajo para los cálculos necesarios y tome nota en el Cuadro 10-1.

Nombre: _____ Fecha: _____

Ritmo metabólico durante el ejercicio
Ejercicio

Conclusiones de la investigación

Muestre el trabajo para todos los cálculos. Exprese el coste de oxígeno en $ml.kg^{-1}.min^{-1}$.

1. ¿Cuál es la diferencia entre los costes de oxígeno observados y estimados para andar sobre una cinta ergométrica a 3,0 mph (4,8 $km.h^{-1}$) y con una pendiente del 7,5 %? Registre los resultados en el Cuadro 10-1.
2. ¿Cuál es la diferencia entre los costes de oxígeno observados y estimados para correr sobre una cinta ergométrica a 6,0 mph (9,65 $km.h^{-1}$) sin pendiente? Registre los resultados en el Cuadro 10-1.
3. ¿Cuál es la diferencia entre el coste de oxígeno observado y el estimado al pedalear sobre un cicloergómetro a un ritmo de trabajo de 600 $kgm.min^{-1}$? Use la masa corporal del sujeto para convertir los $ml.min^{-1}$ en $ml.kg^{-1}.min^{-1}$. Muestre su trabajo. Registre los resultados en el Cuadro 10-1.
4. Priorice la precisión de las predicciones del $\dot{V}O_2$ para andar, correr y pedalear (Cuadro 10-1). ¿Se hallaban todos las predicciones dentro del margen de ± 5 $ml.kg^{-1}.min^{-1}$ de las puntuaciones observadas? Facilite razones plausibles para cualquier diferencia existente entre las puntuaciones pronosticadas y observadas y los tipos de ejercicio.
5. ¿Cuáles son el coste de oxígeno ($ml.kg^{-1}.min^{-1}$) y el consumo de energía ($kcal.min^{-1}$) estimados de correr en una maratón durante 3 horas? Suponga que el corredor de maratón tiene una masa corporal de 65 kg. Muestre su trabajo. Facilite al menos tres razones por las que tal estimación puede ser errónea.

Nombre: _____ Fecha: _____

Resumen del laboratorio 10

Describa varios modos en que la información obtenida en esta práctica puede aplicarse a su campo de interés elegido y/o su vida personal. Sea específico y facilite ejemplos prácticos.

Nombre: _____ Fecha: _____

11. Electrocardiogramas en reposo y durante el ejercicio
Ejercicio de prelaboratorio

1. Describa al menos dos propósitos de las mediciones ECG.

2. Dibuje un trazado típico de ECG e identifique todos los componentes básicos.

3. Explique qué debe hacerse para preparar los puntos en que se aplican los electrodos para las mediciones ECG.

4. Si hay 25 mm entre dos ondas R sucesivas, ¿cuál debe ser la frecuencia cardíaca calculada? Basándose en sus resultados, ¿tiene esto la apariencia de ser un frecuencia cardíaca en reposo o en esfuerzo? Muestre su trabajo.

5. ☐ Marque con una cruz el recuadro si ha leído usted todas las cuestiones de investigación para esta práctica y está familiarizado con los procedimientos de recogida de datos relativos a cada cuestión de investigación.

CAPÍTULO **11**

ELECTROCARDIOGRAMAS EN REPOSO Y DURANTE EL EJERCICIO

PROPÓSITO

El propósito de esta práctica es permitirle medir electrocardiogramas en reposo y durante el ejercicio.

OBJETIVOS DE APRENDIZAJE PARA EL ESTUDIANTE

1. Poder describir la conductividad eléctrica del corazón.
2. Demostrar que usted puede preparar un voluntario para la medición electrocardiográfica.

3. Poder registrar un electrocardiograma en reposo y durante el ejercicio.

EQUIPO NECESARIO

Electrocardiógrafo.
Electrodos.
Gel para electrodos.
Alcohol de frotar y trozos de algodón.
Papel de lija fino.

PREPARACIÓN PREVIA A LA PRÁCTICA

Elegir un voluntario con propósitos de demostración. Los hombres deben vestir una camiseta y pantalones cortos; las mujeres deben vestir una blusa abrochada con botones y holgada y pantalones cortos.

Cada vez que el miocardio se contrae y se relaja, una pequeña corriente eléctrica es conducida a través del cuerpo. Los electrocardiógrafos están diseñados para medir esta corriente eléctrica y facilitar electrocardiogramas (ECG), un trazado gráfico de la actividad del músculo cardíaco. Los cardiólogos están adiestrados para interpretar los trazados de los ECG y pueden emplear esta información para detectar posibles anormalidades estructurales y funcionales dentro del miocardio.

El sistema de conducción dentro del corazón consta de varios componentes. El nódulo sinoauricular (SA) está localizado en la pared posterior de la aurícula derecha cerca de la abertura de la vena cava superior. Los caminos internodales se funden colectivamente en el nódulo atrioventricular (AV), localizado en la porción posterior derecha del septo interauricular. El nódulo AV y el fàscículo de His propagan el impulso a través de la unión atrioventricular. El fascículo de His se divide en las ramas fasciculares izquierda y derecha (RFI y RFD), que llevan el impulso eléctrico hacia los ventrículos izquierdo y derecho, respectivamente. Los extremos de las terminaciones de las ramas fasciculares son las fibras Purkinje, que se extienden hacia el miocardio (Figura 11-1).

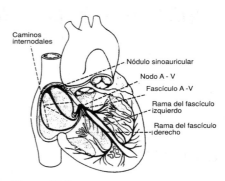

Figura 11.1.

Un ciclo de conducción normal del corazón tiene su origen en el nódulo SA y se extiende a través de los caminos internodales y la aurícula hasta el nódulo AV. El nódulo AV impone un leve retraso (alrededor de 0,1 seg) para permitir que la aurícula se contraiga y dejar que los ventrículos se llenen. Este leve retraso protege también a los ventrículos de problemas de conducción dentro de la aurícula (es decir, palpitación auricular o fibrilación). Potenciales de acción entran en los ventrículos por el fascículo de His, dividiéndose en las ramas fasciculares izquierda y derecha, que finalizan como fibras Purkinje en el endocardio. Cuando la despolarización de las aurículas y de los ventrículos finaliza, comienza la repolarización del miocardio.

Existen tres componentes básicos de los trazos ECG (Figura 11-1): la onda P, que representa la despolarización auricular; el complejo QRS, que representa la despolarización ventricular, y la onda T, que representa la repolarización ventricular. (Nota: La repolarización auricular generalmente está oculta por el gran complejo QRS y por tanto no aparece en los trazos ECG.)

Las 12 derivaciones electrocardiográficas forman un conjunto de 12 visiones distintas del corazón representadas por electrodos individuales o por una combinación de electrodos. La configuración de los registros ECG aparecerá distinta en cada uno de las 12 derivaciones, puesto que cada electrodo registra las actividades del corazón desde una posición ligeramente diferente. Observe que aunque sólo se emplean 10 electrodos, hay en realidad 12 derivaciones o visiones que pueden ser generadas por examen.

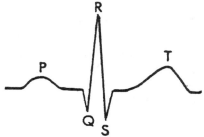

Figura 11.2.

Preparación del sujeto

La calidad del ECG depende frecuentemente de la preparación del sujeto y de la colocación de los electrodos. La calidad de los registros ECG mejora cuando las interferencias con los registros se reduce. Las interferencias pueden reducirse cuando se elimina el aceite, la suciedad y el pelo corporales antes de la medición ECG.

Ropa: Para efectuar un ECG en reposo o durante el ejercicio, es importante vestir ropa apropiada. A los hombres se les pide que se quiten la camisa y a las mujeres que lleven blusas holgadas y desabrochadas o batas de hospital.

Voluntario: El voluntario debe estar tendido en posición supina. Durante la realización de la medición ECG, informe al sujeto de los procedimientos que va a llevar a cabo y por qué son necesarios los mismos.

Tipo de electrodo: Para las mediciones ECG en reposo, pueden usarse tanto electrodos autoadhesivos como correas y electrodos montados sobre ventosas; sin embargo, para reducir costes, muchos laboratorios usan correas y electrodos montados sobre ventosas. Para efectuar mediciones ECG durante el ejercicio, solamente deben usarse electrodos preempaquetados y autoadhesivos.

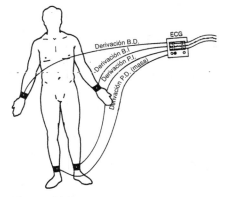

Figura 11.3.

Puntos en que se colocan los electrodos: Los puntos anatómicos en que se sitúan los 10 electrodos son los descritos a continuación:

Derivaciones en las extremidades. Cuando se usan electrodos montados en correas, sitúe las derivaciones de las extremidades más arriba y encima del lado ventral de las muñecas y a lo largo del lado medial de los tobillos (Figura 11-3). Cuando se usan electrodos autoadherentes, sitúelos justo debajo de la línea media de las clavículas y sobre las costillas inferiores (Figura 11-4).

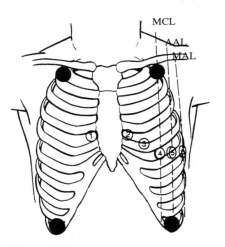

Figura 11.4.

Derivaciones en el pecho: Los puntos en que se sitúan los cables en el pecho son los mismos para los electrodos autoadherentes y para los de ventosa.

V_1 - cuarto espacio intercostal a la derecha del esternón.

V_2 - cuarto espacio intercostal a la izquierda del esternón.

V_3 - medio camino entre el V_2 y el V_4.

V_4 - línea medio-clavicular izquierda sobre la cuarta costilla.

V_5 - línea axilar anterior izquierda sobre la quinta costilla. V_6 - línea medio axilar izquierda al mismo nivel que el V_5.

Preparación de los electrodos: Deben eliminarse todo el vello, las lociones, la suciedad y los aceites corporales del lugar en que se coloca el electrodo. Para ello, hay que localizar el lugar en que se va a poner el electrodo, rasurar todo el vello corporal de dicho lugar con una cuchilla limpia, seca y desechable, frotar suavemente la zona con un trozo pequeño de papel de lija de grano fino y limpiar el área con un algodón empapado con alcohol de frotar (esto puede escocer un poco al sujeto). El color de la piel en el lugar en que se pone el electrodo debe ser ligeramente rojo. Procurar no tocar con los dedos el lugar en que se va a poner el electrodo una vez dicho lugar ya ha sido preparado. Para prevenir la posible difusión de enfermedades, la cuchilla, el papel de lija y el algodón deben desecharse después de haberlos utilizado una sola vez.

Cuando se usan electrodos montados sobre correas o sobre ventosas, aplicar primero una pequeña cantidad de gel para electrodos en el punto en que va a colocarse el electrodo; colocar después los electrodos de las extremidades sobre dicho punto y asegurarlos a las extremidades con las correas. Procurar no sujetar las correas con demasiada fuerza.

Conectar los cables del ECG a los electrodos de las extremidades tal como se indica seguidamente:

Brazo derecho (BD, blanco): conectar al brazo derecho.

Brazo izquierdo (BI, negro): conectar al brazo izquierdo.

Pierna izquierda (PI, rojo): conectar a la pierna izquierda.

Pierna derecha (PD, verde): conectar a la pierna derecha.

Cuando se usan electrodos de succión para los cables del pecho, hay que adaptarlos a las ventosas antes de ponerlos sobre el pecho. Aplicar una pequeña cantidad de gel para electrodos en cada punto marcado del pecho. Apretar cada ventosa y situarlas sobre el punto apropiado para los electrodos del pecho.

Cuando se emplean electrodos autoadherentes para los cables del pecho, hay que quitarles la cobertura protectora y aplicarlos en el lugar del pecho apropiado para los electrodos. Presionar firmemente los electrodos contra la piel. Conectar los cables en los electrodos apropiados del pecho. (Observar que no se necesita gel cuando se usan electrodos autoadherentes.)

Medición ECG

1. Calibrar el electrocardiógrafo.

2. Comprobar dos veces todos los cables para asegurarse que están conectados a los electrodos correctos.

3. Registrar un trazado para cada una de las 12 derivaciones ECG presionando los botones de control apropiados sobre el electrocardiógrafo.

4. Poner una etiqueta a cada trazado ECG (es decir, fecha, nombre y edad del sujeto; posición corporal del sujeto - supina o de pie - y si se trata de un ECG en reposo o durante el ejercicio).

Nota: Si todas las conexiones de los electrodos se efectúan correctamente, la aguja de la pluma se moverá suavemente en respuesta a cada latido del corazón. Si las plumas se mueven de forma errática y tienen «ruido» visible de medición, hay que volver a verificar las conexiones de los cables y las adhesiones de los electrodos. Cuando todos los cables son erráticos, debe verificarse el cable verde de la pierna derecha (suelo). Los trazados estándar de las 12 derivaciones deben aparecer tal como se ilustra en la Figura 11-5.

Medición de la frecuencia cardíaca

Para determinar la frecuencia cardíaca a partir de los registros ECG, es esencial saber que la duración entre dos líneas verticales sucesivas (1 mm) sobre papel ECG estándar representa 0,04 seg cuan-

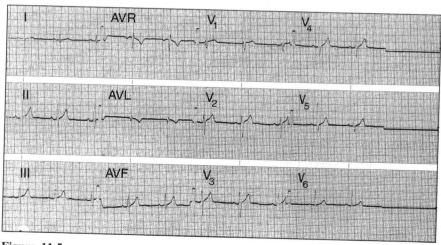

Figura 11.5.

do la velocidad del papel es de 25 mm/seg (Figura 11-5).

Existen tres métodos que se pueden usar para determinar la frecuencia cardíaca a partir de los trazos ECG:

Método 1. Contar el número de ciclos cardíacos en un registro ECG de un minuto. El complejo QRS inicial debe contarse como cero y se considera como el punto de referencia para el período de 1 minuto.

Este método resulta apropiado cuando hay irregularidades en el ritmo de la medición ECG, pero consume una gran cantidad de papel ECG. Cuando el ritmo del corazón aparece regular (cada latido del corazón está separado por un período de tiempo de igual duración), se recomiendan los métodos 2 ó 3.

Método 2. Calcular la frecuencia cardíaca en base al tiempo que transcurre entre los latidos del corazón. Contar el número de cuadros de 1 mm entre ondas R consecutivas. Dividir este número por 1.500 (a una velocidad del papel de 25 mm/seg, hay 1.500 mm/min). Por ejemplo, si hay 15 mm entre un intervalo R-R, entonces:

$$FC = 1.500 \; ^1/_2 \; 15 = 100 \text{ latidos.min}^{-1}$$

Un método ocular alternativo consiste en usar la ayuda mostrada en la Figura 11-6, que es simplemente una extensión de la fórmula anterior. Por ejemplo, hallar dos ondas R consecutivas (considerar la primera onda R en la posición A) y contar las líneas gruesas sitas entre ellas. Si hay 2 líneas gruesas entre las ondas R (10 mm) esto sería igual a un frecuencia cardíaca de 150 latidos.min^{-1}. Con frecuencia, las ondas R no coincidirán exactamente sobre las líneas de trazo grueso, pero aun así este método puede facilitar una rápida aproximación de la frecuencia cardíaca, especialmente si memorizamos y aplicamos los números 300, 150, 100, 75 y 60 (Figura 11-6).

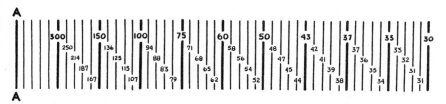

Figura 11.6.

Por tanto, si hubiese 2 ó 3 líneas gruesas entre las ondas R, sabríamos que la frecuencia cardíaca estará entre 100 y 150 latidos.min⁻¹; asimismo, si hubiese entre 4 y 5 líneas gruesas entre cada dos ondas R, sabríamos que la frecuencia cardíaca se hallaría entre las 60 y las 75 latidos.min⁻¹. Naturalmente, para una mayor precisión puede usarse la fórmula anterior o los métodos 1 y 3.

Método 3. Calcular la frecuencia cardíaca a partir de intervalos de 3 ó 6 seg. La mayoría de los papeles ECG tienen marcas cada 3 seg sobre el borde superior de los mismos. Contar el número de ciclos cardíacos en un período de 3 ó 6 seg. Multiplicar el número de ciclos por 20 o por 10, respectivamente, para determinar la frecuencia cardíaca. Por ejemplo, si hay 5 1/2 ciclos cardíacos completos en un período de 3 seg, entonces:

$$FC = 5\ 1/2 \times 20 = 110 \text{ latidos.min}^{-1}$$

Preguntas de investigación

1. ¿Cuál fue la diferencia en latidos por minuto entre las mediciones ECG de la frecuencia cardíaca en posición supina y estando de pie de su voluntario? Describa al menos dos razones por las que la frecuencia cardíaca estando de pie puede ser más elevada que la frecuencia cardíaca estando en posición de tendido supino.

2. ¿Generan los métodos 2 y 3 de medición de la frecuencia cardíaca durante el ejercicio diferencias que no superan los ± 5 latidos.min⁻¹ entre ellos? Facilite posibles razones para cualquier diferencia.

3. Describa cómo los métodos 2 y 3 de medición de la frecuencia cardíaca pueden modificarse para mejorar su precisión.

4. Determine diferencias específicas entre las ondas P, los complejos QRS y las ondas T en reposo y durante el ejercicio.

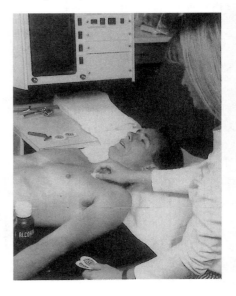

Cuantifique todas sus observaciones en milímetros (mm). Facilite posibles razones para cualquier diferencia.

5. Determine la diferencia en tiempo (s) entre los trazos ECG en reposo y durante el ejercicio. Evalúe las diferencias a partir de a) la iniciación de la onda P hasta la terminación de la onda T y b) a partir de la terminación de la onda T hasta la iniciación de la onda P. Analice sus descubrimientos.

Recogida de datos

1. Prepare al sujeto para un ECG con 12 derivaciones preparando los 10 puntos discutidos antes en que hay que situar los 10 electrodos.
2. Calibre el electrocardiógrafo con la ayuda de su instructor.
3. Registre un trazo en posición supina y estando de pie para cada uno de las 12 derivaciones ECG.
4. Haga que el sujeto camine sobre una cinta ergométrica o monte sobre un cicloergómetro durante varios minutos con una intensidad moderada. Registre un trazo ECG durante el ejercicio.
5. Identifique cada trazo ECG (es decir, fecha, nombre y edad del sujeto; y si se trata de un ECG en reposo o durante el ejercicio).
6. Fotocopie los trazos ECG de cada uno de los miembros de la clase.
7. Monte dos trazos ECG para las posiciones de tendido supino y de permanecer de pie, y determine la frecuencia cardíaca para cada una de ellas. Registre la información en el Cuadro 11-1.
8. Monte un trazo ECG durante el ejercicio y determine la frecuencia cardíaca con los métodos 2 y 3. Registre la información en el Cuadro 11-2.

REFERENCIAS SELECCIONADAS

Adams, G.M. (1990). *Exercise Physiology Lab Manual*. Dubuque, Iowa: Wm. C. Brown Publishers, pp: 135-142.

Dubin, D. (1974). *Rapid Interpretation of EKG's* (3.ª edición). Tampa, Florida: Cover Publishing Co.

Fisher, A.G., and C.R. Jensen (1990). *Scientific Basis of Athletic Conditioning* (3.ª edición). Philadelphia: Lea & Febiger, pp: 77-83.

Fox, E.L., R.W. Bowers, and M.L. Foss (1988). *The Physiological Basis of Physical Education and Athletics* (4.ª edición). Philadelphia: Saunders College Publishing, pp: 245-248.

Grauer, K. and Curry, R.W., Jr. (1992). *Clinical Electrocardiography*. Boston: Blackwell Scientific Publications.

Marriot, J.L. (1987). *ECG/PDQ*. Baltimore: Williams and Wilkins.

McArdle, W.D., F.I. Katch, and V.L. Katch (1991). *Exercise Physiology: Energy, Nutrition, and Human Performance* (3.ª edición). Philadelphia: Lea & Febiger, pp: 313-316, 723-726.

Powers, S.K., and E.T. Howley (1990). *Exercise Physiology: Theory and Application to Fitness and Performance*. Dubuque, Iowa: Wm. C. Brown Publishers, pp: 180-184.

Nombre: _____ Fecha: _____

Electrocardiogramas en reposo y en esfuerzo
Ejercicio

Nombre: _____ Fecha: _____

Edad: _____   ☐ Hombre ☐ Mujer

ECG en posición supina: Pegue dos trazados ECG en posición supina en el espacio facilitado a continuación. Registre la derivación y la frecuencia cardíaca en los espacios que se dan. Muestre los cálculos de frecuencia cardíaca.

Derivación _____   Derivación _____

Frecuencia cardíaca: _____ latidos.min⁻¹   Frecuencia cardíaca: _____ latidos.min⁻¹

ECG de pie: Pegue dos trazados ECG de pie en el espacio facilitado a continuación. Registre la derivación y la frecuencia cardíaca en los espacios que se dan. Muestre los cálculos de frecuencia cardíaca.

Derivación _____   Derivación _____

Frecuencia cardíaca: _____ latidos.min⁻¹   Frecuencia cardíaca: _____ latidos.min⁻¹

Cuadro 11-1
Hoja de datos ECG en reposo

Nombre: _____   Fecha: _____

Edad: _____

☐ Hombre   ☐ Cinta ergométrica

☐ Mujer   ☐ Bicicleta

                ☐ Otro

ECG durante el ejercicio: Pegue un trazado ECG durante el ejercicio en el espacio facilitado a continuación. Registre la derivación y la frecuencia cardíaca en los espacios que se dan. Muestre los cálculos de frecuencia cardíaca.

Frecuencia cardíaca mediante los cálculos ECG:

Derivación: _____

Método 2: _____ latidos.min^{-1}

Método 3: _____ latidos.min^{-1}

Diferencia: _____ latidos.min^{-1}

Cuadro 11-2
Hoja de datos ECG durante el ejercicio

Conclusiones de la investigación

1. ¿Cuáles fueron las diferencias en latidos por minuto entre las mediciones ECG de la frecuencia cardíaca en posición de tendido supino y de pie para su voluntario? Describa al menos dos razones por las que la frecuencia cardíaca de pie puede ser más elevada que la frecuencia cardíaca estando en posición de tendido supino.
2. ¿Generan los métodos 2 y 3 de medición de la frecuencia cardíaca una frecuencia cardíaca durante el ejercicio de ± 5 latidos.min⁻¹ de diferencia entre los dos?
3. Describa cómo los métodos 2 y 3 de medición de la frecuencia cardíaca pueden modificarse para mejorar su precisión.
4. Determine diferencias específicas entre las ondas P, los complejos QRS, y las ondas T en reposo y durante el ejercicio. Cuantifique todas sus observaciones en milímetros (mm). Dé posibles razones para cualquier diferencia observada.
5. Determine la diferencia en tiempo (s) entre los trazos ECG en reposo y durante el ejercicio. Evalúe diferencias a partir de a) la iniciación de la onda P hasta la terminación de la onda T y b) desde la terminación de la onda T hasta la iniciación de la onda P. Analice sus descubrimientos.

Nombre: _____ Fecha: _____

Resumen del laboratorio 11

Describa varios modos en que la información obtenida en esta práctica puede aplicarse a su campo de interés elegido y/o a su vida personal. Sea específico y facilite ejemplos prácticos.

Nombre: _____ Fecha: _____

12. Medición del $\dot{V}O_2$máx
Ejercicio de prelaboratorio

1. Describa al menos tres características importantes de una prueba de esfuerzo progresiva maximal.

2. Relacione criterios usados para determinar si la prueba del $\dot{V}O_2$máx es válida o no.

3. ¿Cuál sería la máxima puntuación MET de una deportista que tiene un $\dot{V}O_2$máx de 49,3 ml.kg^{-1}.min^{-1}? Muestre su trabajo.

4. ¿Para qué sirve el RER y cómo se calcula? ¿Por qué debe calcularse un RER durante una prueba de $\dot{V}O_2$máx?

5. ¿Para que sirve el RPE? ¿Qué indica un RPE de 13?

6. ☐ Marque con una cruz el recuadro si ha leído usted cada una de las preguntas y si está familiarizado con los procedimientos de recogida de datos relativos a cada una de las cuestiones de investigación.

CAPÍTULO 12

MEDICIÓN DEL $\dot{V}O_2$MÁX

PROPÓSITO

El propósito de esta práctica es ayudarle a entender cómo medir el consumo máximo de oxígeno ($\dot{V}O_2$máx) usando técnicas con ayuda de ordenadores.

OBJETIVOS DE APRENDIZAJE PARA EL ESTUDIANTE

1. Entender cómo administrar una prueba de esfuerzo maximal diseñada para medir el $\dot{V}O_2$máx.

2. Poder interpretar los resultados de una prueba del $\dot{V}O_2$máx.

EQUIPO NECESARIO

Cinta ergométrica con fuerza motriz o un cicloergómetro.

Equipo de análisis de gases.

Equipo de medición de la ventilación.

Software para calcular el $\dot{V}O_2$máx.

Equipo para medir la tensión arterial.

Instrumentos de control de la frecuencia cardíaca (ECG, telemetría).

Boquilla y pinzas para la nariz.

En años recientes, la mejora de la tecnología ha proporcionado métodos mejores, más rápidos y más fáciles para medir y evaluar el $\dot{V}O_2$máx. La información para la que hace años se necesitaban horas para su cálculo puede generarse ahora en cuestión de segundos. En consecuencia, los sistemas computerizados permiten a los científicos del ejercicio recopilar una variedad de informaciones significativas tanto durante el reposo como durante la actividad física.

Las pruebas de esfuerzo progresivas pueden diseñarse para medir el $\dot{V}O_2$máx o capacidad funcional. Tales pruebas deben requerir una duración mínima de aproximadamente 6-10 min; implican un tipo de ejercicios que utilizan los grandes músculos esqueléticos (por ejemplo, andar, correr y pedalear); y provocan que los sujetos efectúen un esfuerzo maximal. Se emplean varios criterios cuantificables para determinar si una prueba del $\dot{V}O_2$máx es considerada como válida o no (Tabla 12-1).

Cuando no se satisfacen los criterios de la Tabla 12-1 durante una prueba de esfuerzo maximal, entonces la medición se denomina $\dot{V}O_{2pico}$. Esto supone que se ha registrado el valor más alto de $\dot{V}O_2$, pero que no es necesariamente un valor máximo. Las mediciones

$\dot{V}O_{2pico}$ son comunes cuando los individuos caminan sobre una cinta ergométrica con una pendiente pronunciada, y los músculos de sus pantorrillas se fatigan. Así, el individuo termina la prueba debido al dolor en la parte inferior de las piernas y no porque haya alcanzado un nivel máximo de esfuerzo. Para salventar este problema, se recomienda utilizar una mayor velocidad y un menor grado de inclinación en la cinta ergométrica para la prueba del $\dot{V}O_2$máx (especialmente, para las poblaciones más jóvenes y que se hallan en relativamente buena forma). Las mediciones del $\dot{V}O_{2pico}$ son tam-

---

1. Frecuencia cardíaca durante el ejercicio con no más de 15 latidos.min^{-1} por debajo de la frecuencia cardíaca máxima prevista para la edad (FCmáx = 220 - edad).

2. Relación de intercambio respiratorio (RIR) $\geq$ 1,1.

3. Niveles de consumo de oxígeno sin aumentar a pesar de un incremento en el trabajo*.

---

*Deben alcanzarse al menos dos de los tres criterios citados anteriormente antes de poder considerar que un $\dot{V}O_2$máx se halla en un nivel máximo de esfuerzo. Fuente: Kline (1987).

Tabla 12-1
Criterios para el $\dot{V}O_2$máx

bién frecuentes cuando los individuos no están motivados para efectuar un esfuerzo máximo y terminan la prueba prematuramente.

Durante una prueba del $\dot{V}O_2$máx, con frecuencia se evalúan una variedad de respuestas fisiológicas. Entre éstas figuran la frecuencia cardíaca, la tensión arterial, los síntomas, la relación de intercambio respiratorio (RIR) y la escala del esfuerzo percibido (RPE, del inglés Ratings of Perceived Exertion). La evaluación de dicha información puede usarse para facilitar la seguridad de las pruebas de esfuerzo, dilucidar cuál es la intensidad relativa del ejercicio de los sujetos y determinar si las respuestas fisiológicas al $\dot{V}O_2$máx son normales o no.

La frecuencia cardíaca puede medirse con un equipo de telemetría o con un electrocardiógrafo. La ventaja del empleo de un electrocardiógrafo es que se facilita información adicional sobre la normalidad de la función cardíaca durante el ejercicio. Los médicos utilizan frecuentemente electrocardiógrafos para buscar posibles enfermedades coronarias; sin embargo, este equipo puede usarse también para medir la frecuencia cardíaca.

La tensión arterial puede medirse durante el ejercicio cuando el movimiento corporal del sujeto no impide el proceso de medición.

La medición de la tensión arterial mientras se camina sobre una cinta ergométrica o se pedalea en un cicloergómetro es relativamente fácil; sin embargo, correr en la cinta ergométrica dificulta mucho la obtención de mediciones precisas de la tensión arterial.

Durante e inmediatamente después de haber realizado un esfuerzo máximo deben controlarse una diversidad de síntomas. Entre éstos se hallan: la disnea (respiración dificultosa), la fatiga, la angina (dolor en el pecho), las náuseas o la palidez. Algunos síntomas son observables, mientras que otros debe comunicarlos el participante.

Durante una prueba del $\dot{V}O_2$máx, debe calcularse una relación de intercambio respiratorio (RIR) (con la ayuda de un ordenador). Una RIR es igual al volumen de dióxido de carbono espirado por minuto dividido por el volumen de oxígeno consumido por minuto. Los valores RIR reflejan el tipo de combustible (por ejemplo, hidratos de carbono, grasas) utilizado durante el reposo y durante el ejercicio. Cuando los valores RIR aumentan, se utiliza una mayor proporción de hidratos de carbono en comparación con las grasas (Tabla 12-2). Un criterio importante para una prueba de $\dot{V}O_2$máx es una RIR ≥ 1,1 (Tabla 12-1), puesto que una RIR alta generalmente refleja que el sujeto ha alcanzado un nivel máximo de esfuerzo.

		Porcentaje total de kcal por	
RIR	kcal/lO$_2$	Hidratos de carbono	Grasas
0,70	4,68	0,0	100,0
0,72	4,70	4,4	95,6
0,74	4,73	11,3	88,7
0,76	4,75	18,1	81,9
0,78	4,77	24,9	75,1
0,80	4,80	31,7	68,3
0,82	4,82	38,6	61,4
0,84	4,85	45,4	54,6
0,86	4,88	52,2	47,8
0,88	4,90	59,0	41,0
0,90	4,92	65,9	34,1
0,92	4,95	72,7	27,3
0,94	4,97	79,5	20,5
0,96	5,00	86,3	13,7
0,98	5,02	93,2	6,8
1,00	5,05	100,0	0,0

Tabla 12-2
Valores RIR y metabolismo del sustrato

La escala del esfuerzo percibido (RPE) se usa para cuantificar las percepciones y sensaciones de los participantes en relación a la tensión de la actividad física. Las mediciones subjetivas del esfuerzo son útiles, puesto que pueden compararse con mediciones fisiológicas (por ejemplo, la frecuencia cardíaca) y facilitar información adicional sobre la intensidad del esfuerzo. Cierto número de estudios han indicado que las puntuaciones de la RPE están fuertemen-

te correlacionadas con las mediciones objetivas de la intensidad del ejercicio. La escala RPE de Borg de 15 puntos, ilustrada en la Tabla 12-3, se usa frecuentemente durante las pruebas de $\dot{V}O_2$máx para clarificar los valores del esfuerzo percibido.

6	
7	Muy, muy ligero
8	
9	Muy ligero
10	
11	Bastante ligero
12	
13	Un poco duro
14	
15	Duro
16	
17	Muy duro
18	
19	Muy, muy duro
20	

Fuente: Borg (1970).

Tabla 12-3
Escala RPE

Cálculos del $\dot{V}O_2$

Los diferentes principios y ecuaciones usados para calcular la variación del $\dot{V}O_2$ van desde simples hasta complejos. En términos sencillos, el $\dot{V}O_2$ es igual al volumen de oxígeno inspirado (por minuto) menos el volumen de oxígeno espirado (por minuto). Esto supone que el oxígeno que entra en los pulmones pero que no vuelve a salir es tomado por el cuerpo (consumido) para facilitar la producción de energía aeróbica. Una fórmula para representar este principio sería:

$$\dot{V}O_2 = V_I O_2 - V_E O_2$$

Donde:

$\dot{V}O_2$ = volumen de oxígeno consumido por minuto
$V_I O_2$ = volumen de oxígeno inspirado por minuto
$V_E O_2$ = volumen de oxígeno espirado por minuto

Ejemplo de cálculo: ¿Cuál sería el $\dot{V}O_2$ (consumo de oxígeno) para un corredor de maratón que inspira 20,7 l de O_2 por minuto y espira 16,0 l de O_2 por minuto?

$\dot{V}O_2$ = 20,7 lO_2/min - 16,0 lO_2/min
     = 4,7 lO_2/min

Para determinar el $V_I O_2$, el volumen de aire inspirado por minuto se multiplica por la fracción de oxígeno en la atmósfera. Asimismo, para determinar el $V_E O_2$, el volumen de aire espirado por minuto se multiplica por la fracción de aire espirado compuesto de oxígeno. Pueden utilizarse analizadores metabólicos/gases para determinar la concentración de gas en el aire ventilado y puede emplearse un medidor de aire (neumotacómetro electrónico) para cuantificar el volumen de aire ventilado. Así, la ecuación anterior del $\dot{V}O_2$ se convierte en:

$$\dot{V}O_2 = (V_I \times F_I O_2) - (V_E \times F_E O_2)$$

Donde:

$\dot{V}O_2$ = volumen de oxígeno consumido por minuto
V_I = volumen de aire inspirado por minuto
V_E = volumen de aire espirado por minuto
$F_I O_2$ = fracción de oxígeno inspirado*
$F_E O_2$ = fracción de oxígeno espirado

*$F_I O_2$ es una constante y es igual a 0,2094

Ejemplo de cálculo: ¿Cuál sería el $\dot{V}O_2$ (consumo de oxígeno) para un practicante de aeróbic que tiene un V_I igual a 54,5 l/min, un V_E igual a 54,3 l/min y un $F_E O_2$ de 0,1605?

$\dot{V}O_2$ = (54,5 l/min x 0,2094) -
     (54,3 l/min x 0,1605)

$\dot{V}O_2$ = (11,41 l/min) - (8,71 l/min)
     = 2,7 l/min

Es necesario mencionar que los valores de consumo de oxígeno deben corregirse y expresarse en TEPS (TE = temperatura estándar, p = presión estándar y S = seco) de modo que los resultados son comparables en diferentes condiciones ambientales. Por ejemplo, sin corrección, los valores de consumo de oxígeno medidos en un ambiente de temperatura elevada y de baja presión serían mucho mayores que los valores medidos en un ambiente de baja temperatura y presión alta. Asimismo, la humedad puede alterar los resultados del consumo de oxígeno. Así, para hacer que las mediciones del $\dot{V}O_2$ sean significativas y comparables en diferentes condiciones ambientales, se precisa un factor de corrección TEPS para estandarizar la temperatura, la presión y la humedad. Un valor de corrección TEPS típico es 0,814 (Apéndice C).

Ejemplo de cálculo: Corregir la medida $\dot{V}O_2$ anterior del practicante de aeróbic ($\dot{V}O_2 = 2,7$ L/min) con el factor de corrección TEPS de 0,814.

$$\dot{V}O_{TEPS} = 2,7 \text{ l/min} \times 0,814 = 2,19 \text{ l/min}$$

El análisis anterior tiene la finalidad de presentar los principios fundamentales de los cálculos del $\dot{V}O_2$. Mediante un mayor estudio y análisis usted puede llegar a aprender mucho más sobre el modo en que los científicos del ejercicio calculan el $\dot{V}O_2$ o el $\dot{V}O_2$máx. La cuestión importante que hay que saber en este punto es que el consumo de oxígeno, tanto si se mide en reposo como durante el ejercicio, se basa en la simple ecuación de: $\dot{V}O_2 = V_IO_2 - V_EO_2$.

Los MET

Las puntuaciones $\dot{V}O_2$máx se expresan frecuentemente en METs. Un MET es equivalente a un ritmo metabólico medio en reposo de 3,5 ml.kg^{-1}.min^{-1}. Puesto que las puntuaciones MET son múltiplos del metabolismo en reposo, un valor de 15,7 MET indica que el metabolismo del ejercicio es 15,7 veces mayor que en reposo. Las puntuaciones MET se calculan dividiendo el $\dot{V}O_2$ en ml.kg^{-1}.min^{-1} por 3,5. Para los estudiantes universitarios medios, los valores MET máximos oscilan generalmente entre 11,4 y 17,2 (entre 40 y 60 ml.kg^{-1}.min^{-1}).

REFERENCIAS SELECCIONADAS

Adams, G.M. (1990). *Exercise Physiology Lab Manual.* Dubuque, Iowa: Wm. C. Brown Publishers, 1990, pp: 67-78.

American Heart Association: Guidelines for exercise testing (1986). *Circulation* 75:653A-667A.

Borg, G.A.V. (1970). Perceived exertion as an indicator of somatic stress. *Scandinavian Journal of Rehabilitation Medicine* 2:92-98.

Borg, G.A.V. (1973). Perceived exertion: a note on history and methods. *Medicine and Science in Sports* 5(2):90-93.

Fisher, A.G., and C.R. Jensen (1990). *Scientific Basis of Athletic Conditioning* (3.ª edición). Philadelphia: Lea & Febiger, pp: 122-136.

Fox, E.L., R.W. Bowers, and M.L. Foss (1988). *The Physiological Basis of Physical Education and Athletics* (4.ª edición). Philadelphia: Saunders College Publishing, pp: 61-85.

Heyward, V.H. (1991). *Advanced Fitness Assessment and Exercise Prescription.* Champaign, Illinois: Human Kinetics, pp: 18-40.

Kline, G.M., J.P. Porcari, R. Hintermeister, et al. (1987). Estimation of VO2max from a one-mile track walk, by gender, age, and body weight. *Medicine and Science in Sports and Exercise* 19(3): 253-259.

Lamb, D.R. (1984). *Physiology of Exercise: Responses and Adaptations* (2.ª edición). Nueva York: Macmillan Publising Company, pp: 173-190.

McArdle, W.D., F.I. Katch, and V.L. Katch (1991). *Exercise Physiology: Energy, Nutrition, and Human Performance* (3.ª edición). Philadelphia: Lea & Febiger, pp: 145-157.

Powers, S.K., and E.T. Howley (1990). *Exercise Physiology: Theory and Application to Fitness and Performance*. Dubuque, Iowa: Wm. C. Brown Publishers, pp: 428-430.

Taylor, H., E. Buskirk, and A. Henschel (1955). Maximal oxygen intake as an objective measure of cardiorespiratory performance. *J. Appl. Physiol* 8:73-80.

Wilmore, J.H., and D.L. Costill, (1988). *Training for Sport and Activity: The Physiological Basis of the Conditioning Process* (3.ª edición). Dubuque, Iowa: Wm. C. Brown Publishers, pp: 361-368.

ESTACIÓN 1

Medición del $\dot{V}O_2$máx

Preguntas de investigación

1. Analice al menos tres razones por las que es útil medir el $\dot{V}O_2$máx.

2. Describa los resultados de su prueba. ¿Ha satisfecho su sujeto los criterios para una prueba del $\dot{V}O_2$máx? ¿Cuál es la clasificación del fitness para su sujeto en base a datos normativos? (Ver capítulo 5.)

3. Si a su sujeto se le dijo que hiciese ejercicio con una intensidad igual al 70-80 % del esfuerzo máximo, ¿cuál sería su abanico recomendado de intensidad de ejercicio en ml.kg^{-1}.min^{-1}, kcal.min^{-1} y METs? Suponga que 1 lO_2 = 5 kcal.

4. Como consecuencia de un programa ideal de ejercicios, el $\dot{V}O_2$máx, normalmente, no puede aumentar en más de un 20 %. Si el $\dot{V}O_2$máx de su voluntario aumentase en un 15 %, ¿le situaría ello en una categoría de fitness distinta? (Muestre su trabajo.)

5. ¿Puede todo el mundo con un programa ideal de ejercicios convertirse en un corredor de maratón de élite y correr 42,095 km en 2 horas y 20 min? Justifique su respuesta.

Recogida de datos

Su instructor supervisará la recogida de datos para esta práctica y es posible que solicite su ayuda. Registre los datos que su instructor le facilite en la hoja de datos apropiada. A continuación, se facilitan las instrucciones para un protocolo de esfuerzo máximo sobre la cinta ergométrica. (Sólo serán necesarias ligeras modificaciones a estas instrucciones si su laboratorio está mejor equipado para efectuar una prueba máxima en cicloergómetro.)

1. Calibre el equipo metabólico.

2. Recoja datos preliminares sobre su sujeto (voluntario) antes de la prueba, tales como la edad, la masa corporal, y la estatura. Regístrelos en el Cuadro 12-1. Explique todos los procedimientos de la prueba a su sujeto y hágale firmar un formulario de consentimiento con conocimiento de causa.

3. Ajústele un equipo apropiado de telemetría o electrodos ECG para controlar su frecuencia cardíaca.

4. Coloque un brazal para la toma de la tensión arterial en un brazo del voluntario. Elija el brazo que no interfiera con la operación en la cinta ergométrica. Use cinta deportiva o cinta de canal para asegurar el brazal en su sitio.

5. Mida la frecuencia cardíaca y la tensión arterial en reposo de su sujeto (en posición de sentado). Tome nota en el Cuadro 12-1.

6. Haga que su sujeto, ponga los pies a los lados de la cinta ergométrica (fuera de la misma) y que sujete la barra frontal o lateral.

7. Ayude a su sujeto a insertarse la boquilla; dígale que selle firmemente la boquilla con sus labios durante toda la prueba.

8. Ajuste con seguridad pinzas en la nariz de su sujeto para ocluir completamente las fosas nasales.

9. Ponga en marcha la cinta ergométrica y establezca una velocidad de 4,8 km.h⁻¹. Mande a su sujeto que:

   a. Sujete la barra de la cinta ergométrica al entrar en la misma.

   b. Suelte la barra cuando perciba que anda con comodidad.

   c. Mira hacia adelante en todo momento (evite mirar a los pies).

   d. Permanecer a una distancia de la barra frontal que permita agarrarla con las manos.

10. Incremente la velocidad de la cinta ergométrica. Instruya a su sujeto para que haga señales con las manos (por ejemplos, pulgares hacia arriba) cuando la velocidad de la cinta ergométrica esté situada a un ritmo rápido de andar cómodamente. (Esta velocidad suele estar entre 4,8 y 7,2 km.h⁻¹.)

11. Deje que su sujeto camine al ritmo que él elija durante tres minutos. Durante el tercer minuto, mida la frecuencia cardíaca y la tensión arterial en esfuerzo. Haga que el sujeto mire la escala RPE; haga que señale un número de la escala que represente su apreciación subjetiva del esfuerzo, la tensión, y la fatiga. Registre la velocidad de la cinta ergométrica, el ritmo del corazón, la tensión arterial y la RPE para la fase 1 en el Cuadro 12-1. Observe también cualquier síntoma anormal.

12. Informe al sujeto de que la velocidad de la cinta ergométrica aumentará hasta que se alcance un ritmo de carrera confortable. Haga que el sujeto efectúe una señal con los pulgares hacia arriba cuando la velocidad de la cinta ergométrica sea la apropiada. (La mayoría de los voluntarios probablemente elegirán una velocidad comprendida entre 8 y 12,1 km.h⁻¹. Los sujetos con un menor nivel de fitness pueden seguir andando si la carrera es demasiado agotadora.)

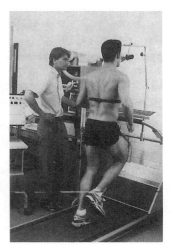

13. Dígale a su sujeto que corra a esta velocidad durante 3 min (con la cinta plana). Registre la velocidad de la cinta ergométrica, la frecuencia cardíaca, la RPE y la tensión arterial sobre el Cuadro 12-1 (fase 2).

14. Continúe la prueba con fases de dos minutos

cada una. Mantenga una velocidad constante de la cinta ergométrica durante el resto de la prueba. Incremente la inclinación de la cinta ergométrica en un 2,5 % cada 2 min hasta que el voluntario alcance la fatiga voluntaria. En el transcurso del último minuto de cada fase de 2 min, registre la frecuencia cardíaca, la tensión arterial (cuando sea posible), la RPE y cualquier síntoma anormal en el Cuadro 12-1.

15. Esté preparado para detener la cinta ergométrica cuando su sujeto alcance la fatiga voluntaria. Dígale a su sujeto que levante el dedo índice cuando crea que alcanzará la fatiga voluntaria antes de transcurrido otro minuto.

16. Anímele verbalmente, diciéndole cosas tales como «trabaja duro», «hasta el final», «manténte». Cuando su sujeto se acerque a un esfuerzo máximo, esté alerta en las cuestiones de seguridad. Esté preparado para detener la cinta ergométrica con rapidez. Asegúrese de que su sujeto tenga la barra frontal al alcance de sus manos, y, si es necesario, ponga su mano detrás del sujeto para mantenerlo cerca del extremo frontal de la cinta ergométrica. No tome la tensión arterial durante las fases finales de la prueba, puesto que ello puede perjudicar el rendimiento.

17. Cuando su sujeto indique que le falta menos de un minuto para llegar a la fatiga voluntaria, haga que un administrador de la prueba registre la velocidad y la pendiente finales de la cinta ergométrica. Dígale al voluntario que sujete la barra frontal de la cinta ergométrica cuando ya no pueda seguir corriendo. Registre la frecuencia cardíaca máxima durante el ejercicio cuando su sujeto acabe la prueba. Reduzca la velocidad y la inclinación de la cinta ergométrica hasta 3,2 ó 4,8 km.h^{-1} (nivelada) cuando el sujeto agarre la barra frontal.

18. Quite la boquilla y las pinzas de la nariz. Deje que el voluntario camine lentamente (se enfríe) durante unos 6 min. Continúe controlando la frecuencia cardíaca y la tensión arterial cada 2 min durante este período de enfriamiento de 6 min.

En la Tabla 12-4 se presenta un resumen del protocolo de la cinta ergométrica.

19. Calcule el $\dot{V}O_2$máx del sujeto (y corríjalo según el TEPS) con los datos de la prueba facilitados por su instructor. Exprese los resultados del $\dot{V}O_2$máx en l.min^{-1}, ml.kg^{-1}.min^{-1} y METs. Muestre todo el trabajo. Determine la clasificación del fitness de su sujeto, en base a las normas para la edad y el sexo descritas en el capítulo 5. Anótelo en el Cuadro 12-1.

Ejemplo de cálculo: ¿Cuál sería el consumo calórico (kcal.min^{-1}) para un $\dot{V}O_2$ de 2,5 lO_2/min? Suponga que 1 lO_2 = 5 kcal.

Fase	Tiempo (min)	Velocidad de la cinta ergométrica (km.h^{-1})	Pendiente de la cinta ergométrica (%)
1	3	Velocidad de andar autoelegida (variación: 4,8-7,2 km.h^{-1})	0
2	6	Ritmo de carrera autoelegida (variación: 8-11,2 km.h^{-1})	0
3	8	Misma velocidad	2,5
4	10	Misma velocidad	5,0
5	12	Misma velocidad	7,5
6	14	Misma velocidad	10,0
7	16	Misma velocidad	12,5
Recuperación			
1	3	Caminar lentamente (4,8 km.h^{-1})	0
2	6	Caminar lentamente (4,8 km.h^{-1})	0

Tabla 12-4
Protocolo para la prueba de esfuerzo maximal

Consumo calórico = 2,5 lO_2/min x 5 kcal/1 lO_2 = 12,5 kcal.min^{-1}

Nota: Los cardiólogos frecuentemente dirigen pruebas de esfuerzo progresivas para valorar la capacidad funcional de sus pacientes. Generalmente, durante una prueba clínica de esfuerzo no se mide el $\dot{V}O_2máx$; sino que el propósito principal es evaluar los electrocardiogramas del ejercicio y tratar de descubrir enfermedades cardiovasculares. Su instructor puede querer mostrar pruebas estándares de esfuerzo (por ejemplo, el protocolo de Balke o de Bruce) y analizar cómo deben administrarse y evaluarse tales pruebas.

Nombre: _____   Fecha: _____

Medición del $\dot{V}O_2$máx
Ejercicio

Edad: _____ Sexo: V/M   Peso: _____ lb; _____ kg
Estatura: _____ cm   Frecuencia cardíaca en reposo: _____ latidos.min⁻¹
Tensión arterial en reposo: _____ (sistólica/diastólica)
Frecuencia cardíaca máxima pronosticada (220 - edad): ___ latidos.min⁻¹

Fase	Tiempo (min)	Velocidad (km.h⁻¹)	Pendiente (%)	FC (latidos.min⁻¹)	Tensión arterial	RPE	Síntomas
1	0-3						
2	3-6						
3	6-8						
4	8-10						
5	10-12						
6	12-14						
7	14-16						
Recuperación							
1	0-3						
2	3-6						

Criterio del $\dot{V}O_2$máx:

Frecuencia cardíaca máxima: _____ latidos.min⁻¹

Porcentaje de frecuencia cardíaca máxima observado: _____ %

RIR máxima: _____   RPE máximo: _____

Cuadro 12-1
Medición del $\dot{V}O_2$máx
Hoja de datos/cálculos

Verificar los criterios satisfechos para la prueba del $\dot{V}O_2$máx:

☐ Frecuencia cardíaca durante el ejercicio de no menos de 15 latidos.min⁻¹ por debajo de la frecuencia cardíaca máxima pronosticada para la edad.

☐ Proporción de intercambio respiratorio (RIR) ≥ 1,1

☐ Consumo de oxígeno sin aumentar a pesar de un incremento en el trabajo.

*Datos y cálculos del $\dot{V}O_2$máx:

Factor de corrección TEPS:

V_I: _____ l/min V_E: _____ l/min

F_IO_2: _____ F_EO_2: _____

(Todos los datos considerados en esfuerzo máximo)

$\dot{V}O_2$ (lO$_2$/min) = (V$_I$ x F$_I$O$_2$) - (V$_E$ x F$_E$O$_2$)

Muestre su trabajo:

Resultados de $\dot{V}O_2$máx:

$\dot{V}O_2$máx = _____ ml.kg⁻¹.min⁻¹ (TEPS)

$\dot{V}O_2$máx = _____ l.min⁻¹ (TEPS)

$\dot{V}O_2$máx = _____ METs (TEPS)

Categoría de fitness: _____

*Obtenga los datos necesarios de su instructor de laboratorio para calcular los resultados. Muestre todo su trabajo.

Cuadro 12-1 (continuación)
Medición del $\dot{V}O_2$máx
Hoja de datos/cálculos

Si dispone de ella, adjunte una impresión computerizada de la prueba del $\dot{V}O_2$máx a su informe de laboratorio.

Nombre: _____   Fecha: _____

Conclusiones de la investigación

1. Analice al menos tres razones por las que resulta útil medir el $\dot{V}O_2$máx.
2. Describa los resultados de su prueba. ¿Ha satisfecho el sujeto los criterios para una prueba de $\dot{V}O_2$máx? ¿Cuál es la clasificación del fitness para su sujeto en base a datos normativos? (Ver el capítulo 5).
3. Si a su sujeto se le dijo que hiciese ejercicio a una intensidad igual al 70-80 % del esfuerzo máximo, ¿cuál sería su abanico recomendable de intensidades de ejercicio en ml.kg^{-1}.min^{-1} y en METs? Suponga que 1 lO$_2$ = 5 kcal. Muestre su trabajo.
4. Como consecuencia de un programa ideal de ejercicios, normalmente el $\dot{V}O_2$máx puede incrementarse a lo sumo en un 20 %. Si el $\dot{V}O_2$máx de su voluntario aumentase en un 15 %, ¿le situaría esto en una categoría de fitness distinta? (Muestre el trabajo; vea las normas en el capítulo 5.)
5. ¿Puede alguien con un programa ideal de ejercicios convertirse en un corredor de élite de maratón y correr 42,095 km en 2 horas y 20 min? Justifique su respuesta.

Nombre: _____ Fecha: _____

Resumen del laboratorio 12

Describa varios modos en que puede aplicarse la información obtenida en esta práctica a su campo de interés elegido y/o a su vida personal. Sea específico y facilite ejemplos prácticos.

Nombre: _____ Fecha: _____

13. Función pulmonar
Ejercicio de prelaboratorio

1. Describa la diferencia existente entre el volumen pulmonar y la capacidad pulmonar.

2. Trace e identifique un espirograma de los cuatro volúmenes pulmonares y de las cuatro capacidades pulmonares.

3. Defina la capacidad vital. ¿Cuál es la capacidad vital pronosticada de un hombre de 25 años de edad que mide 195,5 cm de estatura?

4. ¿Cuál es el porcentaje $FEV_{1.0}$ de una persona que espira 3.872 ml en 1,0 seg y tiene una CV de 4.250 ml? ¿Se considera normal esta puntuación?

5. ☐ Marque el recuadro con una cruz si ha leído usted cada una de las cuestiones de investigación y si está familiarizado con los procedimientos de recogida de datos relativos a cada cuestión de investigación.

CAPÍTULO **13**

FUNCIÓN PULMONAR

PROPÓSITO

El propósito de esta práctica es evaluar las mediciones de la función pulmonar.

OBJETIVOS DE APRENDIZAJE PARA EL ESTUDIANTE

1. Poder medir los distintos volúmenes y capacidades pulmonares.
2. Poder medir los volúmenes espiratorios forzados e interpretar los resultados de las pruebas.

EQUIPO NECESARIO

Espirómetro.
Boquilla(s).
Pinza para la nariz.

El sistema pulmonar proporciona una función indispensable para el cuerpo en reposo y durante el ejercicio. La propia vida depende de la capacidad del sistema pulmonar para aportar oxígeno a las proteínas de la sangre (hemoglobina) y eliminar el exceso de dióxido de carbono para el mantenimiento de un pH adecuado de la sangre.

Generalmente, la función pulmonar no se considera como un factor limitante para el rendimiento aeróbico a altitudes próximas al nivel del mar. Por tanto, el sistema pulmonar en un individuo normal y sano no limita la propia capacidad para sostener el ejercicio aeróbico durante períodos prolongados. Sin embargo, en individuos con dificultades que tienen trastornos pulmonares (por ejemplo, asma, enfisema), el sistema pulmonar puede limitar la capacidad funcional durante el ejercicio.

Existen dos tipos principales de pruebas pulmonares: pruebas estáticas y dinámicas. Las pruebas pulmonares estáticas demuestran la mecánica de la ventilación y se usan para cuantificar los distintos volúmenes pulmonares. Las pruebas pulmonares dinámicas, por otro lado, son de naturaleza más activa y valoran la capacidad funcional de los pulmones para ventilar aire. Las pruebas pulmonares dinámicas se usan comúnmente para encontrar potenciales trastornos pulmonares tales como enfermedades pulmonares obstructivas.

Volúmenes y capacidades pulmonares

Los volúmenes pulmonares son considerados entidades específicas, mientras que las capacidades pulmonares representan dos o más volúmenes. Existen cuatro volúmenes y cuatro capacidades pulmonares con los que hay que estar familiarizado. En la Figura 13-1 se ilustra un espirograma de varios volúmenes y capacidades pulmonares.

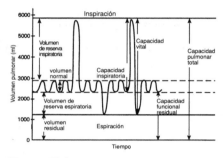

Figura 13.1.

Volúmenes pulmonares

* Volumen normal (VN): El volumen de aire inspirado (o espirado) en una respiración normal.
* Volumen de reserva inspiratoria (VRI): El volumen máximo de aire que puede inspirarse por encima del volumen normal.
* Volumen de reserva espiratoria (VRE): El volumen máximo de aire que puede espirarse por debajo del volumen normal.
* Volumen residual (VR): El volumen de aire remanente en los pulmones al final de una espiración máxima.

Capacidades pulmonares

* Capacidad vital (CV): La cantidad máxima de aire que puede espirarse forzadamente desde los pulmones después de una inspiración máxima; ello es igual a la suma del volumen normal, del volumen de reserva inspiratorio y del volumen de reserva espiratorio: $CV = VN + VRI + VRE$. Cuando la capacidad vital es forzada al exterior con la mayor rapidez posible, recibe la denominación de CVF (capacidad vital forzada).

* Capacidad inspiratoria (CI): La suma del volumen normal y del volumen de reserva inspiratoria; $CI = VN + VRI$.

* Capacidad residual funcional (CRF): La cantidad de aire restante en los pulmones después de una espiración normal, es decir, la suma del volumen de reserva espiatoria y del volumen residual: $CRF = VRE + VR$.

* Capacidad pulmonar vital (CPT): La cantidad total de aire en los pulmones después de una inspiración máxima. Ello equivale a la suma de la capacidad vital y del volumen residual: $CPT = CV + VR$.

En la Tabla 13-1 se presentan volúmenes y capacidades pulmonares típicas.

Medida	Varon (ml)	Mujer (ml)
Volumen normal (VN)		
Volumen reserva inspiratoria (VRI)		
Volumen reserva expiratoria (VRE)		
Volumen residual (VR)		
Capacidad vital (CV)		
Capacidad inspiratoria (CI)		
Funcional (CRF)		
Capacidad pulmonar total (CPT)		

*Volúmenes y capacidades pulmonares típicos para sujetos sanos de edades comprendidas entre los 20 y los 30 años en posición yacente. Fuente: comroe (1962)

Tabla 13-1
Volumenes y capacidades pulmonares

Equipo

Los volúmenes y capacidades pulmonares pueden medirse con un espirómetro húmedo (lleno de agua) (Figura 13-2). El modo de funcionamiento del espirómetro es más bien simple. Por ejemplo, cuando los sujetos espiran en el tubo respiratorio de un espirómetro, un plástico de poco peso o una campana metálica se levantarán y moverán una pluma registradora. La distancia que recorre la pluma registradora en un papel estándar de gráficos corresponderá al volumen de aire espirado. De este modo, cuando los sujetos inspiran por el espirómetro, la campana baja, y se efectúa un registro de volumen inspiratorio.

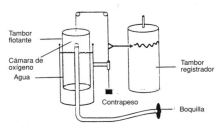

Figura 13.2.

El papel para gráficos de un espirómetro está situado sobre un cilindro rotatorio (quimógrafo). El quimógrafo o cilindro puede rotar con una velocidad lenta (60 mm/min) o rápida (1.200 mm/min). El eje horizontal de un espirograma representa unidades de tiempo (mm/min), y el eje vertical representa unidades de volumen (ml). Las unidades exactas para el papel de gráficos normalmente se especifican en el propio papel. El registro de varios volúmenes y capacidades pulmonares recibe el nombre de espirograma (Figura 13-1).

Para estar seguro de que el aire no se escapa durante el proceso de medición, es importante que los sujetos mantengan los labios apretados con fuerza alrededor de la boquilla, que las fosas nasales estén completamente ocluidas y que los tubos respiratorios y el espirómetro sean herméticos. Si los sujetos pueden seguir respirando por la nariz con las pinzas y con la boca cerrada, las pinzas de la nariz deben reajustarse.

Todo el equipo (boquilla, pinzas para la nariz y espirómetro) usado en el proceso de medición debe ser convenientemente desinfectado. Por ejemplo, el agua del espirómetro deber ser limpia y libre de gérmenes. Las boquillas y las pinzas para la nariz deben ser restregadas y puestas en una solución antiséptica antes de usarlas. Siempre debe emplearse una toalla de papel limpio al manipular las boquillas antes de su uso; asegúrese de no tocar las boquillas con los dedos antes de que el sujeto las use.

Preparación del sujeto

La preparación del sujeto para las pruebas pulmonares es verdaderamente mínima. Sin embargo, es importante que los sujetos estén descansados y tengan suficiente energía para ejecutar las pruebas (especialmente las pruebas pulmonares dinámicas) y que estén libres de infecciones virales respiratorias superiores (resfriados) y síntomas asociados. Antes de la evaluación, a los sujetos se les debe instruir a fondo en relación con los procedimientos de la prueba.

Medición del VN, VRI, VRE y la CV

Las normas facilitadas en la

Tabla 13-1 para los volúmenes y capacidades pulmonares estáticos se basan en sujetos que fueron probados en una posición recostada (sentada).

En consecuencia, se recomienda que los sujetos adopten la misma posición cuando son evaluados.

Puesto que se espera que los sujetos realicen inspiraciones y espiraciones máximas durante los procedimientos de las pruebas, resulta útil dar ánimos verbalmente a los sujetos diciéndoles por ejemplo «Resiste», «Empuja fuerte» o «Tú puedes hacerlo». Estos ánimos hay que darlos cuando los sujetos alcanzan la parte más elevada y la más baja de su capacidad vital: cuando se está inhalando o forzando a salir tanto aire como se puede de los pulmones.

Medición de la capacidad vital forzada (CVF) y del volumen expiratorio forzado (VEF$_{1,0-3,0}$)

Los individuos con graves enfermedades pulmonares pueden mostrar verdaderamente mediciones de capacidades vitales normales si no se imponen límites de tiempo sobre la maniobra ventilatoria. Por esta razón, los especialistas de los pulmones emplean una medición más dinámica de la función pulmonar, tales como el

porcentaje de la capacidad vital que puede espirarse de manera forzada en un segundo y/o en tres segundos. Este porcentaje (% VEF = VEF/CVF) tiene una fuerte correlación con las enfermedades pulmonares obstructivas crónicas (EPOC). Normalmente, al menos el 83 % de la capacidad vital debe espirar en un segundo y el 97 % de la capacidad vital en tres segundos (Tabla 13-2). Factores importantes que pueden limitar el ritmo del flujo del aire espirado son una elevada resistencia al flujo y poca fuerza muscular de los músculos espiradores. Los individuos con graves EPOC pueden exhibir valores VEF$_{1,0}$ tan bajos como entre el 20 y el 40 % de la CVF.

Mediciones	Valores normales
% VEF$_{1,0}$ (VEF$_{1,0}$/CVF)	$\geq$ 83 %
% VEF$_{3,0}$ (VEF$_{3,0}$/CVF)	$\geq$ 97 %

Fuente: Consolazio y col. (1963).
Tabla 13-2
Valores normales para el porcentaje VEF$_{1,0-3,0}$

La medición del porcentaje VEF se realiza tomando una inspiración máxima y luego, a continuación, espirando tan deprisa y con tanta fuerza como sea posible en el espirómetro. El sujeto puede adoptar una posición de pie o sentado. Mediante el espirograma (impresión del espirómetro) en una prueba para el porcentaje VEF, pueden determinarse tanto el $VEF_{1,0}$ y/o el $VEF_{3,0}$ y la CVF. (Nota: Dado que el espirómetro tiene una velocidad del papel conocida [1.200 mm/min], el volumen espirado en un segundo se puede averiguar.)

Ejemplo de cálculo: ¿Cuál es el porcentaje $VEF_{1,0}$ de una persona que espira 4.305 ml en 1,0 segundo y que tiene una CVF de 4.600 ml? ¿Se considera normal esta puntuación?

$$\% \ VEF_{1,0} = VEF_{1,0}/CVF$$

$$\% \ VEF_{1,0} = 4.305 \ ml/4.600 \ ml$$
$$= 93,5 \ \%, \text{ es decir, normal.}$$

Medición del VR

La medición del VR es un poco más complicada y cara que las pruebas pulmonares antes mencionadas. La razón de ello es que el VR no se puede medir directamente y requiere el uso de gases moleculares (helio, nitrógeno) y equipo caro (analizadores de gases).

La única forma práctica de medir el VR es utilizar principios probados de dilución de gases. Por ejemplo, cuando un volumen conocido de gas se mezcla con un volumen conocido de aire, la concentración de gas disminuirá en proporción hasta el del volumen desconocido. Por tanto, si se añadiesen 600 ml de helio hasta un volumen desconocido (hermético), y la concentración de gas se midiese a 0,10 (10 %), esto significaría que la caída en el porcentaje de helio (desde el 100 hasta el 10 %) estaría en proporción con el del volumen desconocido. En consecuencia, el simple cálculo de 600 ml dividido por 0,10 sería igual al volumen desconocido (600 ml/ 0,10 = 6.000 ml).

Existen varios protocolos que pueden usarse para medir el VR; sin embargo, todos utilizan, de algún modo, el principio básico de dilución de gas discutido antes. Como complemento a esta práctica, su instructor puede analizar en mayor detalle cómo se mide el VR en su laboratorio. Un ejercicio valioso consiste en estudiar un determinado procedimiento de medición del VR (y fórmula acompañante) y poder conceptualizar cómo cada uno utiliza principios fundamentales de dilución de gases.

El VR se efectúa principalmente en conjunción con el pesaje hidrostático para permitir el cálculo de la densidad corporal y el porcentaje de la grasa corporal. El VR puede pronosticarse (ver la ecuación y el ejemplo de cálculo más adelante) con una precisión aceptable; sin embargo, incluso un error de predicción de 100 ml en el VR puede conducir a grandes errores en los cálculos de porcentaje de grasa. Por tanto, siempre que sea posible, el VR debe medirse a través de la dilución de gases para mejorar la precisión del pesaje hidrostático.

Corrección del volumen de gas

Los volúmenes y las capacidades pulmonares deben corregirse y expresarse siempre en términos de TCPS (TC = temperatura corporal; P = presión atmosférica; S = saturados). La razón de ello es que un volumen determinado de aire en los pulmones normalmente no es igual al mismo volumen de aire en un espirómetro. Así, cuando el aire es espirado de los pulmones hacia un espirómetro, el aire en realidad disminuye su tamaño (reduce su volumen). A la inversa, cuando se toma aire en los pulmones éste se agranda y aumenta su volumen.

La razón principal de este cambio en el volumen entre los pulmones y el espirómetro es un cambio en la temperatura. Normalmente, el aire ambiente tiene una temperatura aproximada de 22 °C y la temperatura corporal es de 37 °C,

y puesto que el gas se expande cuando se calienta, éste es el motivo del incremento en el volumen. (Observe que cuando la temperatura ambiente es superior a 37 °C, esta relación se invierte. Asimismo, observe que puesto que la presión atmosférica es la misma en los pulmones y en el espirómetro, no es precisa ninguna corrección para esta variable.) En consecuencia, el factor de corrección TCPS ajusta (incrementa) las mediciones del espirómetro de manera que se representen verdaderos volúmenes pulmonares. Un factor de corrección TCPS típico es 1,075 (Apéndice C).

Ejemplo de cálculo: Un espirograma indica que una mujer tiene una CV de 3.150 ml. Suponiendo un factor de corrección TCPS de 1,075, ¿cuál sería su verdadera CV (dentro de los pulmones)?

$$CV_{TCPS} = 3.150 \text{ ml} \times 1,075 = 3.386,2 \text{ ml}$$

Predicción de volúmenes y capacidades pulmonares

Los volúmenes y las capacidades pulmonares pueden pronosticarse a partir de ecuaciones de regresión del mismo modo que se pronostican las mediciones del fitness relacionadas con la salud. Variables importantes en la estimación de los volúmenes y de las capacidades pulmonares son el sexo, la edad y la estatura. Aunque se ha demostrado que el entrenamiento aeróbico altera las mediciones pulmonares, no se ha utilizado para ayudar a pronosticar los volúmenes y las capacidades pulmonares.

A continuación se describen ecuaciones de predicción para la capacidad vital y para el volumen residual.

Ecuación de predicción de la capacidad vital (CV) (Baldwin, 1948):

Hombres:
$$CV_{TCPS} \text{ (ml)} = [27,63 - (0,112 \times \text{edad})]$$
$$\times \text{ estatura; cm}$$

Mujeres:
$$CV_{TCPS} \text{ (ml)} = [21,78 - (0,101 \times \text{edad})]$$
$$\times \text{ estatura; cm}$$

Ejemplo de cálculo: ¿Cuál es la capacidad vital pronosticada de una mujer de 23 años de edad de 5 pies y 8 pulgadas (1,73 m) de estatura?

$$CV_{TCPS} \text{ (ml)} = [21,78 - (0,101 \times 23)]$$
$$\times 172,7 \text{ cm}$$

$$CV_{TCPS} \text{ (ml)} = 19,45 \times 172,7 = 3.360,2 \text{ ml}$$

Ecuación de predicción del volumen residual (VR) (Goldman y Becklace, 1959):

Hombres:
$$VR_{TCPS} \text{ (l)} = 0,017 \text{ (edad)}$$
$$+ 0,08128 \text{ (estatura; pulgadas)} - 3,477$$

Mujeres:
$$VR_{TCPS} \text{ (l)} = 0,009 \text{ (edad)}$$
$$+ 0,08128 \text{ (estatura; pulgadas)} - 3,90$$

Ejemplo de cálculo: ¿Cuál es el volumen residual pronosticado de un hombre de 30 años de edad que tiene una estatura de 5 pies y 11 pulgadas (1,80 m)?

$$VR_{TCPS} \text{ (l)} = 0,017 \text{ (30)} + 0,06858 \text{ (71)}$$
$$- 3,477$$

$$VR_{TCPS} \text{ (l)} = 0,51 + 4,87 - 3,477 = 1,9 \text{ l}$$

REFERENCIAS SELECCIONADAS

Adams, G.M. (1990). *Exercise Physiology Lab Manual.* Dubuque, Iowa: Wm. C. Brown Publishers, pp: 149-165.

Baldwin, E. (1948). *Medicine* 27:243.

Consolazio, C.F., R.E. Johnson, and L.J. Pecora (1963). *Physiological Measurements of Metabolic Functions in Man.* Nueva York: McGraw-Hill, p: 225.

Comroe, J.H., R.E. Farster, and A.B. Dubois (1965). *The Lung: Clinical Physiology and Pulmonary Funtion Tests* (2.ª edición). Chicago: Year Book Medical Publishers, Inc.

DeVries, H.A. (1986). *Physiology of Exercise: For Physical Education and Athletics* (4.ª edición). Dubuque, Iowa: Wm. C. Brown Publishers.

Fisher, A.G., and C.R. Jensen (1990). *Scientific Basis of Athletic Conditioning* (3.ª edición). Philadelphia: Lea & Febiger, pp: 101-108.

Fox, E.L., R.W. Bowers, and L.M. Foss (1988). *Physiological Basis of Physical Education and Athletics* (4.ª edición). Philadelphia: Saunders College Publishing, pp: 204-214.

Goldman, H.L., and M.R. Becklace (1959). Respiratory function tests: normal values of medium altitude and the prediction of normal results. *Am. Rev. Tuber. Respir. Dis.* 79: 457-469.

Lamb, D.R. (1984). *Physiology of Exercise: Responses and Adaptations* (2.ª edición). Nueva York: Macmillan Publishing Company, p:168.

McArdle, W.D., F.I. Katch, and V.L. Katch (1991). *Exercise Physiology: Energy, Nutrition, and Human Performance* (3.ª edición). Philadelphia: Lea & Febiger, pp: 281-284.

Powers, S.K., and E.T. Howley (1990). *Exercise Physiology: Theory and Application to Fitness and Performance.* Dubuque, Iowa: Wm. C. Brown Publishers, pp: 205-216.

Wilmore, J.H., and D.L. Costill (1988). *Training for Sport and Activity: The Physiological Basis of the Conditioning Process* (3.ª edición). Dubuque, Iowa: Wm. C. Brown Publishers, pp: 43-46.

ESTACIÓN 1

Función pulmonar

Preguntas de investigación

1. ¿Cómo son el VN, el VRI, el VRE y la CV de un estudiante universitario joven en comparación con las mediciones estándar de la Tabla 13-1? Describa al menos tres razones posibles por las que pueda haber diferencias en esta comparación.

2. ¿Se hallan las predicciones de la capacidad vital (y/o del volumen residual) para un estudiante universitario joven y en buena forma dentro de un margen de ± 100 ml de mediciones verdaderas? Proporcione al menos tres modos de minimizar errores de predicción.

3. ¿Se consideran normales los volúmenes espirados forzados (% $VEF_{1,0\text{-}3,0}$) de un estudiante universitario joven y en buena forma? Dé al menos dos razones por las que alguien puede no mostrar un VEF normal.

Recogida de datos

Su instructor de laboratorio le mostrará cómo efectuar las distintas pruebas pulmonares y es posible que le pida su ayuda. Registre los resultados de la prueba en la hoja de datos apropiada.

Nombre: _____ Fecha: _____

Función pulmonar
Ejercicio

Sexo: Hombre ☐   Mujer ☐   Edad: _____
Peso corporal: _____ lb _____ kg   Estatura: _____ pulgadas _____ cm

Medida	Valor observado (ml)	Valor estándar (ml)	Diferencia (ml)
VN			
VRI			
VRE			
CV			

*Todos los valores corregidos en TCPS.

Cuadro 13-1
Comparación de las mediciones pulmonares estáticas *

Conclusiones de la investigación
1. ¿Cómo son el VN, el VRI, el VRE y la CV de un estudiante joven universitario que se halla en buena forma en comparación con mediciones estándar de la Tabla 13-1? Describa al menos tres razones posibles por las que pueda haber diferencias en esta comparación.

Sexo: Hombre ☐   Mujer ☐   Edad: _____
Peso corporal: _____ lb _____ kg   Estatura: _____ pulgadas _____ cm

Medida	Valor pronosticado (ml)	Valor observado (ml)	Diferencia (ml)
CV			
VR			

*Todos los valores corregidos en TCPS.

Cuadro 13-2
Mediciones pulmonares estáticas observadas comparadas con las pronosticadas *

2. ¿Se hallan las predicciones de la capacidad vital (y/o del volumen residual) para un estudiante universitario joven y en buena forma dentro de un margen de ± 100 ml de las verdaderas mediciones? Indique al menos tres modos de minimizar los errores de las predicciones.

Sexo: Hombre ☐   Mujer ☐   Edad: _____
Peso corporal: _____ lb _____ kg   Estatura: _____ pulgadas _____ cm

Medida	Puntuación observada	Criterios para puntuaciones normales	Clasificación*
% $VEF_{1,0}$			
% $VEF_{3,0}$			

*Datos: $VEF_{1,0}$ = _____ ml (TCPS)

$VEF_{3,0}$ = _____ ml (TCPS)

CVF = _____ ml (TCPS)

Cálculos: (Muestre el trabajo)

* Clasificación: Especifique si es normal o anormal.
* Obtenga los datos necesarios de su instructor de laboratorio para calcular los resultados. Muestre todos los trabajos.

Cuadro 13-3
Resultados de las pruebas pulmonares dinámicas

3. ¿Se considera normal el porcentaje de los volúmenes espiratorios forzados (% $VEF_{1,0-3,0}$) de un estudiante universitario en buena forma? Dé al menos dos razones por las que alguien puede no mostrar un VEF normal.

Nombre: _____ Fecha: _____

Resumen del laboratorio 13

Describa varios modos en que la información obtenida en esta práctica puede aplicarse a su campo elegido de interés y/o a su vida personal. Sea específico y facilite ejemplos prácticos.

REANIMACIÓN CARDIOPULMONAR (RCP) PARA ADULTOS Y NIÑOS

Soporte vital básico para una víctima adulta

R ¿**R**esponde?
A **A**ctive el sistema SME (generalmente llame al 911).
S **S**itúe a la víctima de espaldas al suelo.

V **V**ías aéreas abiertas (echar la cabeza hacia atrás/elevar la barbilla o tirar de la mandíbula).
C **C**omprobación de la respiración (mirarla, escucharla y percibirla durante 3-5 seg).
• Si no se sospecha de la presencia de alteraciones en la respiración ni en la columna vertebral, situar a la víctima en posición de recuperación.
• Si no hay respiración, forzar 2 inspiraciones lentas; comprobar que el pecho se eleve.
– Si entran dos respiraciones, pase a la fase C.
– Si no han entrado dos respiraciones, vuelva a poner la cabeza inclinada e intente más respiraciones.
– Si las segundas dos respira-

ciones no entran, dar dos presiones abdominales; levantar la lengua y la mandíbula después de barrer la boca con un dedo; dar dos respiraciones más. Repetir las presiones, el barrido y la secuencia de respiraciones.

V Verificación de la respiración (en el pulso carótido durante 5-10 seg).

• Si hay pulso pero no respiración, dar una respiración de reanimación (1 respiración cada 5-6 seg).

• Si no hay pulso, dar RCP (ciclos de 15 compresiones del pecho seguidos por 2 respiraciones).

Después de 1 minuto (4 ciclos de RCP o 10-12 respiraciones de reanimación), comprobar el pulso.

• Si no hay pulso, dar RCP (15:2 ciclos), comenzando con compresiones del pecho.

• Si hay pulso pero no respiración, dar respiración de reanimación.

Soporte vital básico para una víctima infantil

D Determinar si no responde.

M Mandar a un curioso, si hay alguno, que active el sistema SME.

S Sitúe a la víctima tendida de espaldas.

V Vías aéreas abiertas (echar la cabeza hacia atrás/elevar la barbilla o tirar de la mandíbula).

V Verificación de la respiración (mirarla, escucharla y percibirla durante 3-5 seg).

• Si no se sospecha la presencia de problemas de respiración ni de lesiones de la columna, poner a la víctima en posición de recuperación.

• Si no hay respiración, dar 2 respiraciones lentas; ver si el pecho se eleva.

– Si las 2 respiraciones entran, pasar a la fase C.

– Si las 2 respiraciones no entran, volver a inclinar la cabeza e intentar 2 respiraciones más.

– Si estas 2 respiraciones no entran, entonces:

Para un niño: Aplicar 5 presiones abdominales; levantar la lengua y la mandíbula, y si se ve un objeto quitarlo con un dedo; dar dos respiraciones más. Repetir las presiones, mirar la boca y la secuencia de las respiraciones.

Para un niño muy pequeño: Dar 5 golpes en la espalda y 5 presiones en el pecho; levantar la lengua y la mandíbula, y si se observa un objeto extraño quitarlo con un dedo; dar 2 respiraciones más. Repetir los golpes, las presiones, la verificación de la boca y las respiraciones.

V. Verificar la circulación (durante 5-10 seg)
- *Para un niño:* en el pulso carótido; *para un niño muy pequeño:* en el pulso braquial.
- Si hay pulso pero no respiración, dar respiración de reanimación (1 respiración cada 3 seg).
- Si no hay pulso, dar RCP (ciclos de 5 compresiones del pecho seguidas por 2 respiraciones).

Después de 1 minuto (10 ciclos de RCP o 20 respiraciones de reanimación), comprobar el pulso.
- Si esta solo, active el sistema EMS.
- Si no hay pulso, de RCP (5:1 ciclos), comenzando con compresiones del pecho.
- Si hay pulso pero no respiración, dé respiración de reanimación.

Fuente: National Safety Council, *CPR Manual, 1993.*

EXPRESIÓN DE DATOS

Actualmente, la mayoría de publicaciones científicas requieren que las medidas se expresen en unidades métricas y SI (Systéme Internacional d'Unités). El motivo de esta exigencia es que las unidades métricas y SI facilitan una unidad estándar universal de medidas y permiten una fácil comparación de cantidades.

Las unidades de medida del sistema métrico se relacionan entre sí por potencias de 10. A continuación ofrecemos una lista de unidades métricas típicas y de sus cantidades asignadas:

nano (n)   una trillonésima (10^{-9})
micro (u)   una millonésima (10^{-6})
mili (m)   una milésima (10^{-3})
centi (c)   una centésima (10^{-2})
deci (d)   una décima (10^{-1})
deca (da)   diez (10^{1})
hecto (h)   cien (10^{2})
kilo (k)   mil (10^{3})
mega (M)   millón (10^{6})
giga (G)   trillón (10^{9})

En el sistema métrico, 1 metro de longitud es lo mismo que 10 decímetros, 100 centímetros, 1.000

milímetros, etcétera. Un metro equivale también a 0,1 decámetros, 0,01 hectómetros, o 0,001 kilómetros. Puesto que sería engorroso expresar 100 kilogramos como 1.000 hectogramos, o referirse a un carrera de 10 kilómetros como una carrera de 0,01 megametros, la comunidad científica ha establecido una serie de unidades de preferencia para expresar parámetros que se miden con frecuencia. En consecuencia, los datos deben expresarse en las unidades SI aceptadas. En la ciencia del ejercicio, algunas de las unidades SI son:

distancia	kilómetro (km)
masa	kilogramo (kg)
densidad	gramo por centímetro cúbico ($g.cm^{-3}$)
tiempo	segundo (seg)
potencia	watios (W)
cantidad de sustancia	mol (moles)
volumen	litro (l)

Hay también modos correctos e incorrectos de expresar unidades SI. Por ejemplo:

1. El peso corporal debe denominarse como masa corporal (kg), la altura como estatura (m) y el espesor de los pliegues cutáneos como anchura (mm).
2. Las unidades SI deben expresarse en singular y no en plural. Así, aunque una persona pesa más de un kilogramo y tiene una estatura superior a un metro, sólo se emplea la forma singular.
3. Las unidades SI no deben ir seguidas por una coma a menos que la abreviación caiga al final de una frase.
4. Las unidades SI deben expresarse con un símbolo abreviado, incluso cuando los valores aparecen dentro de una frase (por ejemplo, 70 mm, y no 70 milímetros).
5. La expresión *por* en unidades combinadas debe expresarse con un exponente negativo. Por ejemplo, la expresión litros por minuto debe escribirse como $l.min^{-1}$ en lugar de l/min. La barra (/), no obstante, puede usarse en ciertos casos cuando un ordenador o una máquina de escribir no pueden denotar la expresión de un exponente negativo.
6. Las unidades SI deben expresarse en minúsculas entre paréntesis. Una excepción a esta norma es cuando el nombre de la unidad deriva del nombre de alguien (por ejemplo, W = watio) o cuando se utilizan litros (l) para describir un volumen.
7. Cuando la cantidad de medición es inferior a uno, ésta debe expresarse como un decimal

(con un cero delante del decimal) en lugar de como una fracción.

8. Debe haber siempre un espacio entre el numeral y el símbolo.

A continuación se muestran ejemplos de presentaciones correctas e incorrectas de unidades.

	Estilo incorrecto	*Estilo correcto*
90 kilogramos	90 kgs	90 kg
85 kilogramos	85 K	85 kg
1,82 metros	1,82 ms	1,82 m
10 metros	10 m.	10 m
50 mililitros por kilogramo por minuto	50 mls/kg/min	50 ml.kg⁻¹.min⁻¹
5 litros	5l	5 l
1/2 litros	.5 l	0,5 l

Además, debe usted familiarizarse con los valores normales de reposo y del ejercicio de los parámetros fisiológicos medidos comúnmente. En la Tabla B-1 se perfilan varias mediciones que se encuentran comúnmente en la ciencia del ejercicio. Se relacionan valores normales tanto para el reposo como para el ejercicio.

Componente	Valor en reposo	Valor de ejercicio máximo
Frecuencia cardíaca ($latidos.min^{-1}$)	60-72	190
Tensión arterial sistólica (mm Hg)	120	200
Tensión arterial diastólica (mm Hg)	80	80
Volumen normal (ml)	500	2.500
V_E ($l.min^{-1}$)	5	120-200
Oxígeno inspirado (F_IO_2)	0,2094	0,2094
Oxígeno espirado (F_EO_2)	0,15-0,16	0,145-0,185
$\dot{V}O_2$ ($l.min^{-1}$)	0,25	4-5
$\dot{V}O_2$ ($ml.kg^{-1}.min^{-1}$)	3,5	40-80

Tabla B-1
Valores normales expresados con unidades estándar de medición

REFERENCIAS SELECCIONADAS

Adams, G.M. (1990), *Exercise Physiology Lab Manual*. Dubuque, Iowa: Wm. C. Brown Publishers, p: 234.

Young, D.S. (1987). Implementation of SI units for clinical laboratory data. *Annals of Internal Medicine*, 106(1): 114-29.

APÉNDICE C

CORRECCIÓN DEL VOLUMEN DE GAS

Presión barométrica (mm Hg)	Temperatura ambiente (°C)					
	Mayor altitud					
	19	20	21	22	23	24
640	0,7670	0,7632	0,7591	0,7552	0,7511	0,7470
642	0,7695	0,7656	0,7616	0,7576	0,7535	0,7494
644	0,7719	0,7681	0,7640	0,7601	0,7559	0,7518
646	0,7744	0,7705	0,7664	0,7625	0,7583	0,7542
648	0,7769	0,7730	0,7689	0,7649	0,7608	0,7566
650	0,7793	0,7754	0,7713	0,7674	0,7632	0,7591
652	0,7818	0,7779	0,7738	0,7698	0,7656	0,7615
654	0.7842	0,7803	0,7762	0,7722	0,7681	0,7639
656	0,7867	0,7828	0,7787	0,7747	0,7705	0,7663

Tabla C-1
Factores de corrección TEPS

Presión barométrica *(mm Hg)*	*Temperatura ambiente* *(°C)*				
Menor altura					
740	0,8900	0,8858	0,8813	0,8770	0,8724	0,8679
742	0,8925	0,8882	0,8837	0,8794	0,8748	0,8703
744	0,8950	0,8907	0,8862	0,8818	0,8773	0,8727
746	0,8974	0,8931	0,8886	0,8843	0,8797	0,8752
748	0,8999	0,8956	0,8911	0,8867	0,8821	0,8776
750	0,9023	0,8980	0,8935	0,8891	0,8846	0,8800
752	0,9048	0,9005	0,8959	0,8916	0,8870	0,8824
754	0,9073	0,9029	0,8984	0,8940	0,8894	0,8848
756	0,9097	0,9054	0,9008	0,8964	0,8918	0,8873

Los factores de corrección TEPS pueden calcularse también con la fórmula siguiente:

$$\text{TEPS} = [273 \text{ °K} + (273 \text{ °K} + T_A)] \times [(P_8 - P_{H2O})/760]$$

Donde: T_A = Temperatura ambiente en °C
P_B = Presión barométrica en mm Hg
$PH_2 0$ = Vapor de agua en mm Hg*
* Ver Tabla C-3 para los valores de la presión del vapor de agua.

Tabla C-1
Factores de corrección TEPS

T (°C)	TCPS	T (°C)	TCPS
19	1,107	28	1,057
20	1,102	29	1,051
21	1,096	30	1,045
22	1,091	31	1,039
23	1,085	32	1,032
24	1,080	33	1,026
25	1,075	34	1,020
26	1,068	35	1,014
27	1,063	36	1,007

*Los factores de corrección anteriores han sido calculados en base a una presión barométrica de 760 mm Hg, la temperatura ambiente relacionada y un gas húmedo (PH_2O = 100 % de humedad relativa). Solamente se introduce un error mínimo cuando las mediciones se llevan a cabo en presiones barométricas distintas a 760 mm Hg. Para calcular factores de corrección TCPS también puede usarse la fórmula descrita a continuación.

$$TCPS = [273 \text{ °K} + (273 \text{ °K} + T_A)] \times [(P_B - P_{H_2OS}) / (P_B - P_{H_2OB})]$$

Donde: T_A = Temperatura ambiente en °C
T_B = Temperatura corporal en °C
P_B = Presión barométrica en mm Hg
P_{H_2OS} = Vapor de agua en mm Hg* en espirómetro
P_{H_2OB} = Vapor de agua en mm Hg* en los pulmones (47,1 mm Hg)
* Para valores de presión del vapor de agua ver la Tabla C-3

Tabla C-2
*Factores de corrección TCPS**

°C	PH₂O mm Hg	°C	PH₂O mm Hg
19	16,5	30	31,8
20	17,5	31	33,7
21	18,7	32	35,7
22	19,8	33	37,7
23	21,1	34	39,9
24	22,4	35	42,2
25	23,8	36	44,6
26	25,2	37	47,1
27	26,7	38	49,7
28	28,4	39	52,4
29	30,0	40	55,3

Tabla C-3
Presión del vapor de agua (PH_2O; 100 % de saturación) a una temperatura determinada

APÉNDICE D

MUESTRA DE PROBLEMAS Y SOLUCIONES

Conversiones métricas

1. ¿Cuál es el peso en kilogramos de un individuo que pesa 132 lb?

2. ¿Cuál es la estatura en centímetros de un individuo que mide 4 pies y 10 pulgadas? Asimismo, convierta la estatura en centímetros de esta persona a metros.

Fitness muscular

3. Como prueba de fuerza muscular, un hombre (de 80 kg de peso) pudo levantar 120 kg en 1 RM de press en banco y 100 kg con 10 RM. Otro hombre (que pesaba 70 kg) levantó 90 kg en 1 RM y 75 kg en 10 RM. Evalúe y compare la fuerza de los dos hombres.

4. Una mujer universitaria ha estado entrenando su fuerza como parte de un régimen de ejercicio regular en preparación para un encuentro deportivo. Dicha

mujer le da la siguiente información: Originalmente su 1 RM y sus 10 RM en prensa horizontal fueron de 100 kg y 81,6 kg, respectivamente. Sus actuales 1 RM y 10 RM en prensa horizontal son de 108,9 kg y 95,3 kg. Se siente decepcionada porque su fuerza ha mejorado solamente en 9 kg en la prensa horizontal. ¿Cómo puede valorar usted sus resultados de un modo significativo?

Frecuencia cardíaca

5. Si una persona se toma el pulso durante 10 seg inmediatamente después del ejercicio y cuenta 27 latidos, ¿cuál es su frecuencia cardíaca en latidos por minuto?

6. Si una persona se toma el pulso y tarda 11 seg en contar 30 latidos, ¿cuál es su frecuencia cardíaca en latidos por minuto?

7. Si una persona se había tomado el pulso durante 6 seg contando 8 latidos y continuó luego tomándose el pulso durante 1 minuto contando 70 latidos, ¿cuál es la discrepancia entre los dos métodos y por qué se produce dicha discrepancia?

8. ¿Cuál es la frecuencia cardíaca

máxima estimada de una persona de 24 años de edad?

Capacidad aeróbica

9. Una mujer de 20 años de edad que pesa 54,4 kg efectúa la prueba Forestry Step teniendo una cuenta de su pulso al finalizar el ejercicio de 34 latidos en 15 seg. ¿Cuáles son su $\dot{V}O_2$máx pronosticado y su clasificación en fitness ajustados a su edad?

10. Un hombre de 40 años de edad que pesa 81,6 kg realiza la prueba Forestry Step y tiene una cuenta de su pulso al finalizar el ejercicio de 40 latidos en 15 seg. ¿Cuáles son su $\dot{V}O_2$máx pronosticado y su clasificación en fitness ajustados a su edad?

11. Una mujer de 22 años que pesa 63,5 kg completa la prueba de Astrand sobre cicloergómetro con una cuenta de su pulso de 36 latidos en 15 seg a un ritmo de trabajo de 600 kpm.min^{-1}. ¿Cuál es su $\dot{V}O_2$máx pronosticado en l.min^{-1} y en ml.kg^{-1}.min^{-1}?

12. Un hombre de 20 años de edad que pesa 79,4 kg realiza la prueba de andar de Rockport en 13 min con un frecuencia

cardíaca de 130 latidos.min⁻¹. Posteriormente, completa la prueba de carrera de George-Fisher en un tiempo de 8:15 con un frecuencia cardíaca de 160 latidos.min⁻¹. Compare los resultados de las dos pruebas para este individuo.

Composición corporal

13. Un hombre de 35 años de edad que mide 1,78 m de estatura y que pesa 90 kg visita un centro de fitness y en su revisión preliminar se le miden unas circunferencias de la cintura y de las caderas de 96,5 cm y de 91,4 cm, respectivamente. ¿Qué sugieren estas mediciones preliminares?

14. Como parte de una evaluación del fitness, un hombre de 30 años de edad, de 1,83 m de estatura y un peso de 100 kg se somete a varias mediciones corporales. Sus resultados son los siguientes: circunferencia abdominal 96,5 cm; circunferencia de la muñeca 20,3 cm; $\Sigma 3$ pliegues cutáneos, 60 mm; y $\Sigma 7$ pliegues cutáneos, 140 mm. Calcule la composición corporal de esta persona usando el índice de la estatura al cuadrado, las mediciones de las circunferencias, y los pliegues cutáneos $\Sigma 3$ y $\Sigma 7$.

15. ¿Cuáles serían los resultados del pesaje hidrostático para una mujer de 19 años de edad en base a los datos siguientes?: Masa en el aire (M_a) = 63,3 kg; masa en el agua (M_{ag}) = 2,2 kg; volumen residual = 1,4 l; temperatura del agua = 34 °C; gas intestinal supuesto (VGI) = 0,1 l. Calcule el porcentaje de grasa con la fórmula Siri.

Fatiga e isquemia muscular

16. Si una persona aprieta un dinamómetro manual para determinar la fuerza de prensión en 1 RM de 50 kg y luego intenta mantener un esfuerzo de contracción del 100 % durante 1 minuto, ¿cuál debe ser la reducción de la fuerza si inmediatamente después de una contracción de 1 minuto, una segunda 1 RM es de sólo 35 kg?

Potencia muscular

17. Un hombre de 90 kg sube 6 peldaños de una altura total de 1,05 m en 0,45 seg en la prueba de potencia de Margaria-Kalamen. ¿Cuál es la puntuación y la clasificación de su potencia?

18. Una mujer de 63,6 kg sube seis peldaños de una altura total de

1,03 m en 0,66 seg en la prueba de potencia de Margaria-Kalamen. ¿Cuál es la puntuación y la clasificación de su potencia?

19. Un jugador de fútbol americano de 100 kg efectúa una serie de pruebas de potencia muscular, dos de las cuales son la prueba de potencia de Wingate y la prueba de potencia de Margaria-Kalamen. Calcule los resultados de estas dos pruebas. Suponga que el tiempo transcurrido para ascender 1,03 m de escalera fue de 0,42 seg. Suponga asimismo que la carga de trabajo en el cicloergómetro se estableció en 7,5 kg y que las revoluciones de pedaleo para cada intervalo de 5 seg fue de 10, 9, 7,5, 5,5, 4 y 3,0 revoluciones, respectivamente.

Medición del ritmo metabólico

20. ¿Cuál es el RMB pronosticado de un hombre de 22 años de edad que tiene un peso corporal de 70,3 kg una estatura de y 1,65 m? Exprese su respuesta en kcal/día, kcal.min^{-1}, lO_2/min, y ml.kg^{-1}.min^{-1}.

21. Una persona anda sobre una cinta ergométrica a una velocidad de 3,5 mph y una pendiente del 5 %. ¿Cuál sería el coste de oxígeno pronosticado para esta persona?

22. ¿Cuál es el coste de oxígeno pronosticado de correr sobre una cinta ergométrica a una velocidad de 6 mph y una pendiente del 0 %?

23. Considere una persona que está corriendo sobre una cinta ergométrica durante una prueba de esfuerzo progresiva maximal a una velocidad y pendiente igual a 10,5 km.h^{-1} y 10 %, respectivamente. ¿Cuál sería el coste adicional de oxígeno para esta persona suponiendo que la pendiente se aumentase al 15 %?

24. Usted está administrando una prueba de esfuerzo progresiva para un deportista al que ha sometido a pruebas previamente. Usted sabe que la $\dot{V}O_2$máx de esta persona es aproximadamente de 45 ml.kg^{-1}.min^{-1}. Ahora está corriendo sobre una cinta ergométrica a una velocidad de 8,05 km.h^{-1} y una pendiente del 5 %. ¿Hasta que punto está cerca de su ritmo de trabajo máximo?

25. La medición del $\dot{V}O_2$máx de un hombre fue de 55 ml.kg^{-1}.min^{-1}. Debido a pruebas anteriores, dicho sujeto sabe que puede

mantener un ritmo del 75 % de su $\dot{V}O_2$máx durante 2 horas por lo menos. Si dicha persona se entrenase sobre terreno llano, ¿a qué velocidad estaría corriendo? Exprese su respuesta en mph y en min.milla^{-1}.

26. La medición del $\dot{V}O_2$máx de una persona fue de 60 ml.kg^{-1}.min^{-1}. Un objetivo importante para este individuo es correr una maratón de 42,095 km en menos de 3 horas a fin de calificarse para la maratón de Boston. Suponga que dicha persona puede mantener un ritmo durante 3 horas que produce un $\dot{V}O_2$ medio de 45 ml.kg^{-1}.min^{-1}. Suponga asimismo que la maratón es sobre terreno llano. ¿Puede esta persona alcanzar su objetivo y completar la carrera en menos de 3 horas?

27. Una mujer de 64,86 kg está pedaleando sobre una bicicleta Monark a un ritmo de 50 rpm y una carga de trabajo de 2 kg. ¿Cuál sería su coste estimado de oxígeno para este ejercicio? (El volante de la bicicleta Monark es de 6 m.rev^{-1}.)

28. Considere una mujer de 69,9 kg que, como parte de un programa de reducción de peso, gasta 300 kcal por sesión de ejercicio, 4 días a la semana.

Emplea una bicicleta estática Monark para hacer ejercicio. Se siente cómoda pedaleando a un ritmo de 70 rpm con una carga de trabajo de 2 kg. Para ella, esta intensidad de ejercicio produce un RER de 0,84 (kcal para el equivalente de oxígeno de 4,85 kcal.l^{-1}). ¿Cuánto tiempo debe hacer ejercicio para consumir las 300 kcal?

Electrocardiogramas

29. En un trazo ECG hay 15 mm entre dos ondas R consecutivas. ¿Cuál es la frecuencia cardíaca (latidos.min^{-1})?

30. En un trazo ECG hay 8,5 ciclos cardíacos en 3 s. ¿Cuál es la frecuencia cardíaca (latidos.min^{-1})?

31. Un hombre de 20 años de edad completa una prueba de esfuerzo maximal. En su ECG durante el ejercicio máximo hay 8 mm entre dos ondas R consecutivas. ¿Cuál es el grado de precisión con que la frecuencia cardíaca máxima pronosticada para su edad (220 - edad) estima su frecuencia cardíaca máxima observada?

32. Un trazo ECG de una mujer joven revela una arritmia sinusal, que significa que el co-

razón late normalmente pero a intervalos de tiempo variables. Suponga que la distancia entre las ondas R varía entre 18 y 22 mm en reposo. Suponga asimismo que trazos ECG adicionales revelan que en 6 seg se producen 7,75 ciclos cardíacos y que un trazo ECG de 1 minuto muestra 80 latidos. ¿Puede la distancia entre dos ondas R consecutivas determinar de forma consistente y precisa la frecuencia cardíaca de esta persona? ¿Funciona suficientemente bien el trazo de 6 seg como para usarlo?

Medición del $\dot{V}O_2$máx

33. ¿Cuál debe ser el $\dot{V}O_2$ (l/min) de un individuo que camina que tiene un V_I igual a 38,5 l/min, un V_E igual a 37,3 l/min y un F_EO_2 de 0,1695? Suponga un factor de corrección TEPS de 0,7509.

34. ¿Cuál sería la puntuación MET máxima de un deportista que tiene un $\dot{V}O_2$máx de 58,7 ml.kg^{-1}.min^{-1}? Muestre su trabajo.

35. Si la medición del $\dot{V}O_2$máx de una persona es igual a 55 ml.kg^{-1}.min^{-1}, ¿cuál sería su consumo de oxígeno absoluto? Suponga una masa corporal de 75 kg.

36. Mientras monta en una bicicleta estática, una persona está consumiendo oxígeno a un ritmo medio de 2,5 l.min^{-1}. Suponiendo un valor RER de 0,88 y una cantidad de kcal equivalentes en oxígeno a 4,90 kcal.l^{-1}, aproximadamente ¿cuántas calorías se consumirían en una sesión de ejercicios de 60 min? Suponga una intensidad de ejercicio constante.

37. La medición del $\dot{V}O_2$máx de una persona es de 60 ml.kg^{-1}.min^{-1}. Esta misma persona típicamente se entrena durante períodos prolongados de tiempo a un ritmo que produce un $\dot{V}O_2$ de 45 ml.kg^{-1}.min^{-1}. En base a estos datos, determine la intensidad relativa del ejercicio de esta persona.

Función pulmonar

38. Un espirograma indica que un hombre tiene una CV de 4.800 ml. Suponiendo un factor de corrección TCPS de 1,11, ¿cuál sería su verdadera CV (en los pulmones)?

39. Durante una evaluación del fitness, a una mujer se le determinaron sus volúmenes y capacidades pulmonares. Suponga que su volumen de reserva ins-

piratoria es igual a 2.000 ml, su volumen normal igual a 450 ml, su volumen de reserva espiratoria igual a 1.000 ml y su volumen residual igual a 900 ml. ¿Cuál sería su capacidad pulmonar total?

40. La capacidad vital de un hombre era de 5,6 litros. Durante una prueba de la función pulmonar, espiró forzadamente 4.480 ml en 1 segundo y 5.490 ml en 3 seg. ¿Cuáles son sus volúmenes espiratorios forzados para 1 y para 3 s como porcentaje de la capacidad vital?

41. Un hombre de 25 años, de 1,83 m de estatura y 86 kg de peso tiene una capacidad vital medida de 5 litros. ¿Cómo es su capacidad vital pronosticada en comparación con su capacidad vital observada?

42. Una mujer de 24 años de 1,68 m de estatura dio una medición de su volumen residual de 1.200 ml. ¿Facilita la ecuación de predicción anterior una estimación que parezca adecuada para ser usada durante una prueba de pesaje hidrostático posterior?

SOLUCIONES PARA LOS EJEMPLOS DE PROBLEMAS

Conversiones métricas

1. ¿Cuál es el peso en kilogramos de un individuo de 132 lb?

$$132 \text{ lb} \times \frac{0,4536 \text{ kg}}{1 \text{ lb}} = 59,87 \text{ kg}$$

(Observe que las libras se eliminan entre sí.)

2. ¿Cuál es la estatura en centímetros de un individuo de 4 pies y 10 pulgadas?

4 pies = 4 pies x 12 pulgadas/pies = 48 pulgadas + 10 pulgadas = 58 pulgadas

$$58 \text{ pulgadas} \times \frac{2,54 \text{ cm}}{1 \text{ pulg}} = 147,32$$

Convierta la estatura de esta persona en centímetros a metros.

$$147,32 \text{ cm} \times \frac{1 \text{ metro}}{100 \text{ cm}} = 1,47 \text{ m}$$

Fitness muscular

3. En términos absolutos, el hombre de 80 kg es el más fuerte y es el que tiene mayor capacidad de resistencia, puesto que su 1 RM y su 10 RM son las mayores. En relación a sus pe-

sos corporales individuales, la persona más pesada es la que tiene mayor fuerza por kilogramo de peso corporal (relación fuerza-peso de 1,5 en comparación con 1,28 para el hombre menos pesado). En términos absolutos, el hombre más pesado es también el que tiene una mayor resistencia muscular (10 RM = 100 kg), pero ambos hombres tienen 10 RMs iguales cuando su peso se expresa como un porcentaje de su 1 RM (83 %).

4. Es cierto que la fuerza absoluta de las piernas de esta persona ha aumentado solamente en 9 kg (mejora del 9 %) medida en la prensa horizontal. Sin embargo, en términos de resistencia muscular sus 10 RM han aumentado desde 81,6 kg hasta 95,3 kg, lo cual representa una mejora del 16 %. Además, sus 10 RM actuales son el 87,5 % de su 1 RM actual, mientras que sus 10 RM iniciales fueron el 81,8 % de su 1 RM original. Asimismo, sus 10 RM originales eran el 75 % de su 1 RM actual. Así, aun cuando puede estar decepcionada con sus mejoras en fuerza muscular, ha mostrado mayores mejoras en resistencia muscular, lo cual puede ser más ventajoso para ella dependiendo de sus objetivos de entrenamiento.

Frecuencia cardíaca

5. Si palpando se cuentan 30 latidos en 10 s, entonces la frecuencia cardíaca es:

$$\frac{27 \text{ latidos}}{10 \text{ segundos}} \times \frac{60 \text{ segundos}}{1 \text{ minuto}}$$

$$= 162 \text{ latidos.min}^{-1}$$

6. Si palpando se cuentan 30 latidos cardíacos en 11 segundos, entonces la frecuencia cardíaca es:

$$\frac{30 \text{ latidos}}{11 \text{ segundos}} \times \frac{60 \text{ segundos}}{1 \text{ minuto}}$$

$$= 163,6 \text{ latidos.min}^{-1}$$

7. Si se cuentan 8 latidos palpando durante 6 segundos y luego se palpan 73 latidos durante 1 minuto, entonces:

$$\frac{8 \text{ latidos}}{6 \text{ segundos}} \times \frac{60 \text{ segundos}}{1 \text{ minuto}}$$

$$= 80 \text{ latidos.min}^{-1}$$

80 latidos.min^{-1} son 10 latidos.min^{-1} más que la frecuencia cardíaca contado durante 1 minuto.
El error puede ser el resultado de contar una pulsación extra con el método de la frecuencia cardíaca cronometrado durante 6 segundos.

8. La frecuencia cardíaca máxima pronosticada (FCmáx) para una persona de 24 años de edad sería de 196 latidos.min^{-1}, puesto que el FCmáx es igual a 220 menos la edad.

Capacidad aeróbica

9. La mujer de 20 años de edad, y 54,4 kg de peso efectuó la prueba Forestry Step con una cuenta de su pulso posterior al ejercicio de 34 latidos durante 15 s. En base a la Tabla 5-3, esto corresponde a un $\dot{V}O_2$máx no ajustado de 40 ml.kg^{-1}.min^{-1}. Puesto que el factor de corrección según la edad para una persona de 20 años es de 1,02, su $\dot{V}O_2$máx pronosticado ajustado a su edad sería:

40 ml.kg^{-1}.min^{-1} x 1,02 = 40,8 ml.kg^{-1}.min^{-1}
(clasificación normativa = Buena)

10. El hombre de 40 años de edad y de 81,6 kg de peso, realizó la prueba Forestry Step con una cuenta de su pulso posterior al ejercicio de 40 latidos en 15 seg. En base a la Tabla 5-2, esto se corresponde con un $\dot{V}O_2$máx no ajustado de 37 ml.kg^{-1}.min^{-1}. Puesto que el factor de corrección de la edad para una persona de 40 años es de 0,93, su $\dot{V}O_2$máx ajustado a la edad es:

37 ml.kg^{-1}.min^{-1} x 0,93
= 34,41 ml.kg^{-1}.min^{-1}

(clasificación normativa = Mediana)

11. La mujer de 22 años de edad y 140 lb (63,5 kg) termina la prueba de ciclismo de Astrand a un ritmo de trabajo de 600 kgm.min^{-1} con una cuenta del pulso de 36 latidos en 15 seg (144 latidos.min^{-1}). Usando el nomograma de Astrand, trace una línea desde la carga de trabajo final hasta el valor apropiado de la frecuencia cardíaca de la mujer. La línea trazada debe cortar la línea $\dot{V}O_2$máx estimada en 2,7 l.min^{-1}. Puesto que el factor de corrección de la edad para ella es de 1,02, su $\dot{V}O_2$máx estimada ajustada a su edad es:

2,7 l.min^{-1} x 1,02 = 2,75 l.min^{-1}

$$(2,75 \text{ l.min}^{-1} \text{ x } \frac{1.000 \text{ ml}}{\text{litros}}) \div 63,6 \text{ kg}$$

12. El hombre de 79,5 kg completó la prueba de andar de Rockport en 13 min (13,0 min) con una frecuencia cardíaca final de 130 latidos.min^{-1} y la prueba de carrera de George-Fisher en 8:15 min (8,25 min) con una frecuencia cardíaca final de 160 latidos.min^{-1}. Estos datos son iguales a las puntuaciones del $\dot{V}O_2$máx pronosticado de:

La *prueba de andar de Rockport*

132,6 - (0,17 x 79,5 kg) - (0,39 x 20 años)
+ (6,31) - (3,27 x 13 min) -
(0,156 x 130 latidos.min^{-1})
= 54,8 ml.kg^{-1}.min^{-1}

y de la *prueba de carrera de George-Fisher:*

100,5 + (8,344) - (0,1636 x 79,5 kg) -
(1,438 x 8,25 min) - (0,1928 x
160 latidos.min^{-1}) = 53,12 ml.kg^{-1}.min^{-1}

Composición corporal

13. El hombre de 35 años de edad de 1,78 m y que pesa 90 kg tiene unas mediciones de las circunferencias de su cintura y de sus caderas de 96,5 y 91,4 cm, respectivamente. En base a estos datos se puede calcular su IMC y su relación cintura-cadera como sigue:

IMC:
90 kg ÷ 1,78^2 m = 90 kg ÷ 3,1684 m^2
= 28,40 kg/m^2

Relación cintura-cadera:

96,5 ÷ 91,4 = 1,05

La puntuación del IMC de esta persona indica que es moderadamente obesa (Tabla 6-2): sin embargo, si no es visualmente obvio, una evaluación de la composición corporal puede estar justificada. La elevada relación cintura-cadera clasifica a esta persona como de alto riesgo (Tabla 6-3) en cuanto a enfermedades cardiovasculares. La elevada relación cintura-cadera sugiere también que su IMC es razonable.

14. El hombre de 183 cm; 18,3 dm de estatura, y 100 kg tiene una circunferencia abdominal de 96,5 cm, una circunferencia en las muñecas de 20,3 cm y mediciones de los pliegues cutáneos Σ3 y Σ7 de 60 mm y 140 mm, respectivamente. En consecuencia, los resultados de su composición corporal son los siguientes:

Índice al cuadrado de la estatura:

MCM (kg) = 0,204 x estatura (dm)^2
MCM = 0,204 x 18,3^2 = 68,31 kg

Porcentaje de grasa corporal =

$$\frac{\text{Peso corporal (kg) - MCM (kg)}}{\text{Peso corporal (kg)}} \times 100$$

(100 - 68,31)/100 x 100
= 31,69 % de grasa corporal

Circunferencias:

PCM (kg) = 41,955 + (1,038786 cuerpo x peso [kg]) - (0,82816 x [abdominal - muñeca])

41,955 + (1,038786 x 100) - [0,82816 x (96,5 - 20,3)] = 82,7 kg

Porcentaje de grasa corporal =

$$\frac{\text{Peso corporal (kg) - MCM (kg)}}{\text{Peso corporal (kg)}} \times 100$$

(100-82,7)/100 x 100
= 17,3% de grasa corporal

Pliegues cutáneos $\Sigma 3$ y $\Sigma 7$:

Db $\Sigma 3$ = 1,10938 - 0,0008267 ($\Sigma 3$) + 0,0000016 ($\Sigma 3$)2 - 0,0002574 (edad)

1,10938 - 0,0008267 (60)
+ 0,0000016 (3.600) - 0,0002574 (30)
= 1,0578

Porcentaje de grasa corporal = 4,95 Db
- 4,50 x 100
4,95/1,0578 - 4,50 x 100 = 17.95%

Db $\Sigma 7$ = 1,1120 - 0,00043499 ($\Sigma 7$) + 0,00000055 ($\Sigma 7$)^2 - 0,00028826 (edad)

1,1120 - 0,00043499 (140)
+ 0,00000055 (19.600) - 0,00028826 (30)
= 1,0532

Porcentaje de grasa corporal =
4,95 Db - 4,50 x 100
4,95/1,0532 - 4,5 x 100 = 19,98 %

15. El porcentaje de grasa para un sujeto mujer de 19 años usando el pesaje hidrostático sería:

Densidad del agua (D_{ag}) = 0,994403 (Tabla 6-4)

Volumen corporal total (VCT) =
$$\frac{(M_a - M_{ag})}{D_{ag}} - (VR + IGC)$$

$$VCT = \frac{63,3 - 2,2}{0,994403} - (1,4 + 0,1)$$
$$= 59,94 \text{ L}$$

Densidad corporal (Dc) = $M_a \div$ VCT

Dc = 63,3 kg (59,94 l = 1,056

Porcentaje de grasa corporal (Siri)
= (4,95/Dc) - 4,50 x 100

% GC = (4,95/1,056) - 4,50 x 100
= 18,76 %

Fatiga e isquemia muscular

16. Si una fuerza de prensión de 50 kg en 1 RM disminuye hasta 35 kg después de 1 min de contracción sostenida, la reducción de la fuerza será del 30 %.

(50-35)/50 = 0,30 o 30%

Potencia muscular

17. El hombre de 90 kg subió la altura vertical de 1,05 m compuesta por 6 escalones en 0,45 s durante la prueba de Margaria Kalamen. La puntuación y la clasificación de su potencia son:

$$\text{Potencia:} \quad \frac{f \times d}{t} = \frac{90 \text{ kg} \times 1,05 \text{ m}}{0,45 \text{ s}}$$

$$= 210 \text{ kgm.s}^{-1}$$

(clasificación normativa = Buena)

18. La mujer de 63,6 kg sube la altura vertical de 1,03 m compuesta por 6 escalones en 0,66 seg en la prueba de Margaria Kalamen. La puntuación y clasificación de su potencia son:

$$\text{Potencia: } \frac{f \times d}{t} = \frac{63{,}6 \text{ kg} \times 1{,}03 \text{ m}}{0{,}66 \text{ seg}}$$

$$= 99{,}25 \text{ kgm.s}^{-1}$$

(clasificación normativa = Regular)

19. El jugador de fútbol americano de 100 kg de peso realizó la prueba de 1,03 m de Margaria Kalamen en 0,42 seg. La clasificación de su potencia para esta prueba es:

$$\text{Potencia: } \frac{f \times d}{t} = \frac{100 \text{ kg} \times 1{,}03 \text{ m}}{0{,}42 \text{ seg}}$$

$$= 245{,}2 \text{ kgm.s}^{-1}$$

(clasificación normativa = Excelente)

Para la prueba de potencia de Wingate, cada intervalo de 5 seg fue de 10, 9, 7,5, 5,5, 4 y 3,0 revoluciones, respectivamente.

Resistencia del cicloergómetro:

$$100 \text{ kg} \times 0{,}075 = 7{,}5 \text{ kg}$$

Potencia máxima absoluta durante 5 segundos (PMA):

PMA (Watios) = carga (kg) x revoluciones máximas x 11,765

$$\text{PMA} = 7{,}5 \text{ kg} \times 10 \text{ rev} \times 11{,}765$$
$$= 882{,}4 \text{ watios}$$

Potencia máxima relativa durante 5 segundos (PMR):

PMR (watios/kg) = PMA/kg de peso corporal

$$\text{PMR} = 882{,}4 \text{ watios}/100 \text{ kg}$$
$$= 8{,}82 \text{ watios/kg}$$

Potencia media absoluta durante 30 segundos (PMEA):

PMEA (watios) = carga (kg) x promedio de revoluciones x 11,765

Promedio de revoluciones durante un intervalo de 5 segundos =

$$10 + 9 + 7{,}5 + 5{,}5 + 4 + 3{,}0$$
$$= 39 \text{ revoluciones}$$

30 rev/intervalos de tiempo = 6,5 rev

$$\text{PMEA} = 7{,}5 \text{ kg} \times 6{,}5 \text{ rev} \times 11{,}765$$
$$= 573{,}5 \text{ watios}$$

Potencia relativa media durante 30 segundos (PMR):

PMR (watios/kg) = PMEA/kg

PMR = 573,5 watios/100 kg = 5,74 watios/kg

Índice de fatiga (IF):

$$\text{IF} = \frac{\begin{array}{c}\text{Potencia máxima pico} \\ \text{durante 5 segundos}\end{array} - \begin{array}{c}\text{potencia máxima menor} \\ \text{durante 5 segundos}\end{array}}{\text{Potencia máxima pico durante 5 segundos}}$$

$$\text{IF} = \frac{882{,}4 \text{ watios} - 264{,}7 \text{ watios}}{882{,}4 \text{ watios}}$$
$$= 0{,}70 \text{ ó } 70 \text{ \%}$$

PMA menor = 7,5 kg x 3,0 rev x 11,765
= 264,7 watios

La potencia máxima del deportista durante los primeros 5 seg (PMA) de la prueba fue de 882,4 watios, que es considerada como una producción elevada de potencia. La potencia máxima relativa durante 5 seg (PMR) fue de 8,82. La potencia media absoluta durante 30 seg (PMEA) fue de 573,5 watios, lo cual es aproximadamente un 55 % (Tabla 9-3). La potencia media relativa durante 30 s (PMR) fue de 5,73, que está por debajo del 10 % (Tabla 9-3). El índice de fatiga del deportista fue del 70 %, lo cual es indicativo de una baja capacidad de resistencia. En consecuencia, esta persona tiene una elevada potencia explosiva, pero una mala capacidad de resistencia. Que esta persona tiene un alto porcentaje de fibras musculares de contracción rápida en su cuádriceps sería una suposición con cierto fundamento.

Medición del ritmo metabólico

20. El RMB pronosticado para esta persona sería:
RMB (kcal/día) = 66,47
+ (13,75 x masa corporal; kg) +
(5,0 x estatura; cm) - (6,76 x edad; años)

RMB (kcal/día) = 66,47 + (13,75 x 70,45 kg) + (5,0 x 165,1 cm) - (6,76 x 22)

RMB (kcal/día) = (66,47 + 968,68 + 825,5) - 148,7 = 1.711,94 kcal/día

RMB (kcal.min^{-1}) = 1.711,94 kcal/día x 1 día/24 h x 1 h/60 min = 1,188 kcal.min^{-1}

RMB (lO$_2$/min) = 1,188 kcal.min^{-1} x 1 L O$_2$/5 kcal = 0,2376 lO$_2$/min

$$\text{RMB (ml.kg}^{-1}.\text{min}^{-1}) = \frac{0,2376 \text{ lO}_2/\text{min x } 1.000 \text{ ml/lO}_2}{70,45}$$

= 3,37 ml.kg^{-1}.min^{-1}

21. El coste en oxígeno de andar sobre una cinta ergométrica a 3,5 mph (5,6 km.h^{-1}) con una pendiente del 5 % puede determinarse usando la ecuación de andar ACSM. Asegúrese primero de convertir la velocidad en mph a m.min^{-1}.

$\dot{V}O_2$ ml.kg^{-1}.min^{-1} = (velocidad al andar x 0,1) + (inclinación x velocidad x 1,8) + (3,5)

Velocidad: Velocidad en la cinta ergométrica expresada como m.min^{-1}
(1 mph = 26,8 m.min^{-1})

Inclinación: expresada como un decimal (por ejemplo, inclinación del 10 % = 0,10)

$\dot{V}O_2$ = (93,8 m.min^{-1} x 0,1) + (,05 x 93,8 x 1,8) + (3,5) = 21,3 ml.kg^{-1}.min^{-1}

22. El coste en oxígeno de correr

sobre la cinta ergométrica a 6 mph (9,65 km.h^{-1}) con una pendiente del 0 % puede determinarse usando la ecuación de andar ACSM. Asegúrese de convertir primero la velocidad en mph a m.min^{-1}.

$\dot{V}O_2$ ml.kg^{-1}.min^{-1} = (velocidad de carrera
x 0,2) + (pendiente x velocidad x 1,8 x 0,5) + (3,5)

Velocidad: velocidad en la cinta ergométrica expresada como m.min^{-1}
(1 mph = 26,8 m.min^{-1})

Pendiente: expresada como un decimal (por ejemplo, pendiente del 10 % = 0,10)

$\dot{V}O_2$ = (160,8 m.min^{-1} x 0,2) + (0 x 160,8 x 1,8 x 0,5) + (3,5) = 35,6 ml.kg^{-1}.min^{-1}

23. El coste de oxígeno de correr sobre una cinta ergométrica a una velocidad de 6,5 mph con una pendiente del 10 % es:

$\dot{V}O_2$ ml.kg^{-1}.min^{-1} = (velocidad de carrera
x 1,8 x 0,5) + (3,5)

Velocidad: velocidad sobre la cinta ergométrica expresada como m.min^{-1}
(1 mph = 26,8 m.min^{-1})

Pendiente: expresada como un decimal (por ejemplo, pendiente del 10 % = 0,10)

$\dot{V}O_2$ = (174,2 m.min^{-1} x 0,2) + (0,1 x 174,2 x 1,8 x 0,5) + (3,5)
= 54 ml.kg^{-1}.min^{-1}

El coste de oxígeno de correr a la misma velocidad pero con una inclinación del 15 % es:

(174,2 m.min^{-1} x 0,2) + (0,15 x 174,2 x 1,8 x 0,5) + (3,5) = 61,8 ml.kg^{-1}.min^{-1}

Por tanto, el coste adicional de oxígeno para el incremento del 5 % en la pendiente sería igual a 7,8 ml.kg^{-1}.min^{-1}.

24. El coste de oxígeno actual del deportista al correr sobre la cinta ergométrica a 5 mph (8,05 km.h^{-1}), con una pendiente del 5 % se calcula con las ecuaciones ACSM. Asegúrese de convertir primero la velocidad a m.min^{-1}.

$\dot{V}O_2$ ml.kg^{-1}.min^{-1} = (velocidad de carrera
x 0,2) + (pendiente x velocidad x 1,8 x 0,5) + (3,5)

Velocidad: velocidad de la cinta ergométrica expresada como m.min^{-1}
(1 mph = 26,8 m.min^{-1})

Pendiente: expresada como un decimal (por ejemplo, pendiente del 10 % = 0,10)

$\dot{V}O_2$ = (134 m.min^{-1} x 0,2) + (0,5 x 134 x 1,8 x 0,5) + (3,5) = 36,3 ml.kg^{-1}.min^{-1}.

Si su $\dot{V}O_2$máx es de 45 ml.kg^{-1}.min^{-1}, entonces en este momento se está ejercitando al 80 % de su capacidad máxima y un incremento en la velocidad de 1,3 mph (2,09 km.h^{-1}) produciría su $\dot{V}O_2$máx.

25. Usando la ecuación ACSM al correr, usted puede cambiar la ordenación de la fórmula y ha-

llar la velocidad. Puesto que usted sabe que su $\dot{V}O_2$máx es de 55 ml.kg^{-1}.min^{-1} y que él va a correr a un ritmo que produce el 75 % de su $\dot{V}O_2$máx, entonces estará corriendo con un coste de oxígeno de:

$$55 \text{ ml.kg}^{-1}.\text{min}^{-1} \text{ x } 75 \%$$
$$= 41,25 \text{ ml.kg}^{-1}.\text{min}^{-1}$$

Suponiendo que se entrene sobre terreno llano, halle usted la velocidad:

41,25 ml.kg^{-1}.min^{-1} = (velocidad x 0,2) + (0 x velocidad x 1,8 x 0,5) + 3,5

41,25 ml.kg^{-1}.min^{-1} = (velocidad x 0,2) + 3,5

37,75 ml.kg^{-1}.min^{-1} = (velocidad x 0,2)

188,75 m.min^{-2} = velocidad

Puesto que la velocidad se expresa en m.min^{-1}, usted debe convertir ahora esta cifra a mph. Para ello, divídalo por 26,8; la velocidad resultante es igual aproximadamente a 7 mph (11,26 km.h^{-1}). Puesto que es difícil conceptualizar lo que 7 mph realmente significa, la velocidad o ritmo de la carrera puede expresarse en términos de cuántos minutos se precisan para correr una milla (1,609 km)(min.milla^{-1}). Si esta persona fuera a correr a 7 mph, ¿cuál sería su ritmo de 1-milla?

Usted debe ver que 7 mph es lo mismo que 7 millas por 60 min, lo cual es lo mismo que 0,1167 millas por minuto (7 millas: 60 min). Lo inverso de 0,1167 millas.min^{-1} es 8,57 min.milla^{-1}. En consecuencia, debe correr a un ritmo de aproximadamente 8,5 min.milla^{-1} a fin de correr al 75 % de su $\dot{V}O_2$máx.

26. Ésta es una aplicación muy práctica de las ecuaciones ACSM. Como en el problema 25, use la ecuación ACSM y halle la velocidad. Una vez haya calculado la velocidad (m.milla^{-1}), la determinación del tiempo que se precisa para correr los 42,095 km es una simple cuestión de multiplicar o dividir. Naturalmente, en una situación de la vida real, debemos considerar también otros factores, tales como el entrenamiento, la nutrición, la hidratación, la temperatura, la humedad, el terreno y similares. Sin embargo, este cálculo proporciona una buena aproximación. Halle primero la velocidad:

45 ml.kg^{-1}.min^{-1} = (velocidad x 0,2) + (0 x velocidad x 1,8 x 0,5) + 3,5

45 ml.kg^{-1}.min^{-1} = (velocidad x 0,2) + 3,5

41,5 ml.kg^{-1}.min^{-1} = (velocidad x 0,2)

207,5 m.min^{-1} = velocidad

Convierta la velocidad de 207,5 m.min^{-1} en 7,74 mph dividiéndola por 26,8. Ahora, la determinación de si una persona puede completar o no la maratón de 42,095 km puede hacerse de dos maneras. Una primera alternativa es convertir la velocidad a un ritmo de millas.min^{-1} (0,129). Entonces, puesto que 3 horas tienen 180 min, multiplíquela por 180:

0,129 millas.min^{-1} x 180 min
= 23,2 millas

Así, a una velocidad de 7,74 mph, la persona solo podrá correr 23,2 millas en el período de 3 horas y no podrá completar la maratón en un tiempo que la clasifique.

Una segunda alternativa es usar la velocidad de carrera para determinar cuánto tiempo se necesitaría para acabar la carrera. En consecuencia, a un ritmo de 0,129 millas.min^{-1}, ¿cuánto tiempo se necesitaría para correr los 42,095 km?

26,2 millas ÷ 0,129 millas.min^{-1} =
203 min = 3,38 horas = 3 horas 23 min

27. El coste en oxígeno de pedalear sobre un cicloergómetro puede determinarse con las ecuaciones ACSM. Para las ecuaciones referentes al cicloergómetro, deben conocerse la velocidad del pedaleo (rpm) y la resistencia al mismo. La circunferencia del volante es constante y para un cicloergómetro Monark es de 6 metros por revolución.

$\dot{V}O_2$ ml.min^{-1} = (kg x m/rev^{-1} x 50 rev.min^{-1}) x (2) + (3,5 x peso corporal)

$\dot{V}O_2$ = (2 kg x 6 m.rev^{-1} x 50 rev.min^{-1}) x (2) + (3,5 x 65 kg) = 1.427 ml.min^{-1}

28. Para calcular cuánto tiempo necesita esta mujer para consumir aproximadamente 300 kcal, usted primero debe conocer su ritmo de consumo de oxígeno y el ritmo de consumo de calorías. Para calcular el primer valor, puede usar la ecuación ACSM, y el último valor lo da usted.

(2 kg x 6 m.rev^{-1} x 70 rev.min^{-1}) x (2) + (3,5 x 70 kg) = 1.925 ml.min^{-1} = 1.92 l.min^{-1}

Si el equivalente en oxígeno de las kcal es de 4,85 kcal.l^{-1}, entonces el consumo calórico por minuto es:

1,92 l.min^{-1} x 4,85 kcal.l^{-1} = 9,3 kcal.min^{-1}

Si el objetivo es gastar 300 kcal, entonces se necesitarán

300 kcal:9,3 kcal.min^{-1} = 32,25 min

Electrocardiogramas

29. Cada intervalo de 1 mm sobre el eje horizontal del papel ECG representa 0,04 seg a una velocidad del papel de 25 mm.s⁻¹ (1seg:25 mm). Esto significaría también que hay 1.500 mm.min⁻¹ (60 seg x 25 mm.s⁻¹) a esta misma velocidad del papel. Teniendo esta información, se puede contar la distancia entre ciclos cardíacos consecutivos para determinar ritmos cardíacos a partir de los trazos ECG. En consecuencia, si hay 15 mm entre dos ciclos cardíacos consecutivos, entonces:

1.500 mm.min⁻¹ ÷ 15 mm.latido⁻¹
= 100 latidos.min⁻¹ (latidos.min⁻¹)

30. Otra manera de determinar los ritmos cardíacos a partir de los trazos ECG es contar el número de ciclos cardíacos en un período determinado de tiempo, como por ejemplo 3 seg, y luego multiplicarlo por el factor corrector para obtener ritmos cardíacos por minuto. Por ejemplo, al medir el número de ciclos cardíacos en 3 seg, debe usted multiplicar por 20 (3 s x 20 = 60 seg = 1 min). Así, si hubiese 8,5 ciclos cardíacos en 3 s, la frecuencia cardíaca por minuto sería:

8,5 latidos x 20 = 170 latidos.min⁻¹

31. Determine la frecuencia cardíaca durante el ejercicio máximo dividiendo 1.500 mm.min⁻¹ por 8 mm.latido⁻¹. Compare este frecuencia cardíaca con la frecuencia cardíaca máxima pronosticada para la edad (220 - edad).

FC máximo observado: 1.500 mm.min⁻¹ ÷ 8 mm.latido⁻¹ = 187,5 latidos.min⁻¹

Frecuencia cardíaca máxima pronosticada para la edad: 220 - 20 = 200 latidos.min⁻¹

El verdadero FC máximo de esta persona es aproximadamente del 95 % de su FC pronosticado para su edad. En consecuencia, debe usar este FC máximo observado para determinar su zona de entrenamiento de la frecuencia cardíaca objetivo.

32. El uso de la distancia existente entre los ciclos cardíacos es un buen método para determinar la frecuencia cardíaca a partir de los trazos ECG, pero sólo cuando la frecuencia cardíaca es normal. En los casos en que la frecuencia cardíaca no es normal, debe usarse el número de ciclos que se producen en 3,6 o en 10 seg. En este problema, se producirá un error en la medición si el intervalo entre

dos ciclos cardíacos consecutivos se usa para determinar la frecuencia cardíaca a partir de los trazos ECG. Un intervalo de 18-22 mm entre ciclos cardíacos corresponde a una frecuencia cardíaca en reposo de entre 68 latidos.min^{-1} y 83 latidos.min^{-1} (1.500 mm.min^{-1}: ciclos cardíacos).

El trazo de 6 seg muestra 7,75 ciclos cardíacos; esto corresponde a un frecuencia cardíaca de aproximadamente 78 latidos.min^{-1} (7,75 latidos x 10). El trazo ECG de 1 minuto mostró 80 latidos.min^{-1}, por lo que el trazo de 6 seg fue un buen método para determinar la frecuencia cardíaca de esta persona. Dependiendo de cuáles son los dos ciclos cardíacos que usted elija, el contar la distancia entre dos ciclos consecutivos puede no ser un método válido de determinación de la verdadera frecuencia cardíaca.

Medición del $\dot{V}O_2$máx

33. El $\dot{V}O_2$ (l/min) de una persona andando que tiene un V_I igual a 38,5 l/min, un V_E igual a 37,3 l/min, y un F_EO_2 de 0,1695 sería (suponiendo un factor de corrección TEPS de 0,7509):

$$\dot{V}O_2 = (V_I \times F_IO_2) - (V_E \times F_EO_2)$$

$$\dot{V}O_2 = (38,5 \text{ l/min} \times 0,2094) - (37,3 \text{ l/min} \times 0,1695)$$

$$\dot{V}O_2 = (8,06 \text{ l/min}) - (6,32 \text{ l/min}) = 1,74 \text{ l/min}$$

$$\dot{V}O_2 = 1,74 \text{ L/min} \times 0,7509 = 1,306 \text{ L/min}$$

34. La puntuación MET máxima para este deportista, que tiene un $\dot{V}O_2$máx de 58,7 ml.kg^{-1}.min^{-1} sería

MET máximo = 58,7 ml.kg^{-1}.min^{-1} x 1 MET/3,5 ml.kg^{-1}.min^{-1} = 16,77 METs

35. El $\dot{V}O_2$máx de la persona es de 55 ml.kg^{-1}.min^{-1}. Si la persona pesara 75 kg, entonces el $\dot{V}O_2$máx absoluto se calcularía como:

55 ml.kg^{-1}.min^{-1} x 75 kg x 1 l/1.000 ml = 4,12 l.min^{-1}

36. Si la persona que va en bicicleta estuviera consumiendo oxígeno a un ritmo de 2,5 L.min^{-1} y tuviese un equivalente de kcal en oxígeno de 4,90 kcal.L^{-1}, entonces 60 min de ejercicio producirían un consumo de energía de:

2.5 L.min^{-1} x 4,90 kcal.L^{-1} x 60 min = 735 kcal

37. Si el $\dot{V}O_2$máx de una persona fuera de 60 ml.kg^{-1}.min^{-1} y él o ella se entrenase típicamente a

45 ml.kg^{-1}.min^{-1}, entonces la intensidad del entrenamiento sería:

$$\frac{45 \text{ ml.kg}^{-1}\text{.min}^{-1}}{60 \text{ ml.kg}^{-1}\text{.min}^{-1}} = 75 \text{ %}$$

Función pulmonar

38. Un espirograma indica que un hombre tiene una CV de 4.800 ml. Suponiendo un factor de TCPS de 1,11, ¿cuál sería su CV verdadera (en los pulmones)?

CV_{TCPS} = 4.800 ml x 1,11 = 5.328,0 ml

39. La capacidad pulmonar total (CPT) es la suma del volumen de reserva inspiratoria, el volumen normal, el volumen de reserva espiratoria y el volumen residual. Por tanto, el CPT es:

2.000 ml + 450 ml + 1.000 ml + 900 ml = 4.350 ml = 4,35 l

40. El volumen espiratorio forzado (VEF) es ese volumen de aire, expresado como un porcentaje de la capacidad vital, que puede espirarse forzadamente en 1 segundo o en 3 seg. Un volumen VEF muy bajo sugeriría la presencia de algún tipo de obstrucción en los conductos del aire o unos músculos abdominales o intercostales muy débiles. El VEF se calcula simplemente dividiendo el volumen espirado por la capacidad vital.

$VEF_{1,0}$ = 4.480 ml:5.600 ml = 80 %

$VEF_{3,0}$ = 5.490 ml: 5.600 ml = 98 %

41. Use la ecuación apropiada para pronosticar la capacidad vital de esta persona.

CV_{TCPS} (ml) = [27,63 - (0,112 x edad)] x estatura; cm

CV_{TCPS} (ml) = [27,63 - (0,112 x 25)] x 182,88 =

CV_{TCPS} (ml) = (24,83) x 182,88 = 4.540,9 ml

Puesto que la capacidad vital observada es igual a 5,0 l, la ecuación de predicción subestima la verdadera CV de este hombre en 459,1 ml.

42. El volumen pulmonar residual es una parte muy importante de las mediciones válidas de pesaje debajo del agua. Si no se dispone de equipo para medir verdaderamente el volumen residual, pueden emplearse ecuaciones de predicción. Cuando las ecuaciones de predicción generan resultados individuales imprecisos, los resultados de la composición corporal pueden verse muy afectados.

Mujeres:

$$VR \ (l) = 0,009 \ (edad)$$
$$+ \ 0,08128 \ (estatura; \ pulgadas) - 3,90$$

$$VR \ pronosticado = 0,009 \ (24)$$
$$+ \ 0,08128 \ (66 \ pulgadas) - 3,90 = 1,68 \ l$$

Esta ecuación de predicción sobrestima el VR verdadero de esta mujer en 180 ml, con lo cual su porcentaje de grasa se subestima en aproximadamente un 2 % de grasa corporal. Por tanto, sería mejor usar los datos del VR medido para minimizar el error.